中国工程院院士
是国家设立的工程科学技术方面的最高学术称号,为终身荣誉。

中国工程院院士传记

王玉普传

《王玉普传》撰写组 著

宫柯 主笔

石油工业出版社
人民出版社

内 容 提 要

本书以中国工程院院士、油气田开发工程专家、国有大型企业管理者王玉普投身于石油勘探开发和石油化工事业、献身国家能源战略的一生为主线，全面、生动地再现了王玉普力学笃行的成长轨迹、革故鼎新的卓越贡献和坚贞不渝的共产主义理想信念，以及为党和人民的利益，为中华民族伟大复兴鞠躬尽瘁、奋斗一生的政治本色和崇高品格。

本书适合石油工程管理者、技术人员以及与国家能源战略相关领域科研人员阅读，对从事国有大型企业科学管理工作者亦有启迪，可作为石油石化专业院校教学参考书目。

图书在版编目（CIP）数据

王玉普传/《王玉普传》撰写组著 . —北京：石油工业出版社，2024.8

（中国工程院院士传记）

ISBN 978-7-5183-6557-9

Ⅰ . ①王… Ⅱ . ①王… Ⅲ . ①王玉普—传记 Ⅳ . ① K826.16

中国国家版本馆 CIP 数据核字（2024）第 022658 号

出版发行：石油工业出版社

（北京安定门外安华里 2 区 1 号　100011）

网　　址：www.petropub.com

编辑部：（010）64523537　图书营销中心：（010）64523633

经　　销：全国新华书店

印　　刷：北京中石油彩色印刷有限责任公司

2024 年 8 月第 1 版　2024 年 8 月第 1 次印刷

710×1000 毫米　开本：1/16　印张：23.5

字数：310 千字

定价：118.00 元

（如出现印装质量问题，我社图书营销中心负责调换）

版权所有，翻印必究

中国工程院院士　王玉普

1978年2月，王玉普考入大庆石油学院机械系

1982年3月，王玉普（右）分配到大庆石油管理局第七采油厂，从事采油工程技术工作

1997年10月，王玉普获油气田开发工程硕士学位

1999年9月起，王玉普任大庆油田副总工程师，参与多项采油新技术矿场试验项目

2000年10月起，王玉普任大庆油田有限责任公司董事、安全总监、副总经理、党委委员，主持常务工作

2003年7月，王玉普获石油大学（北京）油气田开发工程博士学位

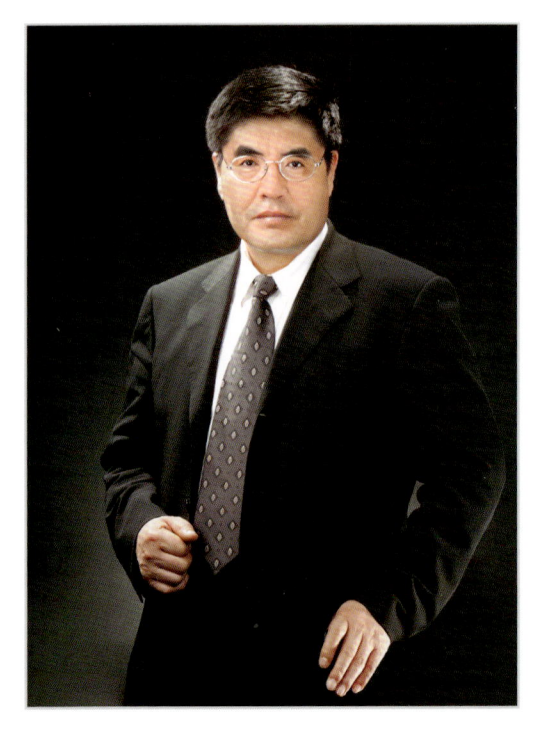

2003年12月起，王玉普任大庆油田有限责任公司董事长、总经理、党委副书记

2004年2月，王玉普创造性提出"持续有效发展、创建百年油田"战略

2004年3月30日，王玉普出席国际石油工程师学会（SPE）亚太地区会议

2005年4月，王玉普获"全国劳动模范"荣誉称号

2006年1月，王玉普出席全国科学技术大会

2006年10月，王玉普（左）赴加拿大滑铁卢大学进行学术交流，受聘客座教授

2007年10月，王玉普出席中国共产党第十七次全国代表大会，当选中央委员会候补委员

2009年8月起,王玉普任黑龙江省人民政府副省长

2010年7月起,王玉普任中华全国总工会党组书记、副主席、书记处第一书记

2011年6月,王玉普代表中华全国总工会出席第100届联合国国际劳工大会

2012年11月，王玉普出席中国共产党第十八次全国代表大会，当选中央委员会委员

2013年2月起，王玉普任中国工程院党组副书记
2014年6月起，当选中国工程院副院长

2014年2月，王玉普在中国工程院主持国家重大咨询项目论证

2014年9月，王玉普在承担"致密油发展战略研究"项目期间进行页岩油气勘探野外地质调查

2015年5月起，王玉普任中国石油化工集团公司董事长、党组书记

2017年9月起，王玉普任国家安全生产监督管理总局局长、党组书记

2017年10月，王玉普出席中国共产党第十九次全国代表大会，当选中央委员会委员

2018年3月起，王玉普任应急管理部部长、党组副书记，授总监消防救援衔

中国共产党优秀党员、中国工程院院士王玉普

王玉普与妻子袁明

中国工程院院士传记丛书

编辑出版工作领导小组
　顾　问：宋　健　徐匡迪　周　济
　组　长：李晓红
　副组长：钟志华　蒋茂凝　邓秀新　辛广伟
　成　员：陈建峰　梁晓捷　罗莎莎　唐海英　丁养兵
　　　　　李冬梅

编辑和审稿委员会
　主　任：辛广伟　罗莎莎
　副主任：葛能全　唐海英
　成　员：张戟勇　谭青海　侯　春

编辑出版办公室
　主　任：张戟勇
　成　员：侯　春　张丽四　龙明灵　李淼鑫　方鹤婷
　　　　　姬　学　高　祥　何朝辉　宗玉生　张　松
　　　　　王小文　黄　永　丁　宁　聂淑琴

《王玉普传》

撰写组

顾　问：胡文瑞　刘　合　袁　明
组　长：朱国文
副组长：崔颖凯
成　员：宋传修　辛伟强　陈广玉　杨永华　赵永安
　　　　宫　柯　李永峰　王子辰　董俊豪　李青茹
主　笔：宫　柯

总 序

20世纪是中华民族千载难逢的伟大时代。千百万先烈前贤用鲜血和生命争得了百年巨变、民族复兴,推翻了帝制,肇始了共和,击败了外侮,建立了新中国,独立于世界,赢得了尊严,不再受辱。改革开放,经济腾飞,科教兴国,生产力大发展,告别了饥寒,实现了小康。工业化雷鸣电掣,现代化指日可待。巨潮洪流,不容阻抑。

忆百年前之清末,从慈禧太后到满朝文武开始感到科学技术的重要,办"洋务",派留学,改教育。但时机瞬逝,清廷被辛亥革命推翻。五四运动,民情激昂,吁求"德、赛"升堂,民主治国,科教兴邦。接踵而来的,是国民大革命、10年内战、14年抗日和解放战争。恃科学救国的青年学子,负笈留学或寒窗苦读,多数未遇机会,辜负了碧血丹心。

1928年6月9日,蔡元培主持建立了中国近代第一个国立综合性科研机构——中央研究院,设理化实业研究所、地质研究所、社会科学研究所和观象台四个研究机构,标志着国家建制科研机构的诞生。20年后,1948年3月26日遴选出81位院士(理工53位,人文28位),几乎都是20世纪初留学海外、卓有成就的科学家。

中国科技事业的大发展是在新中国成立以后。1949年11月1日成立了中国科学院,郭沫若任院长。1950—1960年有2500多名留学海外的科学家、工程师回到祖国,成为大规模发展中国科技事业的第一批领导骨干。国家按计划向苏联、东欧各国派遣1.8万各类科技人员留学,全都按期回国,成为建立科研和现代工业的骨干力量。

高等学校从新中国成立初期的200所增加到600多所，年招生增至28万人。到21世纪初，高等学校2263所，年招生600多万人，科技人力总资源量超过5000万人，具有大学本科以上学历科技人才达1600万人，已接近最发达国家水平。

新中国成立60多年来，从一穷二白成长为科技大国。年产钢铁从1949年的15万吨增加到2011年的粗钢6.8亿吨、钢材8.8亿吨，几乎是8个最发达国家（G8）总年产量的2倍。水泥年产20亿吨，超过全世界其他国家总产量。中国已是粮、棉、肉、蛋、水产、化肥等第一生产大国，保障了13亿多人口的食品和穿衣安全。制造业、土木、水利、电力、交通、运输、电子通信、超级计算机等领域正迅速逼近世界前沿。"两弹一星"、高峡平湖、南水北调、高公高铁、航空航天等伟大工程的成功实施，无可争议地表明了中国科技事业的进步。

党的十一届三中全会以后，实行改革开放，全国工作转向以经济建设为中心。加速实现工业化是当务之急。大规模社会性基础建设，大科学工程、国防工程等是工业化社会的命脉，是数十年、上百年才能完成的任务。中国科学院张光斗、王大珩、师昌绪、张维、侯祥麟、罗沛霖等学部委员（院士）认为，为了顺利完成中华民族这项历史性任务，必须提高工程科学的地位，加速培养更多的工程科技人才。中国科学院原设的技术科学部已不能满足工程科学发展的时代需要。他们于1992年致书党中央、国务院，建议建立"中国工程科学技术院"，选举那些在工程科学中做出重大的、创造性成就和贡献、热爱祖国、学风正派的科学家和工程师为院士，授予终身荣誉，赋予科研和建设任务，请他们指导学科发展，培养人才，对国家重大工程科学问题提出咨询建议。中央接受了他们的建议，于1993年决定建立中国工程院，聘请30名中国科学院院士和遴选66名院士共96名为中国工程院首批院士。于1994年6月3日，召开了中国工程院成立大会，选举朱光亚院士为首任院长。中国工院成立后，全体院士紧密团结全国工程科技界共同奋斗，在各条战线上都发挥了重要作用，做出了新的贡献。

中国的现代科技事业比欧美落后了200年。虽然在20世纪有了巨大进步，但与发达国家相比，还有较大差距。祖国的工业化、现代化建设，任重道远，还需要有数代人的持续奋斗才能完成。况且，世界在进步，科学无止境，社会无终态。欲把中国建设成科技强国，屹立于世界，必须持续培养造就数代以千万计的优秀科学家和工程师，服膺接力，担当使命，开拓创新，更立新功。

中国工程院决定组织出版"中国工程院院士传记"丛书，以记录他们对祖国和社会的丰功伟绩，传承他们治学为人的高尚品德、开拓创新的科学精神。他们是科技战线的功臣，民族振兴的脊梁。我们相信，这套传记的出版，能为史书增添新章，成为史乘中宝贵的科学财富，俾后人传承前贤筚路蓝缕的创业勇气、魄力和为国家、人民舍身奋斗的奉献精神。这就是中国前进的路。

宋健

2012年6月

序 一

玉普同志是石油石化战线的卓越领导人，也是贡献突出、广受尊敬的中国工程院院士。玉普同志病逝后，中国工程院于2021年7月启动《王玉普传》编纂工作，历时近三年，传记即将和大家见面了。这对我们缅怀玉普同志的风范、学习玉普同志的精神，很有意义。

"认认真真做事，清清白白做人。"这既是党和国家主要领导人对玉普同志的工作要求，也是对玉普同志勤勉廉洁、忠心为党的高度赞扬。

玉普同志是"文革"后的首届大学毕业生，他志存高远、勤学苦读、崇尚实干，为我国能源事业发展作出了突出贡献，他本人也从一名普通技术员逐步成长为国有大型企业负责人，并于2007年当选中国工程院院士。

据我所知，玉普同志担任中国工程院党组副书记、副院长期间，主持开展了"中国工程科技中长期发展战略研究""中国致密油发展战略研究"等十多项重大战略性课题，为党中央、国务院制定国民经济发展规划，为全国人大常委会修改制定相关法律提供了科学依据和坚实支撑。玉普同志还主持开展了安全、交通、国防、地质、工程管理等重大课题研究，推动形成了在国际上有影响力的中国工程哲学理论体系。他牵头制定的大庆"百年油田"战略、领衔攻关的页岩油气项目，成为贯彻习近平总书记能源安全新战略的重要实践。

2015年4月，玉普同志奉调回到长期奋战过的石油石化行业，担任中国石化董事长、党组书记。他团结带领干部员工攻坚克难，开创了中国石化改革发展和党的建设新局面。他对中国石化、福建省与台湾石化企业的合作，使台湾石化企业在两岸石油化工领域共同振兴中华民族石化工业，提高石油化工科技水平，发挥了积极的推动作用。玉普同志在国家安监总局、应急管理部工作期间，在与病魔进行顽强斗争的同时，始终不忘工作，为党的事业殚精竭虑、呕心沥血，知道的同志无不为之动容。他坚定信仰对党忠诚的政治品格、情系群众为民干事的宗旨意识、生命不息奋斗不止的奉献精神、清白做人扎实做事的优良作风，永远值得我们学习，激励着我们在党的领导下为强国建设民族复兴伟业而奋斗。

是为序。

盛华仁

2023 年 8 月 18 日

序 二

认识王玉普是2003年秋季，在这之前也知其人，但从未谋面。当时，中国石油天然气集团公司在十三陵石油工人疗养院召开工作会议，王玉普作为会议召集人主持上游公司小组讨论会。连续几天近距离面对面的接触，王玉普给人留下了较深刻的印象，其人浓眉大眼、温文尔雅，一口地道东北话，发言是想着说，而不是抢着说，从不插话，注意倾听别人发言，表情自然，语速适度，言语间气质品位甚高，眉宇间带有霸气，隐形气场能量甚大，而给人的印象最深的是其人对科学、技术和知识的理解和熟悉程度，则在其肢体和言语中表现得淋漓尽致，而且三句话不离本行，使人感觉他是一位不折不扣、地地道道的统帅型技术专家，是一位痴迷一生"为油而生的人"。

那时的王玉普主持大庆油田全面工作。2003年12月，他担任大庆油田有限责任公司董事长、总经理、党委副书记。而这时的大庆油田经历了27年高产稳产之后，处在发展战略大调整的时期，可谓是压力极大、困难重重。当时石油业内最为热议的话题，即"大庆原油年产量能不能在4000万吨以上继续稳产？"多数人认为，大庆油田稳产的压力太大，应该给大庆以喘息的机会。另外，还有一些人认为，大庆油田应该留一些原油储量作为国家战略资源储备，以备国家紧急时刻之用。当时，石油界有个愿望，中国原油年产量能否突破2亿吨？多数专家认为可以突破2亿吨。但是，实现中国原油年产量突破2亿吨，最重要的前提是大庆油田的原油产量。根据当时的政治考量，大庆油田原油年产量必须保持在4000万吨以上，中国才能保持2亿吨年产量。就这样，大庆油田被捆绑在中国2亿吨原油年产量的"战车"之上，成为大庆油田原油产量的紧箍咒。

面对这一局面，王玉普表现出了过人的战略才能。他在深入思考、调查研究、虚心听取多数人的意见之后，2004年2月23日在大庆油田勘探开发研究院会议中心召开的大庆油田有限责任公司第一届第四次职工代表大会上，科学且前瞻性地提出了创建百年油田的设想。这一宏伟设想无疑是明智的正确研判，得到了时任中国石油天然气集团公司总经理陈耕的赞扬，在国务院总理温家宝听取大庆油田工作汇报后再次得到认可。

创建百年油田，是王玉普对大庆油田最具代表性的杰出贡献。创建百年油田，最终成为大庆油田的行动，成为大庆油田的规划，成为大庆油田继续前进的动力，成为大庆油田一张极具价值和影响的名片。

王玉普的科学素养，绝对不会停留在百年油田规划上，而是落实在具体的实际行动中，他清楚地知道应该在哪里发力。突破口首先选择在提高老油田采收率上。截至2002年底，大庆油田累计采油17.26亿吨，采出可采储量的75.23%，全油田综合含水率87.98%，全油田采收率47.2%，其中喇、萨、杏油田高达50.4%，创造了油田开发稳产期最长、稳产期末采出程度最高、含水率最高的世界先进水平，被誉为世界油田开发史上的奇迹。

在此基础上，继续提高老油田采收率谈何容易，特别是大庆油田水驱采油技术已经炉火纯青，提升空间有限，聚合物驱油技术已经大规模推广，油田开发急需新的驱油技术，实现老油田相对稳产。

为此，王玉普院士作为战略科学家，表现出过人的定力，他坚定地提出加速"三元复合驱油技术"试验，确定"先导试验研究、扩大试验验证、工业推广应用"技术攻关思路，优选国产表面活性剂的原料组成，优化生产工艺路线，合理控制三元复合驱推广节奏，保障了三元复合驱油技术的科学有序发展。

大庆油田锲而不舍地坚持三元复合驱油技术攻关试验，2009年大庆油田三元复合驱开发效果渐入佳境，连续4年原油产量超过100万吨；2014年正式实施规模化工业推广，当年产量首次跃上200万吨大台阶；2015年生产原油首次突破300万吨大关，达到350.9万吨；2016年生产原油407万吨，占大庆油田全年总产量的十分之一。

王玉普在主政大庆期间，倾注了极大的心力，催生了许多新的技术、新的发明和新的试验，而其亲力亲为的一项代表性技术是"新水驱技术"，即"二三结合"技术。该项技术算得上既务实又经济、既聪明又实用的提高采收率技术。

用王玉普的话解释"二三结合"，即利用三次采油井网，将二次采油与三次采油有机结合起来，强化水驱二次采油，然后在适当时机，转入三次采油，即"二三结合"开发模式。"二三结合"的目的是最大限度提高水驱采收率，减缓产量递减的速度，充分利用三次采油井网，在三次采油之前，对二、三类油层中剩余油相对富集的部位进行水驱挖潜。

从规模及效果看，大庆油田长垣水驱、新水驱等技术，创造同类油田的世界先进水平。当时，喇嘛甸油田采用"二三结合"实施的4个区块，覆盖地质储量2.88亿吨，钻井3544口。其中试验区提高阶段采出程度3.81个百分点，提高采收率3.40个百分点。大庆油田"二三结合"新水驱技术获得的成果，应该是王玉普院士又一杰出贡献。

王玉普院士清楚地认识到，大庆油田要实现原油年产量4000万吨稳产，除了提高采收率这一"杀手锏"外，还需祭出另一个"杀手锏"，即大庆外围"油气勘探"。从1959年发现大庆油田，在大庆16.59万平方公里矿权面积内，共找到了52个油气田，累计探明石油地质储量64.71亿吨，探明率达到52.85%，发现率达到60.9%。从石油的探明率和发现率看，创造了世界各大盆地油气勘探的历史纪录，在此基础上实现油气勘探的新突破，难度非常大。

王玉普在主持大庆油田常务工作期间，经常讲"鳗鱼效应"，相信知识创新在于互动，而互动才能激起思想的火花，带来智慧的激荡，形成创新的源泉。在此理念下，他批准实施了一批风险预探井，其中徐深1井获得重大突破，日产天然气53万立方米，标志着大庆油田外围首次发现大型火山岩天然气藏。初步估算仅徐深1井井区地质储量就达300亿立方米，展示了松辽盆地深层火山岩良好的天然气勘探前景，最终探明地质储量2000亿立方米的深层火山岩气田。

王玉普院士就职于中国工程院期间，以战略科学家的眼光和刻苦的学习能力，提出并组织承担了"中国致密油（页岩油）发展战略研究"课题（2014年），该课题为中国工程院重点咨询研究项目，是中国工程院首次研究页岩油项目。当时能源领域的两院院士都参与了课题研究。

他提出了研究的重点：一是资源评估，二是潜力区选择。经过两年的研究，初步评价了中高成熟度页岩油地质资源量为145亿~283亿吨，重点潜力区主要分布在鄂尔多斯盆地延长组长7段、松辽盆地青山口组、嫩江组和准噶尔盆地芦草沟组，其潜力巨大，不可小视，特别是大庆油田页岩油层位青山口组生油层（古龙凹陷），面积达3000~4000平方公里，成熟度达2.5以上，属中高成熟度。还有嫩江组分布面积特别大，深度为几百米，属中低成熟度或低成熟度，可探索其开采的可能性。

这项研究取得了可喜的成果，时间虽然过去了近10年，现在看来结果得到了充分的验证，页岩油勘探取得了突破性的成果，说明王玉普院士当时的研究极具前瞻性和战略性，是一位难得的战略科学家。

王玉普院士在患病期间，仍在可能的情况下参与咨询课题研究，他对研究的执着令所有参与研究的人员感动。2018年，他担任应急管理部部长后，提出开展重大咨询项目研究，担任"油气长输管道国家治理体系战略问题研究"项目负责人，在身患重病的情况下，组织开展应急救援体系建设，以及安全与应急科技支撑体系、可持续发展保障制度体系等方面研究。

王玉普院士忘我的工作态度，为我国油气管道治理体系和治理能力现代化建设做出的贡献，激励了参加课题研究的全体院士和研究人员，在过世之后，黄维和院士按照王玉普院士生前的遗愿，带领其研究团队圆满地完成了王玉普院士未完成的中国工程院研究课题，形成"院士建议"上报国家，这是一位杰出的战略科学家对他所热爱的国家和事业做出的最后的努力。

王玉普院士于庚子之年遽然离世，一颗耀眼的巨星陨落，让多少人扼腕叹息，多少英雄泪满襟，64年短暂的岁月，却无愧于生而为人的一生，无愧于为石油、为国家奋斗不息的一生，将他整个生命和全部精力，都奉献给了自己所热爱的事业，他不愧为一名真正的共产党人，真正的中国男人，一条铁血汉子。

他生于白山黑水之间，而今长眠于生他养他的黑土地，长眠于他魂牵梦绕的松辽盆地，长眠于他深爱的祖国大地。仿佛林海雪原的一片雪花，云端松间的一阵清风，"生于自然，归于尘土"，虽然已经离开了我们，却留下永远美好的记忆和思念。他的贡献已经镌刻在大庆油田的历史丰碑上，他的名字永远留在了共和国的记忆之中。

而今大庆油田，开启"当好标杆旗帜，建设百年油田"的新征程，玉普倘若有知，也必定会为之感到自豪和骄傲。愿玉普化为天上的一颗星，永远守望着大庆油田，守望着祖国大地。

王玉普院士是一位"热爱事业高于生命"的杰出战略科学家。

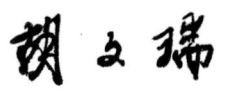

胡文瑞

2023 年 8 月 21 日

序 三

受中国工程院委托,中国石油大庆油田为王玉普同志撰写传记,这是大庆油田的荣幸。现在,传记终于完稿,即将付梓,与大家见面,对我们纪念、学习王玉普同志的超凡品质,以及他身上所体现的大庆精神铁人精神,具有十分重要的历史和现实意义。

玉普同志是从大庆油田成长起来的干部,是一位"老石油人"。从入职第七采油厂开始,玉普同志在党的哺育下,由一名技术员,一步一步成为大庆油田董事长、总经理。玉普同志和大庆石油人一起,攻克稳产难关、树立管理标杆、描绘百年蓝图、引进俄油入庆,带领大庆石油人高举大庆红旗、传承伟大精神、吹响奋进号角。在他38年职业生涯中,有27年奋斗在大庆油田。可以说,他把自己全部青春都献给了大庆油田、献给了祖国的石油事业。玉普同志为大庆油田5000万吨高产稳产、特别是4000万吨持续稳产,为传承弘扬大庆精神铁人精神、发展我国石油工业作出了卓越贡献。

大庆油田辉煌发展成就、"百年油田"梦想,离不开玉普同志崇高的政治觉悟、出众的人格魅力、卓越的领导才能、求实的科学态度和超前的战略眼光。玉普同志是大庆石油人的骄傲。

在传记撰写的两年多时间里,我多次听取撰写组工作汇报,对相关工作提出了意见建议。玉普同志是大庆油田的老领导,更是我的老领导,每次翻阅传记,仿佛又回到了那段难忘的岁月,玉普同志的音容笑貌宛在眼前,谆谆教诲犹在耳边,老领导带领我们共同奋斗的日子历历在目,对同志们的亲切关怀萦绕心间……玉普同志病重期间，大庆的同志去看望他，言语中，老领导多次谈到对大庆的眷恋、对石油工业的热爱，他最挂念的还是大庆油田的发展，最盼望的就是国家能源安全能够保障好。

大庆石油人没有辜负老领导的期望，截至2023年3月26日，累计生产原油突破25亿吨，占全国陆上原油总产量的36%；天然气年产量连续12年稳步增长，页岩油勘探实现重大战略突破；构建"油+气+新能源"业务布局，建成一批具有示范意义的新能源项目，推动了从"一油独大"向"多能互补"的重大转变；海外权益产量达到千万吨级规模，海外业务进入中东、中亚、亚太、非洲和美洲五大区域，油田品牌竞争力、影响力持续提升。大庆石油人用行动告慰玉普同志英灵，油田各项事业正在蓬勃发展，"百年油田"美好蓝图正在逐步变成现实。

斯人已逝，幽思长存。奋进新征程，大庆石油人将继承玉普同志遗志，认真抓好"原油高质量稳产""弘扬严实作风""发展接续力量"三件大事，努力实现"原油3000万吨高质量稳产，天然气增、非常规增、新能源增，提升科技创新能力、提升发展质量效益"的奋斗目标，坚定当好标杆旗帜，建设基业长青、走向世界、旗帜高扬的世界一流现代化百年油田，为保障国家能源安全，为全面建设社会主义现代化国家作出新的更大贡献。

玉普同志风范长存！

朱国文

2023年10月23日

目　录

第一章　寒门才子，奋发不负韶华 …………………………（001）
　　幼年时代随家北迁 ……………………………………（003）
　　寒窗启蒙酷爱读书 ……………………………………（007）
　　天赋聪颖勤学开智 ……………………………………（011）
　　民兵连长高考中榜 ……………………………………（016）

第二章　学府立志，献身科技报国 …………………………（021）
　　励志报国结缘石油 ……………………………………（023）
　　石油专业工科学府 ……………………………………（025）
　　勤奋好学逆袭"黑马" …………………………………（028）
　　观摩教学受益匪浅 ……………………………………（034）
　　铁人故乡小试牛刀 ……………………………………（038）

第三章　新秀贤俊，专才初露锋芒 …………………………（043）
　　学业有成踏入油城 ……………………………………（045）
　　励志钻研采油工程 ……………………………………（050）
　　入党提干婚姻美满 ……………………………………（056）
　　庆葡新村模范家庭 ……………………………………（061）
　　德业双优大庆劳模 ……………………………………（065）
　　十年一剑更进一步 ……………………………………（071）

第四章　锐意进取，科研管理兼能 …………………………（077）
　　移师杏北担当重任 ……………………………………（079）

不断学习攻读硕士……………………………………（084）

系统提升综合能力……………………………………（090）

运筹帷幄改革先锋……………………………………（095）

第五章　敢为人先，主导改革创新……………………（099）

挖潜水驱采油夯实稳产基础…………………………（101）

科学开发油田推进管理创新…………………………（106）

攻关三次采油储备战略技术…………………………（112）

挂帅第一大厂稳住开发大局…………………………（115）

勇担当顾大局转任管理高层…………………………（121）

第六章　世纪宏图，创建百年油田……………………（131）

战略思维谋划持续发展………………………………（133）

系统思维规划百年宏图………………………………（140）

辩证思维一体勘探开发………………………………（151）

创新思维攻关十项试验………………………………（158）

工程思维打造生态油田………………………………（167）

第七章　布局海外，勇越雄关漫道……………………（177）

高举旗帜建设百年油田………………………………（179）

引领发展荣获工业大奖………………………………（183）

行业领军当选工程院士………………………………（191）

立足高新推动科技会战………………………………（195）

统筹谋划筑牢百年基业………………………………（201）

百年战略意义影响深远………………………………（212）

第八章　执掌帅印，攻坚页岩油气……………………（219）

担当重任就职最高学术机构…………………………（221）

推进工程管理学术持续创新…………………………（225）

带领院士承担能源重大课题…………………………（232）

助推海洋油气挺进深蓝禁区……………………（239）

弘扬科学精神提出八项建议……………………（245）

第九章　统领国企，尽展院士风采……………（251）

面对行业变局应对新挑战………………………（253）

运用"两论起家"传统抓关键……………………（255）

发挥院士优势助力增油气………………………（262）

擘画提质增效描绘新蓝图………………………（267）

坚定夯实党的建设铸根魂………………………（272）

融入"一带一路"布局创共赢……………………（275）

学而不厌诲人不倦高品格………………………（279）

第十章　竭忠受命，赤胆鞠躬尽瘁………………（285）

国庆前夕承接安监重任…………………………（287）

中秋之夜组织塌方救援…………………………（290）

盛会期间指挥矿难救援…………………………（296）

抱病坚持工作刚强铁汉…………………………（300）

组建国家应急管理机构…………………………（304）

披肝沥胆淡然笑对病魔…………………………（311）

忠贞赤子英魂回归故里…………………………（315）

附录……………………………………………………（323）

王玉普大事年表……………………………………（325）

王玉普主要论著及获奖科技成果…………………（330）

参考文献……………………………………………（334）

后记……………………………………………………（335）

第一章
寒门才子,奋发不负韶华

出身东北农民家庭，历经 22 年的艰辛磨砺，吸足了黑土地富含的精粹养分，凭借刻苦学习积淀的功底，抓住高等院校恢复招生考试的契机改变了命运。

幼年时代随家北迁

中国版图的东北角，是一片物产丰富、地广人稀的神奇之地，尽管冬季漫长的严寒令人生畏，但是大片肥沃的黑土依旧吸引众多贫苦农民心驰神往，梦想改变命运的人们背井离乡掀起了闯关东移民潮，一批接一批不惧生死的拓荒人涌向了苦寒绝塞的北大荒。

从清朝末年对自由人解禁放垦，到新中国建立一批国营农场，第一个"五年计划"期间，耕耘的犁痕已经从松嫩平原腹地延展至小兴安岭边缘。然而，黑龙江省北部地区依然天高地阔，四野苍茫，靠近中苏边境散布的村落星星点点，缺乏劳动力致使大片适合耕种的土地无法开垦。为了让翻身得解放的人民过上丰衣足食的幸福生活，中央人民政府出台鼓励政策，动员人口密集地区的农民再度向空旷的东北荒原迁徙。

消息传到辽宁省新民县公主屯区荆家房申村，正值壮年的农民王广德，萌生了迁居北大荒的想法。当时，他已是上有父母下有子嗣的一家之主，承袭祖上闯关东攒下的几亩旱田，土改的时候被定为中农成分。这位淳朴的庄稼汉，虽然没念过一天书，却是个天赋异禀、心灵手巧的能人，不仅种地的本事出众，还会干泥水匠和木工活。更让人钦佩的是他自修中医，粗通药理，能用针灸、推拿、拔罐等简单的疗法为乡亲邻里消灾祛病。在缺医少药的乡村，土郎中格外受人尊重，业余行医的王广德赢得了备受赞誉的好名声，媳妇刘秀兰就是他用医术结下的姻缘。

刘秀兰家境殷实，出身不凡，是位上过学堂的富家千金。妙龄时不幸得了一种罕见的怪病，遍访名医，久治不愈。万般无奈，死马当成活马医，家人找到王广德让他用土办法治治看。谁都没料到，王广德居然妙手回春，刘秀兰服用了他配制的几副草药，出现了日渐好转的吉兆。得病如山倒，去病如抽丝，王广德不急不躁，施展自创的疗法精心施治，使生活难于自理的花季姑娘慢慢痊愈。王广德的救命之恩令刘秀兰产生爱慕之情。刘家父母看中王广德是个奇才，顺水推舟，不要彩礼，成全了女儿自选的乘龙快婿。

完婚后的王广德如虎添翼，妻子刘秀兰温柔贤惠，相夫教子，还辅导他读书识字。有了文化的王广德，务农行医的本领与日俱增，夫唱妇随的日子过得其乐融融。很快两个儿子相继降生，老大叫王玉国，老二叫王玉安。正当王广德考虑响应国家号召向北大荒迁居的时候，媳妇刘秀兰又有了身孕，家庭的羁绊让王广德的憧憬一时搁浅。

流淌的辽河水世代滋养着人们奔向美好的生活，春天，大地上一片繁忙的春播景色，到了仲秋，辽河两岸遍野金黄，到处洋溢着丰收在望的祥和气象。

1956年10月6日，风和日丽，万里无云，刘秀兰在辽宁省新民县公主屯区荆家房申村顺利产下第三个男婴。母子平安，王广德自然喜上眉梢，遵循祖上定下的家谱，思忖给襁褓中的小儿子起名字。琢磨如何与老大老二名字当中寄托的国泰民安之意相吻合，联想到各乡正在普及集体所有制的农业生产合作社，又恰逢庆祝新中国成立七周年之际，灵光一现，选中"普天同庆"当中的第一个字，敲定了三儿子的名字叫王玉普。

母亲刘秀兰也认为这个名字起得好，她比丈夫有文化，念书的时候学过老子著的《道德经》，其中有"修之天下，其德乃普"的名句，大意是说遵道修德，普惠天下苍生。父母不谋而合，用一个富含深意的普字，对三儿子寄托了兴家立业、光耀门庭的美好希冀。崇尚民俗传统的爷爷奶奶，对这个孙子的降生高兴得合不拢嘴，按照家族堂兄弟大排行的顺序，给襁褓中的王玉普起了个乳名叫小六。

寓意六六大顺，期盼他无病无灾，长大成人。

王玉普出生的这一年，冥冥之中有一种天遂人愿的巧合，被一些西方地质学家视为无油可探的中国，发生了颠覆性的重大转折。1955年，在新疆准噶尔盆地的边缘发现了中等储量规模的克拉玛依油田，拉开了新中国甩掉石油工业落后帽子的序幕。1956年，地质部迈出了石油勘探战略向东转移的第一步，派出一支踏查小分队沿着松花江切割的地层露头追踪，嗅到了极有可能蕴藏石油的气息，组建了松辽普查大队，在22万平方公里的松辽盆地张开天罗地网，搜索隐藏石油的踪迹。那时候，所有的家人都不可能预见到这个稚嫩的男婴会成为石油之子，嗷嗷待哺的王玉普在母亲温暖的怀抱里茁壮成长。

王玉普两岁的时候，父亲王广德还惦记着向土地充裕的北大荒迁居，此时王家又添了一个女儿，起名叫王玉洁。养育四个子女的生活负担日渐加重，开发比较早的辽宁地界已经呈现出人多地少的困境，王广德打算举家北迁的念头再度活跃。由于受家庭子女的羁绊思虑再三，犹豫不决。为稳妥起见，王广德托付长大成年的侄子先行一步，到黑龙江省北部接收移民的地域探探路。

转眼到了1960年，在农村初建人民公社的试验期，不幸遭受了大范围自然灾害，导致辽宁地界的粮食歉收，造成了局部饥荒蔓延。这一年，辽河北岸的新民县青黄不接，季节性吃不上饱饭的村屯比比皆是。就在王广德为一家人如何度过荒年发愁的时候，收到了打前站侄子召唤移民的家书。机不可失，时不再来，这回王广德不再犹豫，痛下决心，毅然舍弃已有的家产，扶老携幼，匆匆启程，奔向了向往已久的广阔大地。

1960年5月，王玉普一家迁至黑龙江省克山县西河公社仁里村定居。这时，王玉普刚满4岁，懵懂之中随家人辞别辽河故土，踏上了寻求新生活的遥遥旅途。清代遗存的柳条边墙摇枝相送，闯关东人聚集形成的新民县渐行渐远。在他尚未成熟的大脑皮层，出生地没有留下清晰的记忆，幼年的王玉普犹如一颗尚待萌芽的良种，借助他乡变故乡的长风，由辽河之滨飘向松嫩平原的北端，落入了完全陌生的广袤沃土。

王广德举家移居落脚的地方，开垦前曾是蒙古族先民的游牧地，东北方向隐约可见一座突兀的火山锥，蒙语的名称叫"喀尔喀勒图"，汉语的意思为"门"，克山县的名称由缩减的蒙语音译而生。东面有两条河，小的叫作鳌龙沟，大的沿袭满语的称谓叫作"乌裕尔河"，两岸的乡镇大都以向南流淌的水脉为参照系，命名了西河、西城、西联、西建四大居民聚集地。

当年的仁里村并不大，不足百户人家，且居住分散，村民绝大多数为闯关东人的后裔和近代响应国家号召从各地迁居而来的移民。由于临近小兴安岭的缘故，黑黝黝的庄稼地北高南低，略显起伏的高岗上树木茂密，低处的涝洼塘生长着葳蕤的荒草，阡陌纵横与远山近水凸显出坡地特色。登高远眺，无论朝哪个方向看，目光都能直达天地相交的地平线。对于视土地为命根子的农民来说，这里的确是"急耕稼之业，致耒耜之勤"的生金之地。

大自然经过亿万年造化，在地球上仅形成了三片腐殖质含量丰富的黑土带，一片是欧洲的粮仓乌克兰，另一片是美国的密西西比河流域，再一片就是中国的东北平原。王广德一家在国家政策的感召下，有幸搭上鼓励移民的末班车，迁徙到覆盖了一层厚厚火山灰、地肥水美的克山之侧定居。目睹远超想象的优越自然条件，顿时热血盈胸，燃起了未来美好生活的万千憧憬。夫妇俩兴奋得心花怒放，幼小的王玉普尚不能理解父母为啥如此开心，受家庭氛围的感染，尽显稚嫩的笑脸，陶醉于新生活的开端。

王广德一家被安排在仁里村第三生产队（也称"三队"）落户，仅有十几户人家的居民点与中心村还有三里的距离，这种选择唯一的好处是方便就近耕作。

安居才能乐业，盖房子是当务之急。王广德本身就是个顶门立户的能人，用不着筹划，在乡亲们的协助下就地取材，泥草和树木手到擒来，十几天工夫就盖起了三间平顶房。这栋独树一帜的建筑，与村里已有的起脊房屋迥然不同，既有省工、省料的快捷考虑，又包含了几许对辽宁新民故居的留恋。

王玉普幼年的记忆，以这个小村子为原点开始延展。在盛产"两豆一麻"（大豆、土豆、亚麻）的克山县，夜夜伴着摇曳的煤油灯光听妈妈讲古代圣贤的故事，日日饱餐香喷喷的苞米碴子饭。这种日出而作日落而息的农村生活，使他的心田浸染了钟爱乡土的底色。让他引以为傲的是，父亲再度彰显能人才干，被社员们推选为生产队的小队长，成为仁里村三队的主心骨。母亲操持家务，孝敬公婆，种菜养猪，幼年王玉普每当听到邻里夸赞母亲贤惠的美言，心里感觉像吃了蜂蜜一样甜。

随着流年岁月的季节变换，王玉普在第二故乡的哺育下步入了少年，五谷杂粮强筋壮骨，淳朴民风润泽心田，有两位哥哥分担家务，父母希望他心无旁骛，早点入学好好读书。

寒窗启蒙酷爱读书

仁里村有一所条件十分简陋的小学校，虽然距离三队的路程不算远，但是对于年纪尚小的学童来说，遇到刮风下雨、暑热严寒天气往返奔波，还是有不小的困难。因此，仁里村小学把四年级以下的教室设在三队的一间土房里，不同年级的学生们轮番上课。说是学校，其实除了一块不规整的木质黑板，连一件像样的桌椅都没有。学生们坐在土坯上听课,伏在木板搭就的条案上写字。夏天,土屋里闷热难耐,苍蝇蚊子嗡嗡叫;冬天,靠烧柴草的小炉子取暖,不仅驱不尽四处漏风的寒冷,还烟熏火燎大气难喘。20世纪60年代中期,在东北农村类似的小学校不胜枚举,贫穷导致许多农家子弟丧失了学习兴趣,相当一部分过早辍学,成了识字不多的半文盲。

1964年7月,王玉普在仁里村三队上了小学。他承袭父母的遗传基因,不仅天资聪慧,而且求知欲极强。自打进入小学开始,就不用父母和老师操心,认认真真听讲,工工整整练字,是语文、算术成绩都名列前茅的优等生,担任了班级的学习委员,老师不在时,他还是监督同学完成作业、温习功课的孩子头。

然而,单调的乡村生活并不平静。当时在黑龙江省北部肆虐着一种令人恐怖的流行病,老百姓俗称"攻心翻",无论男女老幼一旦得上,几天工夫就会暴毙身亡。由于20世纪初期在克山一带最早发现患者,医学界将这种使人猝死的恶魔定名为"克山病"。因为发病机理不详,几十年都没有研究出预防和根治的有效方法,新中国成立后发病率依然高居不下。王玉普上小学的时候,防治克山病出现了转机,经哈尔滨医科大学于维汉教授数年如一日的不懈研究,终于查明病因,有了扼制死神的有效办法。但是消灭克山病并非一日之功,在王玉普童年的记忆里,还留有克山病夺人命的阴影。

幸运的王玉普得益于父亲自创的医道,凡是得了头疼脑热的小毛病不用去医院,吃上几副父亲开方的中草药,外加扎针拔罐,在热炕头上捂被发汗,依靠旺盛的生命力自行痊愈。克山县盛产的高质量大豆营养成分尤为丰富,常喝磨制的鲜豆浆,既能阻止克山病毒素攻击心脏,又能促进体质健康。王玉普从上小学开始,从没因伤风感冒缺过课,以优异的学习成绩完成了小学四年级全部课程。

1968年8月,王玉普转到校舍条件稍好一些的仁里村学校就读五年级。但是每天都要背书包、带午饭，在蜿蜒的田间小道上往返6里路。那时候在偏远的农村，行路基本靠走，干活基本靠手，看家基本靠狗。除了寒暑假，王玉普一年四季雨雪不惧，练就了意志，强健了体魄。

1970年8月，王玉普滞留在仁里村学校开设的初中班继续读书。他和同龄的男孩子明显不同，不贪玩，也不逞强好胜，从不与同学发生纠纷，并且学习刻苦，养成了专心读书的好习惯。在父母眼里他是懂事早、有礼貌、不用操心的乖儿子；在老师心目中他是心有灵犀、触类旁通、不用扬鞭自奋蹄的好学生。可惜，正当小树苗需要知识哺育粗壮枝干的时候，遇上了政治运动的疾风骤雨，仁里村学校的初中教学受到了一定程度的干扰，停课闹革命、复课、再停课，时断时续的折腾，导致正规的教学秩序无法持续。然而王玉普却有了充裕的时间自由读书，长篇小说、报刊杂志，凡是能够借阅到的书刊他都喜欢阅读。尽管有些字义并不能完全读懂，但是了解古今中外天下大事的兴趣，令他闭塞的心灵照进了启蒙的阳光。有人说，读书是门槛最低的高贵，这一点在王玉普身上体现得尤为突出。少年王玉普没有因为"文化大革命"运动的影响放弃学习，明事理、有远见的早熟，与他酷爱读书的习惯有着密切关系。

中学时期的王玉普

当时，人民公社有广播站，县里有电影放映队，尽管所见所闻都是千篇一律、政治色彩浓厚的鼓动性宣传，但是对喜欢文学的王玉普来说，从中学会了遣词造句，经常模仿书中的妙笔生花，写一些表达自己认知和感受的小短文。那时候能看到的电影很有限，允许公开放映的有《海鹰》《平原游击队》《地道战》《三进山城》等故事片及《红灯记》《智取威虎山》《红色娘子军》《海港》《杜鹃山》等八部革命样板戏，这些文艺作品使他萌生了探索电波为什么能够传递声音、胶片为什么能够记录影像的好奇心。这些潜移默化的知识令他受益匪浅，进一步激发了王玉普的求知兴趣，他坚信"书山有路勤为径，学海无涯苦作舟"的劝学古训没有错，谨记"少壮不努力，老大徒伤悲"的格言，立志绝不虚度时光，决心多学知识改变命运。

每个人的少年时代都充满了缥缈妙曼的幻想，随着年龄的增长，有些幻想变成了理想。在人生的格局中理想是一个人的精神之钙，有什么样的理想决定什么样的志向，心中有目标的人矢志不渝，浑身充满了奋进的力量，王玉普就是这种追梦人。

酷爱读书的王玉普，阅读兴趣十分广泛，博闻强记的知识吸收无形中抵御了读书无用论的错误思潮，他从父亲身上看到了有文化和没文化的巨大不同，在母亲循循善诱的引导下发奋学习，每次考试名列前茅，不但同学羡慕、老师表扬，还让父母喜笑颜开，莫名的荣誉感成为他不断受激励的学习动力。

王玉普特别爱听母亲讲古代先贤达人的故事，解读不甚理解的做人做事道理。从慈母背诵的古文诗词中，他知道了李白、杜甫、岳飞、文天祥等中国历史上的文化名人和民族英雄。

在仁里村学校任课的教师眼中，王玉普是同龄学生中少见的优等生，因此对他的培养教育分外用心。来自家庭和老师的双重引导，促使启蒙之中的王玉普在非正规的小学续初中的教学中度过了8年的学习生活。这一时期，城市里的中学生连年上山下乡，接受贫下中农再教育的知青潮切断了农村中学毕业生另行择业的出路，城乡有别的户籍制度，注定了农民的子女只能当农民的命运，近半数的同窗学友已经中途辍学，王玉普也在回家务农还是继续报考高中的十字路口彷徨无措。

天赋聪颖勤学开智

20世纪70年代初,"文化大革命"风云笼罩着中国的天空,多年混乱造成的经济损失日益加重,全国所有大中专院校一律停止招生的现状,意味着读完高中之后面临的还是一道没有其他就业出路的高墙。何去何从?成为王玉普难于排解的一块心病。

在王玉普最需要引导帮助的时候,几位初中老师指点迷津,成为帮他改变命运的贵人。尽管老师的头上顶着"右派"帽子,被贬为"臭老九",但他们远见卓识,看出了王玉普的潜质,劝告他千万不要放弃读书,勉励他报考高中继续深造,或许能够等来改变命运的机遇。

此时,王玉普的两位哥哥已经成为生产队的社员,家里的大事小情无须他参与分担。有远见的父母也赞同老师的意见,支持他上高中继续念书。

王玉普本身就有强烈的求知欲望,在老师和家人的共同鼓励下,毅然放弃回村当农民的打算,报考了克山县西河公社中学,成为一名本村同龄人当中少数上高中的新生。

1972年8月,王玉普来到西河公社中学就读高中。继续求学之路,他走得并不轻松。从仁里村到西河公社有14里的行程,学校没有学生宿舍,每天徒步往返,无论刮风下雨还是酷暑严寒,他都准时到校上课。走路练出了铁脚板,知识开阔了视野,天资聪明加上刻苦努力,他的学习成绩依旧领先拔尖。不仅担任了班级的学习委员,还在思想上积极要求进步,加入了共产主义青年团,成为深受西河公社中学各科老师赏识的好学生。

当时国家严格实行粮食统购统销政策，城镇户口按定量吃国家销售的供应粮，农村户口吃本村按人头分配的自产粮，各省自治区都发行互不通用的粮票，外出就餐有钱没粮票甭想吃上饭。西河公社中学虽然有食堂，但是无法解决没有粮票的农村学生吃饭问题。

王玉普一家是农村户口，无法搞到通用的地方粮票，每天带饭上学是唯一选择。那时候耕种旱田的东北农村，为了完成上缴公粮的指标，很少种植产量低的小麦，农民家庭的食谱以玉米、高粱、小米为主，俗称粗粮。大豆和土豆既可当主食，又可入菜肴，农家的饭桌一年四季离不开咸菜、大酱。被称为细粮的白面，只有逢年过节才能用来包饺子、烙饼、蒸馒头，平常日子谁家也舍不得吃。因此，王玉普的饭盒里总是黄澄澄的大碴子、大饼子、窝窝头，偶尔吃顿小米干饭就算改善生活了。没有粮票的学生可以在食堂买菜佐餐，但是挣工分的农民年底才能得到根据收成计算的分红，平日很少有可供消费的现金，王玉普的家境虽然不算太困难，但是上高中的时候兜里几乎没揣过钱，偶尔有几枚硬币，花上二分钱买一碗没有油腥的白菜汤，这顿饭就会吃得格外香。

清贫的生活没有减弱王玉普的进取心，勤奋学习使他增长了知识，开启了心智，塑造了品行。青春勃发时段，正是一个人的世界观、人生观、价值观形成的关键期，王玉普在西河公社中学的课堂里接受正规高中教育阶段，因为家境贫寒避免了奢靡风气的熏染。当年的班主任老师回忆，高中时期的王玉普各科成绩一直名列年级前茅，他的数理化作业多次被当作范例展示，尤其是语文的读写能力超群，堪称全校第一。

高中走读不仅辛苦，王玉普还差点送了性命。一天放学回家的途中黑云压顶，瞬间下起了瓢泼大雨，为了早点赶回家，他走小道抄近路，没想到一条平日干涸的水沟奔腾起湍急的浊流。王玉普以为没多深，打算硬着头皮蹚过去，结果暴涨的洪水异常汹涌，没走几步他就被冲倒。沟岸虽然近在眼前，但是沟底湿滑很难爬起，如果被水流裹挟而去，不远处就是乌裕尔河的支流鳌龙沟，他不会游泳，生还的可能性渺茫。在孤立无援的情况下，王玉普凭借求生的本能奋力挣扎，猛然抓住了一条岸边暴露的树根，挣扎站立起来脱离险境，捡回了一条命。

爬上岸的王玉普心有余悸，惊魂未定，怨恨土沟、洪水的同时，立下宏愿，等自己有了本事，一定要在家乡的沟壑上多建几座小桥，不让乡亲们再经历自己遇到的危险。

往返西河公社中学的土路上，王玉普不仅有难忘的惊魂回忆，还有羡慕农业机械化的憧憬。在仁里村与西河公社之间有一座部队开办的农场，使用大型农机春种秋收，拖拉机牵引机具在农田里翻地、耙地、播种、中耕的情景令他百看不厌，尤其到了繁忙的秋收时节，看到联合收割机像剃头推子一样快捷收割庄稼，王玉普浮想联翩，思绪难平，幻想有朝一日家乡的农民都能放下锄头镰刀，开上大机器轻松耕耘田地。

在西河公社中学读书这段时间，王玉普的视野逐渐拓宽，对外面的陌生事物有了更多了解。克山县境内有一处当时隶属于黑龙江生产建设兵团五师的大型国营农场，番号为54团，接收了一批来自上海、北京、天津、哈尔滨、齐齐哈尔等大城市的知识青年。他所在的克山县城距离中国与苏联的边境线直线距离只有200多公里，1969年爆发的中苏武装冲突导致边境地带的备战形势日益趋紧，组建生产建设兵团不仅是为了扩大农业生产，更重要的是加强边防力量。现代化战争陆海空立体作战，掌握先进的武器需要懂得科学技术。因此，当年的高中数理化课本编入了一些与国防教育相关的军事内容。例如：老师讲解物理学平抛运动的原理时就会例举弹道飞行轨迹；化学课则从中国人发明的黑火药延伸到工业化制造的烈性炸药；就连抽象的数学课也少不了各兵种瞄准目标应用的三角计算。

西河公社中学的教学条件十分有限，不具备上物理、化学实验课所需的教具和器材，王玉普只能通过熟读课本，反复向老师请教，才能弄通原理，初步掌握一些具有实用性的数理化基础知识。好在西河公社中学的图书馆还有不少藏书，王玉普是借阅频次最多的学生读者，涉猎广泛的自修加上老师课堂内外的传授，让他的知识覆盖面和阅读理解能力呈现几何级数增长，学霸地位一直巩固到高中毕业。

在王玉普的高中阶段，传授知识的老师多数是20世纪50年代末蒙冤下放的高级知识分子，他们的文化素质、艺术修养、思想道德并没有因为身处逆境而颓废。在处处有雷区、事事有禁忌的教学领域，一丝不苟，竭尽所能，精心培育门下的学生。王玉普是任课老师器重的优秀学生之一，得到的点拨和关爱最多。

王玉普感恩当年帮助教育他的每一位老师，这些老师都是勉励他坚持求学、树立远大理想的引路人。

学生尊敬老师，老师赏识学生，良师益友的师生关系打开了王玉普封闭的视野。老师告诉他，公社中学门前那一栋很大的砖瓦房有传奇的来历，曾是毛泽东主席亲笔题写名称的"萌芽学校"的畜牧业实习基地。王玉普十分惊讶，追问来历，老师便从东北刚解放时讲起。日本投降后，开拓团遗留了一批农机具，当地老百姓叫不上名字，称冒黑烟能耕地的拖拉机为"火犁"。解放战争期间，为了支援大军南下推翻蒋家王朝，需要充足的粮食做军需。东北人民政府火速派人接管了日本开拓团的营地，筹建国营农场急需一批会操作农机具的技术人才，于是在自然条件优越的克山县选址，创办了新中国第一所半工半读性质的农牧业培训学校。1960年发行的第三版一元面值人民币正面印刷的英姿飒爽的女拖拉机手，就是这所学校的首批毕业生梁军，她到北京出席劳模会的时候，恳请毛泽东主席亲笔题写了"萌芽学校"四个大字。

王玉普还从老师们的介绍中了解到，1947年毛泽东主席派刚从苏联回国的次子毛岸青，秘密来到克山县参加土地改革工作。毛岸青当时化名杨永寿，深入到饥寒交迫的农村访贫问苦，调查伪满时期东北人民遭受的苦难，发动受"三座大山"沉重压迫的贫下中农与黑暗的旧制度彻底决裂，跟着共产党翻身闹革命，迎接光明的新中国。毛岸青虽然仅在克山县工作了一年，但是却让克山这座远离首都北京的小县城，最先沐浴到毛泽东主席关心人民冷暖的灿烂阳光。这份殊荣，让王玉普的幸福感和自豪感油然而生。

毛泽东主席亲笔题写的"萌芽学校"校名

1974年仲夏，当时仅为二年制的高中学习临近尾声，为了怀念这段充实心灵的光阴，全班同学来到克山县城，在照相馆拍摄了一张珍贵的合影。由于当时老师们还没有得到平反，出于避嫌考虑，毕业照中没有留下恩师的身影，然而在王玉普心里永远都不会忘记那些可敬的园丁。

1974年7月14日，王玉普（第4排右4）高中毕业留念

高中毕业依然没有继续升学的出路，王玉普很想报名参军，哪怕是当一名种地的兵也无所谓，只要能穿上一身绿三点红的军装就是莫大的荣幸。由于二哥王玉安先于他应征入伍，成为一名铁道兵部队的战士，家门上方已经挂上了"光荣之家"荣誉牌，他的从军梦就此破灭。

1974年8月，18岁的王玉普只好回家务农，在仁里村三队当社员。但是理想的火苗并没有就此熄灭，辞别西河公社中学之际，他曾经感怀：农村的广阔天地何尝不是年轻人施展抱负的舞台？从孕育萌芽的课堂转向面对黑土背朝天的广阔天地，他立志循着老前辈建设北大荒的路径，努力长成一棵参天大树，做一名有志向、有知识、有作为的新时代农民。

民兵连长高考中榜

仁里村是王玉普的第二故乡，打记事起就在这里成长，虽然读书期间下田劳动的次数不多，但是耳濡目染的农村生活足以让他感受到农民真苦、真累、真不容易。高中毕业回乡入社，跨入了返乡知识青年的行列，西河公社的领导对他另眼相看，安排到广播站做通讯报道员。他一边参加生产队劳动，一边搜集好人好事，写宣传报道稿。这项工作看似简单，没有一定的文字功底很难胜任。

王玉普酷爱读书，语文成绩出众，采写的通讯稿词语生动、字迹清秀，突出政治的宣传基调拿捏得很准。公社领导高度满意，赞赏的同时感到人才难得，破例把他调入公社机关，协助政工干事做刻写蜡纸、油印文件等日常工作。偶尔参与起草公文材料，俨然成了不在干部编制内的公社兼职秘书。

西河公社相当于现在的乡党委和政府，是国家行政机构设在农村的神经末梢，上边千条线下边一根针，所有的政策法令都要穿过这个针眼贯彻落实。王玉普凭借学识和踏实两项优势显露出才干，由他主笔起草的领导讲话稿、总结汇报材料屡屡受到好评。公社领导慧眼识珠，开始有目的地培养王玉普向基层干部方向发展。

近水楼台先得月。进入西河公社机关的王玉普，对西河公社一带的人文历史有了更深入的了解。黑龙江省委上报的克山县经验，曾送到毛泽东主席案头，反映的就是仁里村创办农业生产合作社之后发生的变化。

事情发生在1951年，那时黑龙江省克山县西河公社还叫西河区，所属仁里村的农民设法改善养马条件，实行人工授精配种，成为牧业生产的先进典型，时任村长金永昌被评为省级特等生产模范。1955年6月4日，《黑龙江日报》刊登了关于仁里村养马情况的调查报告，标题为《马的问题》。这篇文章编入了《中国农村的社会主义高潮》一书，毛泽东主席阅读后，选择一部分有引导意义的经验亲笔作了重要批示。尽管《毛泽东选集》第五卷1977年在出版发行时没有收录关于仁里村的批示，但是被伟大领袖关注过的荣光足以让这个小村子有一段引以为傲的历史。

王玉普还在克山县革命斗争文献资料中阅读到一则记载，抗日战争时期克山一带曾是东北抗日联军一部活动的游击区。1932年，侵华日军占领克山县城后派重兵把守，森严壁垒，号称"铁打的满洲国，模范的克山县"。抗日联军第三路军为了打击日伪的嚣张气焰，1940年9月22日深夜，由三支队和九支队联合发起奇袭，仅用了2个小时就攻克了日伪军盘踞的县城，缴获一大批弹药和给养物品，为饱受奴役的东北人民出了一口恶气。这段关于东北抗联孤军攻城取得大捷的文字，让王玉普的心情久久不能平静，借助到县城办事的机会，多次到抗联战士浴血战斗的遗址驻足，默默向牺牲的先烈致哀。

东北抗日联军攻克克山县的抗战遗址

步入青年的王玉普对克山县的历史了解越深入，对家乡的热爱越深沉，他庆幸自己生长在脚下有沃土、身边有贤人的社会环境，承蒙公社领导的信任和重视，不断激发自己的干劲，回乡仅半年就成为本公社十几个村都知晓的才俊。

那时候东北农村流行早婚，男女青年十八九岁成亲、二十出头生儿育女的现象极为普遍。有了点小名气的王玉普自然成为女方找婆家的首选对象，主动登门给他提亲的说客络绎不绝。王玉普不为所动，他心里装着"海阔凭鱼跃、天高任鸟飞"的志向，不想把宝贵的青春过早沉湎于家庭的小圈子，任凭媒人说破嘴、跑细腿也不答应相亲。

抱定先立业后成家信念的王玉普，有雄心、有干劲、有才华，被公社领导视为后备干部的重点培养对象。

1975年7月，当编外"秘书"的王玉普被安排到仁里村生产大队担任会计。1976年7月，又调王玉普到西河公社制砖厂任统计员兼财务室的出纳员。在这两个岗位上他都干得风生水起，无论工作多忙，只要有空闲就坚持读书，经常坐在砖窑顶上就着彻夜长明的灯光手不释卷。王玉普的这一好习惯，令关注他的公社领导看在眼里喜在心头。

1977年10月，西河公社党委调整良种场村领导班子，决定提拔王玉普去良种场村委会担任民兵连长。

良种场是公社一级的农作物新品种试验村，承担推广农业新技术、评价新种子、总结田间管理经验的先行先试任务，是确保全公社粮食丰收的关键之地，相当于现在的农业生产技术服务站。因此，良种场有别于普通的生产队，工作任务带有很强的科研性，负有保证农民增产增收的职责。民兵连长实际就是村长兼生产队长，三顶帽子一人戴，是当时备战形势下的不同叫法。

20岁的王玉普经过三年历练，跨入了村干部行列。在良种场，他列在村党支部书记之后，是二把手，既要领导社员进行农业生产和科研，又要负责组织民兵开展军事训练，操心费力，起早贪黑，辛苦的程度远超过一般社员。村干部没有任何特权，有时外出开会还得倒贴。当干部全凭带头劳动、公正廉明的模范作用树立威信。为了不辜负公社领导的信任，单身的王玉普干脆把行李卷扛到良种场，成为全天候值守的村干部。

艳阳普照，秋风吹熟了田野里的庄稼，天高气爽，克山县各村相继进入了收获的农忙时节。王玉普头一次以村官的身份组织社员秋收，既兴奋又紧张，如何把丰收的粮食颗粒归仓？不能不说对他的领导才干是一场严峻考验。

良种场的村民没有失望，他们看到了一个生龙活虎、起五更睡半夜的民兵连长，从场院到地头，王玉普把所有的农活安排得井井有条，每一块地的工作量都做到心中有数，派工分、配人手公平合理，而且处处以身作则，事事一碗水端平，忙而不乱，井然有序，良种场村民认可了这位年轻的带头人。

秋收正忙的时候，王玉普在报纸上读到了一条重大新闻，邓小平再次复出，回到党中央和国务院的核心，主抓科技和教育工作。政治敏感性极强的王玉普，被这条消息触动了神经，嗅到了万物复苏的春天气息，意识到一场大变革的劲风将要吹遍万里山河。

王玉普的预见很快变成了现实。新一届党中央开始大刀阔斧地整顿十年混乱积淀的沉疴，平反冤假错案、解放老干部、调动各方面积极性恢复生产秩序，颁布了一系列拨乱反正的新政策，尤其是邓小平提出"科学技术是第一生产力"的英明论断最为鼓舞人心。既然国家要振兴科技，就不能停办培育高端人才的摇篮，搁浅了三年多的升学理想终于盼来复燃的希望。

1977年10月21日，《人民日报》头版头条刊登出"高等学校招生进行重大改革"的报道，各大中专院校立即开始筹备接纳新学生。由于受"文化大革命"的影响，报名人员不受应届高中毕业生的限制，凡是适龄的工人、农民、上山下乡知青和在部队服役的军人，只要组织批准都可以参加考试。看到这条消息，王玉普顿时眼前一亮，振奋之情难以抑制，立即向村党支部书记表达了自己想参加高考的愿望，上报到西河公社党委，获得了批准。

此时，又面临三春不如一秋忙的紧要节点，王玉普一边带领社员抓秋收，一边抽空复习功课。那些日子，时间是最稀缺的资源，一分一秒都不能懈怠，不管怎么忙怎么累，王玉普都是捧着书本陪星星伴月亮，经常为求解一道数学难题熬到鸡鸣破晓。严重缺少睡眠使他眼眶发黑，浑身乏力，但是到了下地干活的时候又像换了一个人，挥镰刀、扛麻袋，样样冲在社员队伍的最前列，全凭青春的旺火支撑着废寝忘食和高强度劳动透支的身体。一个多月披星戴月的复习，他把荒疏三年的高中课程全部复习了一遍。

1977年12月初，王玉普带着满满的自信走进期待已久的考场应试。

等待公布考试成绩的日子，王玉普依旧在良种场民兵连长的岗位上操持忙碌。村里的有线广播喇叭里传出了令西河公社所有人都兴奋不已的好消息，王玉普以克山县考生语文成绩第一名的高分，过了大学本科录取分数线。

战胜了困难、战胜了自己的王玉普，凭借信心和勇气抓住了改变命运的机遇，站到了人生又一段新征程的起点上，他笑了，笑得流泪，笑得自豪，笑得纯粹。

第二章

学府立志,献身科技报国

跨进大庆石油学院的校门,四年如一日,勤学励志,丰满了献身石油事业的冲天羽翼。

励志报国结缘石油

1977年岁尾，克山县的田野覆盖了一层皑皑白雪，隆冬腊月是一年中最寒冷的季节，王玉普的心里却燃烧着一团烈火。高考总成绩超过本科录取分数线，取得了填报志愿资格。选择哪所大学？何种专业？对他这个不甚了解外界的农村考生来说，是关乎今后人生走向的必选题。

王玉普从小就羡慕国营农场机械化耕作的高效率，使他对各类机械原理颇有探究的兴趣。于是首先锁定理工科院校，根据自己的家庭条件，把距离克山县比较近，并且设有机械系的大庆石油学院（现东北石油大学）作为首选目标。之所以这样选择，是因为大庆的名声如雷贯耳，早就成了他向往已久的精神圣地。

1964年，毛泽东主席倡导"工业学大庆"的号召蜚声全国，开发建设大庆油田的先进经验和英模事迹不断出现在广播和报刊上，石油钻工王进喜的铁人名号尽人皆知，家喻户晓。尽管王玉普未曾亲眼见过石油工人战天斗地的雄姿风采，但是每当听到广播中传出《我为祖国献石油》这首歌，都会被感染得荡气回肠，一股热流瞬间充满全身。

王玉普在小学读书的时候，经常见到各村通过招工到大庆就业的石油工人回乡探亲，尤为喜欢听他们讲述如何勘探、钻井、采油的新鲜事，那片石油滚滚的热土对他产生了极为强烈的吸引力。因此，填报大学志愿表的那一刻，他没有丝毫犹豫，欣然在第一栏端端正正地写下一行隽秀的钢笔字："大庆石油学院机械系石油矿场机械专业"。

志愿表填报后，王玉普在期待录取的煎熬中度过了1978年元旦。大寒的节气一到，筹备过春节备年货的忙碌打破了乡村猫冬的寂静，家家户户杀猪宰羊、蒸黏豆包、剁馅包饺子的习俗轮番登场。人人欢天喜地迎春之际，王玉普的心情却忐忑不安，天天遥看村口，盼望出现送信件报刊的邮递员。尽管他在申报志愿的时候许下了"服从国家分配"的承诺，但是唯恐大庆石油学院录取的名额有限，首选的目标落空，另行分配会是什么结果？无法预料的茫然令他心神不宁。

1978年元月底，王玉普如愿以偿，收到了大庆石油学院的录取通知书。其中附带了一封红字印刷的欢迎信，祝贺他成为石油战线的一名新兵。多年夙愿梦想成真，王玉普心潮翻滚，手舞足蹈，不知道该用哪种方式抚平血液奔涌产生的波涛。

收到录取通知书这一刻，成为王玉普一生中最关键的转折点。他暗暗立下志向，一定要用学业有成的作为回报助力自己走向新起点的所有人。

王玉普被大庆石油学院录取的消息轰动了仁里村，飞速传遍了西河公社，成为了克山县城街谈巷议的新闻。"文化大革命"之前本乡考上大学的人凤毛麟角，如今刚一恢复高考就从"鸡窝"里飞出了一只"金凤凰"，乡亲邻里们颇感骄傲与自豪，登门致贺的人络绎不绝，他家的小院异常热闹，在迎接1978年春节的日子里充满了前来道喜的欢声笑语。

大器晚成的王玉普，没有时间与亲友们逐一告别。这是因为"文化大革命"后首次高校招生，打破了夏季考试录取的惯例，新生入学时间定在年初，春节过后就要赶到学院报到，超过规定的时限则按自动弃学处理。王玉普不敢耽搁，赶紧收拾行装，带上一套铺盖、几件换洗衣裳和二哥送给他的一套军装，在亲友们寄以厚望的目送下匆匆启程。

辞别克山县仁里村的那天，王玉普猛然有了乡愁之感，好男儿志在四方，却掩藏不住牵挂双亲安康的柔肠百转，两种思绪交织相撞，泪水模糊了眼帘。他深知家境清贫，没有富余的钱财，上大学的所有花费唯有依靠国家提供的助学金，入学后的生活必须处处节俭，绝不能再给辛劳的父母增加负担。

春寒料峭的元宵节后，时年22岁的王玉普，一步三回头，走出了18载未曾远离过的故土，满怀立志成才、报效祖国的雄心，奔向了放飞理想的学府——大庆石油学院。

石油专业工科学府

从克山县走来的王玉普，对大庆油田略知一二，大庆石油学院什么样？却完全陌生。过去仅在电影银幕和彩色画报上见过声名显赫的大庆影像，离家前查看地图怎么也找不到确切位置，听说大庆油田就在"安达"和"安达市"两个小圆圈之间的"萨尔图"。

大庆油田是在保密状态下投入开发的，对外使用农垦代号，当时出版的中国地图上根本没有标记。1977年，由于第二次全国工业学大庆会议在大庆油田召开，滨州铁路线上的"萨尔图站"才更名为"大庆站"。然而，大庆石油学院的校址并不在大庆油田的辖区内，录取通知书上注明的报到地点是"安达"火车站。

王玉普第一次独自远行，满头雾水，背着行李卷，提着旅行袋，在齐齐哈尔倒车时生怕走错地方，多次询问，辗转到了安达站。走出车站栅栏，一眼就瞧见了醒目的"大庆石油学院"横幅，悬着的心这才落了地。兴冲冲奔向新生入学接待处，掏出揣在怀里的录取通知书接洽报到。

陆续来报到的新生凑够人数，在接待人员的引导下登上了一辆运载货物的解放牌卡车，顺着笔直的县城主干道向东行驶大约5里，视线触及了城郊的庄稼地，才看到大庆石油学院校区。

一路上，王玉普环视安达县城的街景，感觉和克山县城不差上下，低矮陈旧的平房排列两侧，空气中弥漫着烧煤取暖的烟火味，残存冰雪的街道上车流人流相互掺杂，既没有发现一丝油田的踪影，也没有看到繁华热闹的市井。两座县城具有高度的相似性，克山有毛泽东主席题写"萌芽学校"校名的师范类大专学府，安达有一座本科的理工类石油学院。

汽车开进了学院大门，几栋红砖砌筑的教学楼错落有致，背后则是教职工居住的一片平房，烧原油取暖冒出的黑烟让王玉普第一次闻到石油的气味。正对着校门口位置矗立着一部钻机的井架，这件钢铁实物的象征性不言而喻，表明这所大学是培育石油工程人才的摇篮。

1960年，创建于黑龙江省安达县城的大庆石油学院

匆忙恢复招生的大庆石油学院，还没来得及修缮"文化大革命"期间遭受破坏的校舍。学生宿舍是一栋三层楼房，每个房间可容纳8~16名新生就寝，上下铺铁床上面已经贴上了姓名标签。王玉普找到自己的下铺位置，放下行李准备铺床的时候，听说上铺的同学有恐高症，马上主动与他调换，这个举动让同寝室的同学们很受感动。

1978年3月15日，举行开学典礼之后，王玉普便在大庆石油学院机械系石油矿场机械专业77-1班，开始了为期四年的大学生活。

为人朴实的王玉普，一入学就表现出助人为乐的热心肠，谁有困难他都尽其所能出手相帮，手脚勤快并且心胸宽广，与同学们相处得十分融洽。

大学时期的王玉普

1978年春，仓促开学的大庆石油学院，受食宿和教学条件限制，石油矿场机械系只招了两个本科班，分为石油矿场机械和石油化工机械两个专业。按照填报的志愿，王玉普被分配到共有35名同学的矿机班，虽然1978年3月初入校，仍被称为77级学员。

这批学生的年龄参差不齐，大的30来岁有了配偶和子女，小的应届高中毕业生年仅十八九岁。来自五湖四海的同学，既有大城市上山下乡的老三届知青，还有入学前当过教师、工人、会计、基层干部的适龄青年，纯粹土生土长的农民学生并不多。

由于受"文化大革命"影响，机械系招收的两个本科班，学生之间的文化基础相差十分悬殊。王玉普深知自己除了文科略好之外，数理化基础不如大城市来的同学，差距最大的是英语，一天没学过，需要从认识26个字母学起。相比较的结果令他没有了读高中时当学霸的自豪感，意识到四年的大学生活必将是一场比拼学习毅力的马拉松竞赛。

王玉普坚定有志者事竟成的信念，给自己设立了一个补短板、强基础的学习计划。决心以铁人王进喜"宁肯少活二十年，拼命也要拿下大油田"的浩然之气，站到大学的起跑线上凝神聚力，迎接高等教育面临的种种困难。

勤奋好学逆袭"黑马"

建校时间并不长的大庆石油学院诞生于1960年——如火如荼的松辽石油大会战开始之际，催生出的这所石油专业高等学府，当时称为东北石油学院，"文化大革命"期间改称大庆石油学院。

这所大学的创建源于时任石油工业部余秋里部长的深谋远略。面对开发建设大庆油田对技术人才的迫切需要，决定从北京石油学院抽调师资和教学器材，并入设在哈尔滨市的石油专科学校，在临近石油会战主战场的安达县城选址建设教学基地，培育石油工程专业人才。当时余秋里部长亲自点将，指派老延安出身的松辽石油会战副总指挥焦立人兼任校长，确立了建校初期"艰苦朴实、民主团结"的八字校训。

1961年，筹建中的东北石油学院在安达县城东郊边建设边招生，当年开设了石油地质、油田开发、炼制化工、矿场机械4个系。遗憾的是，第一批本科学生刚毕业，就赶上了风起云涌的"文化大革命"，不仅中断了招生，规划的校区也没有全部建设到位。

1975年，更名大庆石油学院之后，断断续续培训了几批推荐入学的工农兵学员，有了几分生机。1977年恢复招生时，校区环境虽然简陋，但在邓小平复出主抓教育和科技工作的变革中，被纳入了国家理工科重点大学序列，受教育部和石油工业部双重领导，迎来快速发展的机遇。

大庆石油学院列入重点大学后，将校训改为"艰苦创业、严谨治学"八个字，意在传承大庆精神铁人精神，弘扬光荣传统教书育人，王玉普成为受新校训熏陶的第一批新生。

大庆石油学院石油矿场机械系是师资力量最强的主力系，按照国家教委颁布的教学大纲，本科班前两年以学习数理化、外语等必修的基础课为主，简称矿机和化机的两个班学生不分彼此同步上大课，后两年分开学习专业课。王玉普所在的矿机班，主要学习机械制图、工程力学、机械零件、金属材料、矿场机械、特种设备和井下工具的结构设计、加工制造工艺等方面的课程。

自打开学起，王玉普把全部精力投入到紧张有序的学习当中，全神贯注听老师授课，认认真真做学习笔记。同学们八仙过海各显其能，你追我赶比拼学习成绩，人人都有把损失的时间夺回来的冲劲，刻苦发奋。强中更有强中手的"较量"，使王玉普感到保持中游水平已很吃力。

在西河中学读高中的时候，王玉普一直是学霸型的尖子生，到了人才荟萃强手如林的大学校园，公社中学教学的缺陷便显现出来，很多物理、化学的实验都没有亲手做过，还没学过英语，多处空白的先天不足，致使学习基础课的难度增大，几番测验考试的成绩位居班级的中等。

王玉普天性倔强，事事要强，不甘于学习成绩中等，立志加倍努力，以勤补拙。第一个学期他惜时如金，如同"拼命三郎"，除了吃饭睡觉之外，所有时间都用来强化基础课缺失的短板，差距最大的英语从零起步加速追赶，耗费了他绝大部分精力。

恢复高考聚到一起的大学同学，都有一段青春期的苦涩经历，好不容易盼来了改变命运的机遇，人人都不用扬鞭自奋蹄，刻苦学习蔚然成风，白天教室里座无虚席。大学老师的授课与中学截然不同，基本不重复初中高中学过的内容，高层次的数理化教学画龙点睛，消化理解的程度主要靠学生们课下自习。因此，每天夜晚自习室灯火通明，安静无声之中涌动着追求学习成绩进步的比拼激流。各班辅导员为防止学生们劳累过度每天夜查，超过学校规定的就寝时间，强制让晚自习的学生回宿舍休息。王玉普几乎每天都是最后一批回到宿舍，躺到床上熄了灯还要默背几个英文单词，才会安然入睡。

王玉普付出了超常的努力，还是觉得自己的学习成绩差距很大，既然不能天天熬夜，索性日日早起。天光刚一破晓，他便在曙色朦胧的校园里捧着英语课本朗读。一分耕耘一分收获，勤奋苦读换来了节节进步，第一学期英语测验，王玉普这个从字母起步的困难户，居然考出了令老师和同学们都吃惊的好成绩。同学们都佩服他卓尔不群的学习毅力，对他刮目相看。

王玉普很少休闲娱乐，他的日程表里根本就没有节假日星期天，睁开眼睛是学习，闭上眼睛在思考，睡梦里还经常萦绕着向老师请教高等数学题的场景。一年下来，王玉普虽然还够不上班级里的学霸，但是各科成绩大幅度提高，同学们公认他是后来居上的一匹黑马，刻苦用功的学习劲头广受称赞。

王玉普不仅肯学，还善于深究，遇到没有学深学透的难点喜欢刨根问底。首先向理解能力强的同学请教，如果还没有完全弄明白，定会找授课老师解惑答疑。上课的时候多数同学不敢举手提问题，怕问得不当，丢面子被嘲笑。他却不在乎别人怎么看，经常打破砂锅问到底，偶尔还和老师辩论，在班里，他是最爱和"问题"较真的学生。正如古时候的好学先贤所云："善问者，如攻坚木，先其易者，后其节目，及其久也，相说以解。"王玉普的善问，源于他肯动脑筋独立思考，有探究其然、其所以然的学习态度。这种精益求精的学风，恰是校训中"严谨治学"所提倡的精髓。

王玉普不单纯追求考试的分数，尤为注重对所学知识的理解程度。他敢于较真或许是因为继承了父亲的遗传基因，天生就有不达目的不罢休的恒心，只要他认准的事情，付出多大的辛苦也在所不惜。他的学习毅力犹如锛凿斧锯，一点点削平了基础薄弱的沟沟坎坎，由中等生快速跃进到优等生行列。

第二个学期，教授基础课的老师们就认定王玉普是善于钻研学问的"潜力股",赞赏他是一个有发展后劲的可塑之才,给予了比较多的辅导和点拨。正如坊间俗语所言:师傅领进门,修行在个人。王玉普凭借自身的努力,赢得了同学的敬佩和老师的褒奖。查阅东北石油大学档案馆保存的学生成绩记载表,王玉普有3门课程获得5分,8门课程获得4分,7门课程获得3分。按当时5分制的成绩考量,评为优秀学生理所当然。

王玉普在大学期间的成绩单

由于大庆石油学院践行了艰苦创业的办学理念,身临其境的王玉普深受大庆精神感召,从入学起就没再向父母伸手要过钱,全凭国家提供的微薄助学金维系日常开销。由于他来自农村,家境困难,因此享受一等助学金,每个月发给20元,这点钱扣除伙食费所剩无几,仅够买点洗漱必备的日用品。王玉普精打细算,舍不得多花一分钱,硬是省吃俭用攒够了放假回家的路费。

自小在农村长大的王玉普,平日吃粗粮就咸菜,一年难得品尝几顿细粮,大米饭更是少之又少的稀罕物。来到大庆石油学院上学,在食堂按定量就餐,也是粗粮为主,饭菜虽然简单,但与农村的伙食相比还是有了一定程度的改善，王玉普很满足。当时安达乳品厂出产的五星牌奶粉全国驰名，家庭条件好的同学纷纷购买补充营养，而他只是买了一斤白糖，在感到体力和精力透支的时候冲水喝，以此解困提神。

王玉普在着装方面尤为俭朴，只求干净利索，不图衣帽光鲜。入学的时候，恰巧当兵的二哥复员回乡，送给他一套崭新的草绿色军装，他压在箱底，学校没有重大活动舍不得拿出来穿。平日总是一身洗褪了色的旧衣服，穿破了自己缝补。母亲为他缝制的一双棉鞋，钉上橡胶掌穿了四个冬天，毕业的时候实在没法穿了才扔掉。

王玉普对自己很抠门，但是帮助别人却十分大方。1980年夏天的一个周末，一位同学患了眼疾疼痛难忍，学院卫生所和安达县医院都治不了，需要到50多公里外的大庆油田职工总医院就诊。王玉普主动陪同，奔波了一天，回到安达的时候已是傍晚，错过了学院食堂开饭时间。患眼病的同学过意不去，非要请王玉普到校外的小吃部吃顿便饭，点了两碗白菜炖土豆，外加几个热腾腾的白面馒头。当时粮食凭票证定量供应，到小吃部点餐近乎奢侈。王玉普抓起馒头还没咽下几口，从外面走进了一位乞讨的老汉，衣衫褴褛、面色憔悴、瘦小枯干，带着一身的土腥味凑到桌前。王玉普一看就知道他是可怜人，心想一定是家里遭了什么大难，否则不会舍脸出来要饭，不假思索，立刻掏出兜里仅有的几块钱，连同没吃的馒头和半碗菜，全都送给了这个素昧平生的可怜人。同学嫌他给得太多起身阻拦，王玉普却说自己看不了别人受苦有难，能帮不帮心里会愧疚。这次偶然遭遇的乞讨，令患眼疾的同学肃然起敬，深感王玉普有一颗善良纯净的心，每当想起就十分感动。在追忆王玉普的时候，这位同学再次动容，要求一定要在传记中记载折射王玉普心灵美的这件事。

王玉普的热心肠同学们有目共睹。当年的安达县城没有公交车，学院的教工和学生进城一律靠两条腿走路，只有新生入学报到才能享受乘汽车的待遇，主要是为了拉行李。此后放寒暑假，学生都要在火车站至学院之间徒步往返。对王玉普来说早就习惯了步行，五六里地根本不觉得累。但是来自大城市的同学坐惯了公交车，尤其是体质偏弱的女生提着旅行袋走这么长的路简直就是折磨。王玉普虽然不是班干部，却经常主动去火车站接送同学，帮助提包扛物乐此不疲。因此，他在班级里的人缘非常好，朴实憨厚的品行给同学们留下了深刻的印象。

王玉普平日少言寡语，没有擅长的文体强项。但是谈古论今、聊历史、讲故事，却能包罗万象、海阔天空地发表独到见解，这种能力来自他博览群书的丰富阅历。学院图书馆的藏书远比西河公社中学丰富，学生们可以任意借阅品读，王玉普原本就是一个书痴，上了大学更是如鱼得水。除了看与专业有关的参考书，还抽空借阅诗词歌赋、经典名著，尤其对中外历史和名人传记感兴趣，吸纳的精神营养转化成出言不凡的谈资。不论探讨人文历史的是非曲直，还是分析国内外时事政治，他都有比较精准的判断力。同学说他报考理工科院校投错了胎，如果就读文史哲方面的文科院校，肯定能成为社会科学方面的高材生。

王玉普身体素质比较好，认为自己无须过多的体育锻炼依然能够保持强壮。他喜欢舒筋活血快乐身心的球类运动，就是舍不得在运动场上消耗时间和精力。但是轮到干体力活的时候，他身上蕴藏的潜能立刻爆发。

生活困难时期的大庆石油学院，为解决粮食供应不足的问题筹办了一处农场，每到春种秋收的农忙时节，教职员工和在校学生都要轮流下田参加劳动。入学前当过民兵连长的王玉普，对土地格外亲切，干各种农活轻车熟路手到擒来。当一些没有农村生活经历的同学茫然无措的时候，他便自告奋勇挺身而出，既是夏锄收割活计的示范人，又是分配任务安排男女同学互相协助的组织者，在庄稼地里忙前忙后，找回了当村干部时的畅快感。同学们真真切切看到了王玉普农民的底色，称赞他组织田间劳作是把硬手，难怪高中毕业没多久就被选为村干部。

星移斗转，时光荏苒。一晃大学生活过半，王玉普秉承大庆石油学院再次修订的"严谨、朴实、勤奋、创新"八字校风，在大庆石油学院这座冶炼人才的熔炉里，既保留了农民勤劳节俭的优秀传统，又汲取了石油人艰苦创业的精神养分，自觉加压，成为一名品学兼优的三好学生。

观摩教学受益匪浅

20世纪80年代第一春，在十一届三中全会确立的解放思想、改革开放方针指引下，通过"实践是检验真理的唯一标准"的大讨论，凝聚人心，集中力量，掀起了建设社会主义四个现代化强国的滚滚热潮。

"文化大革命"后恢复高考的第一批大学生，是填补国家科技人才断层的希望所在，肩负科学发展、振兴中华的艰巨使命，被誉为步入新时代的天之骄子。大庆石油学院的学子们经过两年多正规学习，完成了基础课的教学进程，文理科院校相继安排学生理论联系实际，开展接触社会实践的现场实习。

矿机专业是培养石油矿场钻采机械和各类井下工具设计人才的本科专业。转入专业课教学之前，为了让学生们对石油生产过程有初步的感性认识，学院安排学生们到大庆油田最早投入开发的第一采油厂进行观摩教学。

这是王玉普第一次近距离了解石油工业，以往走马观花见过的生产设施，并不知道名称和功能，仅是感觉新奇而又神秘。通过实地观看钻机打井、自喷采油、泵站集输、管网储运等生产流程，加之教师和现场人员的讲解，对石油工业战天斗地的磅礴阵势和精密复杂的生产流程，有了撼动心扉的切身感受。

机械设计与制造是催生工业文明的基础行业，各类机器设备几乎都与金属材料和车、钳、铆、锻、焊等加工技术相关。大庆石油学院虽然也有一座可供学生实习的小型机械厂，但是浓缩不下从金属冶炼到装配出庞然大物的全部制造工艺，需要到更大的机械制造厂进行观摩教学，拓开眼界、增长见识的体验性实习势在必行。

1981年7月放暑假前，王玉普与同学们一同兴高采烈地乘坐南下的列车，跨越钢梁飞架的松花江大桥，掠过景色浩瀚的平原沃野，向东北地区最大的工业城市沈阳疾驰而去。

出生在辽河之滨的王玉普，幼年随家人迁居克山县之后再未回过故土。祖籍所在地新民县公主屯区荆家房申村，1958年成立公主屯公社，1961年荆家房申村又划归东蛇山子公社，距离沈阳市大约70公里。那里有老一辈留下的足迹和坟茔，他很想去看一看，无奈实习时间有限，只能把对故乡的思念深埋心底，遥望故乡投送了几许乡愁。

繁华的沈阳城楼群高耸，街道纵横，车水马龙，使陌生人仿佛置身于变化莫测的万花筒。头一次来沈阳的王玉普暗暗吃惊，难怪大城市的同学见多识广，接受新鲜事物的能力远超自己，看来生活环境的熏陶是重要因素。新鲜感扑面而来，令人目不暇接，他来不及仔细观赏，实习的学生队伍便抵达了沈阳化工学院的驻地。

大学生实习没有条件住宾馆，自带行李轻装简行，入住闲置的教室，几张课桌拼在一起就是床铺。王玉普对简陋的住所并不在意，满心热望急于见识制造高端机器的大工厂到底是什么景象。

观摩教学的实习地点是驰名全国的沈阳第一机床厂，这座工厂民国时期诞生在当时称为奉天的老城一角，1935年建厂，新中国建立后又经历过从苏联引进装备的大规模改造，是中国制造机床技术最先进、生产规模最大的龙头企业。

王玉普第一次领略了集约化、现代化的大型机械制造场面，高大的厂房气势恢宏，里面的各种机器排列有序，构成了加工机床零部件的流水线，高空的天车吊起机床部件轻快往来，组装好的机床通过铺进车间的轨道用火车转运。环环相扣的生产流程使他大开眼界，边参观边思考，王玉普进一步理解了工人阶级为什么是最有组织纪律性、最具创造力的社会群体，为什么能够成为推动社会进步的领导阶级。他联系以往在课堂上所学的政治理论，丰富了感性认识，切实体验到了改革开放总设计师邓小平提出的"科学技术是第一生产力"这一论断的英明正确。

不看不知道，见识开心窍。以往在农村见过的拖拉机、收割机和刚认知不久的钻机、抽油机，这些改变人类生存命运的机器设备，都是出自设计师的智慧和学识，发明创造的起点从绘制每一个零件的图纸发端，通过掌握技能的工人之手加工出符合设计标准的部件，最后组装成一部制造机器的母机。这个复杂的过程追根溯源，首先从金属冶炼开始，到毛坯加工、热处理、精工细作成零件，再到运用公差巧妙装配，其中所涉及的知识体系是未来担任石油矿场机械工程师必须掌握的基本功。

现场观摩教学远胜于讲师课堂上的讲授，亲眼目睹了一台机床诞生的全过程，机械制造的精妙之变，激发了王玉普立志学好专业课的浓厚兴趣。

响鼓不用重锤，经过沈阳第一机床厂的观摩体验，王玉普深感学习石油矿场机械专业大有用武之地，目前油田上使用的钻采设备基本停滞在20世纪50年代的水平，与国际上先进的高端智能化制造水平相比，我国的差距很大。需要迎头追赶的紧迫感，使他的眼界跳出了所学专业的局限，站到建设现代化石油工业的高度，萌生了干一番事业的想法。

1981年7月，王玉普（左2）在沈阳第一机床厂实习期间与同学合影

　　沈阳城是满清王朝入关前的发祥地，遗存的宫殿、东陵、北陵等古建筑完好无损，还有商贾云集的中街、太原街等繁华商业区。熟读历史书籍的王玉普自然对文化名胜情有独钟。星期天，工厂休息，学生们自由活动，结伴去领略大都会的市井。由于王玉普没有逛商店购物的兴趣，选择门票价格较低的北陵公园游览。这里不仅是安葬清朝第二个皇帝皇太极的陵寝，还是缅怀抗美援朝志愿军烈士的陵园，是特级战斗英雄杨根思、黄继光等烈士的忠魂长眠之地。

　　王玉普信步走进苍松翠柏成林、芳草花卉点缀的园区，仿佛在历史的烽烟中来回穿越，既有感怀先人创业守业兴衰败亡的情思，又有不畏强敌舍身报国的雄壮之气在心中荡涤。过往与现实赓续的百年历史、落后就要挨打的教训敲击王玉普的胸膛，联想到周恩来总理年少时曾在沈阳发出的"为中华之崛起而读书"的铿锵誓言，理想和信念再受激励，决心在大学的后半程，以优异的学习成绩报效祖国。

铁人故乡小试牛刀

改革开放,拨云见日,天遂人愿,风调雨顺。在党的十一届三中全会精神指引下,以经济建设为中心的导向调整,极大地调动了人民群众渴望安定团结、恢复生产的积极性。连续几年的农业丰收,让城乡人民丰衣足食、喜笑颜开,许多普通家庭收入增加,相继拥有了黑白电视、电冰箱、洗衣机等现代化的生活用品,前所未有的幸福生活让身处校园的王玉普也感受到了身边发生的明显变化。

1981年,又是一个喜获夏粮丰收的好年景,硕果在望的金秋,意气风发的77级学生们迎来毕业前的最后一个学期。按照学校要求,每一名学员都要综合运用所学的专业知识做一份与生产实际相结合的毕业设计,检验合格后才能获得学士学位毕业证书。

王玉普所在的矿机班,分成了4个毕业设计小组,每组不超过10名同学,相互协作联合设计石油机械上的重要部件。老师指定王玉普所在小组设计钻机提升系统中的核心装置——俗称滚筒总成,用学术化语言表述称为"钻机绞车设计"。完成这项设计要求不许照猫画虎,简单重复,必须针对在用钻机绞车存在的不足,进行提升性能和安全保障的改进设计,目的在于检验学生们分析问题、解决问题的创新能力。

面临毕业前的最后检验,王玉普高度重视,分外用心,与本组的同学们首先来到大庆油田钻井指挥部下属的钻井设备修理厂进行调研。钻井设备修理厂简称钻修厂,厂址设在大庆油田西南的八百垧,是承担各型号钻机成套组合体的保养、小修、中修、大修任务的专业部门,技术实力雄厚。

王玉普和小组成员们接受任务后，兴致勃勃地从安达站乘火车奔赴大庆站。在绿皮火车上观赏铁路两侧的秋光，树叶和芦苇已经由绿变黄，油田、农田和荒地交错之中点缀着波光粼粼的水泡子，成排的采油井、注水井串联计量间、转油站、注水站，呈现出大庆地域特有的油田景象。到达大庆站下了火车，他们换乘公交汽车，又奔波30多公里，才到达目的地。

这趟以完成毕业设计为目标的远行，对所有的同学都是一次朝拜圣地的精神洗礼。地名叫八百垧的钻井指挥部是铁人精神的发源地，被誉为工人阶级先锋战士的王进喜，曾是这支队伍涌现出的杰出代表，他率领过的1205钻井队屡建奇功，以年钻井超过10万米的进尺打破了当时的世界纪录，被石油工业部授予"钢铁1205钻井队"荣誉称号。

王玉普怀着对铁人精神的崇敬之心，来到与王进喜同时代的工人师傅身边了解钻机的使用情况。通过观察和交谈，他感到铁人虽然英年早逝，但以铁人王进喜为代表的大庆石油会战人，在会战年代形成的优良传统依然在传承。钻修厂的职工们不仅在一无厂房、二无装备的创业初期，身背工具袋、配件袋、干粮袋，不惧风雨严寒步行到每个钻井队施工现场抢修钻机，形成了闻名全油田的"三袋精神"，而且在新的环境下仍然发扬光荣传统，学铁人、做铁人的敬业之风随处可见，铁人王进喜的儿子和弟弟都曾在这个厂里任过职。

大学生下现场调研，受到了工人师傅们的热情接待。王玉普和同学们观察了现用钻机绞车的机械结构，知晓了存在的问题和需要改进的方向。同时还把钻机传动系统的结构了解得清清楚楚，并向承担维修任务的工人师傅请教了许多技术方面急需改进的关键性问题，积累了毕业设计的素材。

收获满满的八百垧之行，不仅为完成毕业设计提供了感性认识，还在英雄辈出的队伍里感悟到了铁人精神的真谛。返回学院的途中，王玉普和同学们决定去参观大庆展览馆，进一步系统感受大庆精神铁人精神的无穷魅力。

　　1975年落成的大庆展览馆，位于大庆火车站附近。1978年9月14日，改革开放总设计师邓小平到大庆油田视察，曾在馆里观看了铁人王进喜事迹图片展，深有感触地指示"要把大庆油田建设成美丽的油田"。从此，大庆油田开始了正规化的城市建设，成片的职工住宅楼拔地而起，展览馆对面的荒地变成了游人如织、绿树成荫的儿童公园。日新月异的变化同样吸引着王玉普和同学们的关注，参观完铁人事迹图片展，设计小组乘兴游览儿童公园，在燕湖边合影留念。

1981年10月，毕业设计小组在大庆儿童公园合影（王玉普前排右2）

　　钻机绞车设计需要进行力学计算、强度校核、材料优选、绘制总图、拆分零件、标注加工方法等步骤。若想设计出结构合理、创意新颖的钻机绞车，必须结合现场调研了解到的资料数据，综合运用所学到的各科知识严谨实践。

　　毕业设计的期限仅有一个多月，王玉普和同学们分秒必争、热烈讨论，集思广益确定了设计思路。在辅导老师的指点下开始设计绘图，当时还没有普及计算机，只能用计算尺、电子计算器反复计算数据，手工绘制草图，有了眉目之后开始正式设计。披星戴月地计算、绘图，虽然不是真实地改进钻机绞车，但高度仿真的模拟设计，让王玉普第一次体验到了当石油矿场机械工程师的严谨和不易。

王玉普所在小组完成的毕业设计非常成功，得到了大庆石油学院机械系教授和教师们的一致好评，成为优秀的设计作品，载入了校史。

毕业设计获得的集体荣誉让王玉普更加自信，临近毕业分配，无论留校任教还是分配到各油田工作，一律由学院决定。他早已做好了运用所学之长、奉献石油事业的思想准备，满怀学业有成的喜悦，踏上了最后一次放寒假回老家探亲的归途。

1981年隆冬，雪花飘飘，路程漫漫，农民家庭走出来的王玉普在四年大学深造中完成了质的飞跃，心里涌动着即将投身石油工业大发展的万般豪情，兴冲冲地回到克山老家，踏雪迎春，静待国家分配。

1981年12月27日，大庆石油学院矿机77-1班全体同学合影
（王玉普第4排左2）

第三章

新秀贤俊,
专才初露锋芒

大学毕业，分配到大庆油田最南端的边远采油厂，入党提干，德业双优，成为采油工程界的一名新秀。

学业有成踏入油城

1982年1月底寒假结束，大庆石油学院77级学生返校，举行了隆重的毕业典礼。王玉普接过毕业证书和学士学位证书的那一刻踌躇满志，蓄势待发，经过四年大学教育的润泽，使他由农民变成一名奔赴石油战线奉献青春和才智的新兵。

1982年1月，王玉普从大庆石油学院石油矿场机械专业毕业

"文化大革命"后的首届毕业生，除少数留校任教外，大部分的去向是石油工业部下属的东北三省企业。王玉普有幸与仰慕已久的大庆油田结缘，报到的地点是当年大庆石油管理局排在序列末尾的第七采油厂，地处大庆长垣的最南端，由于开发的油藏主体称为葡萄花构造，因此在业内的别名也叫葡萄花油田。

国家根据需要量才用人，在大庆精神铁人精神的熏陶下，王玉普早就做好了无条件服从分配的思想准备，哪里需要哪里去，哪里艰苦哪安家，分配到完全陌生的边远采油厂并不出乎他的意料。

告别大庆石油学院那一天，第七采油厂派来一台运载货物的卡车，拉上王玉普和另外一名同学去报到。汽车沿着向南延展的油田公路风驰电掣，一路上春寒料峭，掠过村屯阡陌，途经升平和大同两个镇之后越走越荒凉，颠簸了两个来小时才影影绰绰眺望到厂部的轮廓。

四年的大学生活，王玉普对大庆油田的勘探开发历程有了粗浅的了解。映入眼帘的这片草原曾是蒙古族郭尔罗斯后旗先民的游牧地，民国初年，大量闯关东移民涌来，开荒种地，建屯定居，多民族融合的半农半牧特色延续到新中国成立初期。"葡萄花"地名是蒙古语"补动花"的汉字标音，本意是泡泽相间的草原上有土岗子，与葡萄一点关系都没有。因为葡萄结果多，承载了汉族移民期盼多子多福的美好寓意，遂定为村镇名称流传至今。

1959年夏天，勘探石油的地质部普查队率先在葡萄花一带发现了蕴藏石油前景的地质构造，按照地质学界惯例命名为葡萄花背斜。1960年初，石油工业部松辽石油勘探局在葡萄花构造上钻探出工业油流，圈定了200余平方公里的含油面积，取名葡萄花油田。并且根据地震和钻探资料判断向北延展的砂岩地层有变厚的趋势，进而决定甩开勘探，在相邻不远的萨尔图、杏树岗、喇嘛甸三大构造的高点上各部署了一口预探井，一举发现整个长垣是一个特大型的油气富集区，从而确立了地质总储量位列世界前10的大油田地位。

1976年，高速度、高水平开发建设的大庆油田，年产油量以20%以上的速率连年递增，攀上了5000万吨高峰。为了实现长期高产稳产，腾出手来详探葡萄花构造，经过两年多开发试验核实了地质储量。油田下属的各采油指挥部按照成立的先后顺序命名。1978年在葡萄花油田组建大庆油田第七采油指挥部，简称采油七部。1981年，大庆油田终止对外保密，公开了油田的地理位置和大庆石油管理局名称，采油七部更名为第七采油厂，简称采油七厂。

1982年1月，王玉普大学毕业获工学学士学位，成为采油七厂成立后接收的第一批大学本科毕业生。转为正式的石油工作者之前需要有一个熟悉环境的锻炼过程，按照大庆石油管理局人事部门的录用规定，新入职的大中专院校毕业生，一律先到基层单位进行为期6个月的实习，然后根据需要安排适合所学专业的工作岗位。

王玉普被分派到工程大队下设的管焊队实习。这个大队是承担油田生产建设项目和生活设施维修保障任务的施工部门，以电气焊接工艺为主的管焊队是工程大队的主力，负责建造计量间、中转站以及管道敷设、机泵和承压容器安装等项施工。王玉普对金属材料的焊接原理一清二楚，却从未手握焊枪实际操作，到队后首先拜师学艺，从干辅助性的小工做起。

王玉普从小养成了吃苦耐劳的坚韧性格，穿上作业服置身野外露天施工，跟随工人师傅们爬冰卧雪，泥里来水里去，干起活来精力充沛，劲头十足，完全看不出他是一名刚毕业的大学生。师傅当然喜欢潜心学艺、手脚勤快、脏活累活抢着干的徒弟，乐呵呵地教他学技术，手把手地指导操控电焊枪的基本功。电焊是一门需要熟练掌握技巧的手艺活，若想达到在承压管线上一试身手的水平绝非易事，一般学徒三年才有可能取得独立操作的资格。王玉普勤学苦练，用了短短几个月的时间，就点出了让师傅满意的焊口，争取到了在非关键部位独立操作的机会。

1978年投入开发的葡萄花油田采油厂，是大庆油田第一个正规化设计、生产生活全面按照新理念统筹建设的大型采油厂。1982年春，称为庆葡村的厂部尚未脱离荒凉的景象，仅落成了十几栋整齐划一的砖瓦平房，正在开工建设的几栋楼房在空旷的原野上拔地而起。1981年7月，开始破土动工的大庆市第一处人造园林，眼下还是一个硕大的土坑。定名葡萄花公园的建设项目占地面积10余公顷，设计了4.7公顷的人工水面，其中有一个湖心岛，模仿江南水乡的艺术风格点缀古典式的亭台水榭，通过吊桥和拱桥连接东西两岸，人造湖的四周遍植林木、花卉、绿地。这处精心布局的园林，是为在边远地区工作生活的石油工人开创的第一处花园式生活基地。

王玉普曾经参与施工建设的葡萄花公园湖心岛

王玉普（左1）与同事在葡萄花公园合影

采油七厂工程大队在不影响产能建设施工的前提下，加班加点，抽出人力义务帮忙建设葡萄花公园。王玉普跟随管焊队的师傅们一同参加了钢索吊桥的架设施工，在桥身上留下了一道道弧光闪闪的焊迹。

王玉普在工程大队不止学会了电焊操作技术，更大的收获来自大庆精神和优良作风的真传。一个班组的老师傅基本都是1960年前后从其他油田来到大庆的第一代建设者，他们以苦为乐、以苦为荣，从艰苦的创业年代走来，亲身经历了拼命也要拿下大油田的豪迈会战。20世纪60年代初，他们从最先发现的葡萄花油田挥师北上，转战到主力油区萨尔图油田创下高产。70年代末，又从生活工作条件略好的萨尔图油田回到葡萄花油田投身开发会战。这些作出双倍贡献的石油职工，博得了倍受尊敬的荣誉，统称为老会战。实习期间，王玉普远学铁人王进喜，近学身边老会战，师傅们传承的会战传统和养成习惯的"三老四严"作风使他受益匪浅，渗透到血液里，成为享用一生的精神财富。

王玉普置身开发建设的葡萄花油田，是大庆油田艰苦创业的起点。1959年9月26日那个不寻常的开端，布钻在松辽平原北部的松基三井喷出了第一股改变中国命运的油流。为了进一步查明油田的范围到底有多大，1960年初，向南追踪油脉的钻机率先在葡萄花构造顶部完钻了葡7井，喷出了比松基三井更高产的油气流，从而确定葡萄花构造是一个中等规模的好油田，估算地质储量超过玉门油田和克拉玛依油田的总和。这一重大发现对当时被"贫油论"阴云笼罩的中国来说无异于及时雨、雪中炭。于是，石油工业部党组向党中央申请集中全国力量打一场歼灭战。正当全国各地的石油队伍向葡萄花地区集结的时候，甩开勘探的钻机又在长垣北部的三处构造上钻遇了比葡萄花更高产的油藏。石油工业部大喜过望，立即调整会战部署，决定先吃肥肉后啃骨头，暂时放下小巫见大巫的葡萄花，号令石油会战队伍首先拿下靠近铁路线运输便利的萨尔图油田。这一放就是15年，葡萄花油田错失了打响松辽石油会战第一枪的机遇。

王玉普庆幸自己赶上了改革开放的好时代，为分配到燃起大庆精神之火的发源地暗自欢喜。面对艰苦的工作生活环境心无旁骛，决意扎根葡萄花这片神奇的热土，以百倍的努力献身钟爱的石油事业，在大庆长垣最南端的采油七厂展开飞翔的翅膀，开始了为祖国献石油的壮丽人生。

励志钻研采油工程

葡萄花地名听起来令人神驰心醉，然而在这里创业的石油人却是长年苦累相随。经过建厂四年来的开发建设，葡北和太南两大区块已投产了几百口采油井和注水井，原油产量连年飙升，突破了年产100万吨大关，为大庆油田年原油稳产5000万吨以上，添柴加火。

草长莺飞的盛夏，采油七厂继续扩大辖区内的开发面积，新区投产的井站越来越多，从事科研和新技术推广的人手不足。1982年6月，王玉普提前结束了在工程大队管焊队的实习锻炼，采油七厂安排他到地质大队担任技术员。

采油七厂地质大队是掌管油田地下动态和采油工程技术的智库，承担油田开发地质和采油工艺两方面的研发和管理任务，以从事油藏工程、采油工程的技术人员为主体，构成了协助厂领导指挥油田生产的神经中枢。王玉普来到这个人才荟萃的技术部门，分配到管理采油井清蜡防蜡工艺的工作岗位。

提前上岗也有美中不足，采油厂不同于机械制造厂，中心任务是开采地层深处储藏的石油和天然气，终日与油、气、水三相流体打交道，需要掌握石油地质学、水力学、渗流力学、油田化学、油藏工程、采油工程等方面的专业知识。王玉普学的是石油矿场机械专业，欠缺石油地质和油田开发方面的基础知识，相关的课程都没有学过。若想胜任管理采油井生产动态的工作岗位，选项只有一个，就是抓紧时间自修采油工程专业，边实践边学习。

1982年夏秋交替之际，改革开放的大潮如火如荼，建设四个现代化强国的进程急需受过高等教育的人才弥补青黄不接的断层。采油七厂针对职工迫切需要提升文化程度的诉求，开办了职工夜校，设20几个培训班补习不同层次的文化课。王玉普受聘兼任夜校的高等数学讲师，每晚登台授课，他结合生产实践讲授的高等数学深入浅出，受到进修职工的一致好评。

王玉普除了工作学习没有别的牵挂，星期天节假日没地方可去，索性把全部精力集中在学习上，缺啥补啥，自我提升技能，凡是本职工作用得上的专业书籍统统找来反复研读，相当于自修了一遍大学的采油工程专业。为了尽快适应工作需要，他从熟悉采油七厂的每一口井、每一座计量间、每一座转油站、每一区块的生产流程做起，紧密结合生产实践，带着问题边读书

王玉普（中）与采油七厂同事在办公楼前合影

边钻研。功夫不负有心人，仅仅半年的时间王玉普就成为地质大队采油工艺组的技术骨干。

时任采油七厂副总工程师徐文倬，是20世纪60年代北京石油学院的毕业生，曾在大庆油田采油工艺研究所担任重大科研课题的项目负责人，参与发明了具有世界领先水平的偏心配注配产系列工具和工艺，被评为全国劳动模范。这位副总工程师钟爱人才，慧眼识珠，王玉普一到地质大队工艺组任职就被他纳入重点培养对象。经过近一年的观察，徐文倬副总工程师看在眼里，喜在心头，逐步把一些本厂采油工程方面遇到的技术问题交给他分析研究，有意开"小灶"提供锻炼的机会，着力引导学石油矿场机械的王玉普向采油工程师的方向发展。

王玉普（右）与采油七厂副总工程师徐文倬在大庆油田发现井——松基三井留影

王玉普有幸在参加油田工作的起步阶段，遇到一位循循善诱的好导师。徐文倬把大庆石油大会战期间，运用毛泽东主席《矛盾论》和《实践论》哲学思想指导油田开发的精髓传授给王玉普，反复讲当年石油工业部副部长康世恩的精辟论述："我们搞石油的工作岗位是在地下，一切工作都需要做到1000公尺以下，都是为了解决油层的问题，这是我们大会战的根本任务。"这句话后来演变成一句采油工作者人人尊崇的至理名言："石油工作者的岗位在地下，斗争的对象是油层。"徐文倬告诫王玉普作为一名采油工程师，主要任务是解决注水开发非均质多油层大油田必然遇到的平面、层间、层内三大矛盾，要当好掌控地下油水运动规律的观察员、调度员和改造地层渗透性的设计员。他精心指导王玉普首先要搞清楚葡萄花油田储油层的分布特征，精准掌握每一口采油井、注水井的生产状态，从石油在地层孔隙中的微观渗流到地面上的宏观集输，每一个环节都要了如指掌，有了对油田的全面了解才能把清蜡防蜡的工艺管理做到防患于未然。

在徐文倬副总工程师的栽培下，王玉普经过一年多的实践和钻研，逐渐崭露头角成为采油工艺室的一名新秀。徐文倬副总工程师再度加深难度，重点培养，把王玉普调整到分管油水井配产配注的重要岗位，承担每口井分层采油、分层注水管柱结构的设计任务，进行更高层次的采油工程历练与培养。

分层注水开发油田，是当年大庆油田保持高产稳产的主要技术手段，所有的增产增注工艺措施都要在碗口粗细的井筒里实现，深而细的井筒里大有乾坤，各种井下工具的控制玄机属于机械学的范畴。从这个角度看，启用王玉普这个矿机专业的大学本科毕业生，是不折不扣的专业对口。

在又深又细的圆柱形井筒里做锦绣文章，不仅空间狭小，而且温度高、压力大，还要与有一定腐蚀性的三相混合流体斗法，想一想头皮都发麻，采油工程这门专业具有的挑战性就在于此。

王玉普对设计井下分层配产配注管柱结构的工作具有浓厚的兴趣，首先从熟悉前人研发的各类井下工具入手，一连解剖了8种形式的封隔器、同心和偏心两类配水配产器，以及多种井下控制开关，从图纸到实物做到了应知尽知、应会尽会。同时还深入到井下作业队的施工现场，全程了解油水井的检修过程，把出现了疑难故障的井下工具带回工艺室拆解检查，分析原因。经过半年左右的潜心钻研，他跑遍了葡萄花油田的每一处井站，摸透了每一口重点注采井的"脾气秉性"，取得了"开方施药"、一井一策消除"病患"的显著成绩。

在大庆油田当时的序列里，开发葡萄花油田的采油七厂年产油量排在末尾。但是葡萄花油田的含油面积却很大，与主力采油区相比，储油层的厚度像一张薄薄的大煎饼，远不及长垣北部的喇嘛甸、萨尔图、杏树岗三大油田的地质条件优越，属于低渗低产的难采油田。实施同样的注水开发工艺，分层控制虽然相对简单，但是增产增注保持长期稳产的难度却增加数倍。

王玉普到采油七厂的第一年，采油井还能够依靠天然能量和注水增补的驱动力自喷生产，1983年之后，地下形势发生了变化，一些注水见效差的采油井由于生产压差变小而失去了自喷能力，需要在地面上安装四连杆抽油机，驱动数百米长度的抽油杆向沉没于井筒里的深井泵传递动力。这套由机、杆、泵组合的人工举升采油方式看似简单，仍有许多技术难题困扰着采油工程师。最主要的问题是能耗大、效率低，经常发生脱杆、卡泵、漏失、气锁等故障，需要频繁动用作业队起出下入井内的全部杆、管、泵进行更换维修。

为适应自喷采油转为机械采油的新情况，1984年2月，采油七厂地质大队成立了专项管理机械采油井的工艺室，简称机采室。随后，连同原有的采油工艺室、计量仪表室、测试仪器标定室、综合室和新成立的机采室一并划出，组建了工程技术大队，简称工技大队。

1984年12月，王玉普担任了采油七厂工程技术大队工艺室主任，成为推广采油工程新技术、新工艺和研发适用于本厂需要的特色技术带头人。

采油七厂是大庆油田最先实施机械采油的作业区，如何科学设计机、杆、泵匹配参数，提高机械采油效率，最大限度延长免修期，三大难题接踵而来。王玉普奉命到机械采油技术成熟的其他油田学习取经，先后奔赴吉林油田、延长油田、玉门油田、克拉玛依油田实地考察，汲取经验后，结合葡萄花油田部分区块自喷转抽的实际情况，率先应用刚刚引进的PC-1500电子计算机，尝试机械采油井参数优选软件设计。这套首创的计算机应用程序在实际应用中取得了非常好的效果，获得了大庆石油管理局颁发的首创科研成果奖。

王玉普不但自己钻研技术，还十分注重发挥团队力量，针对工技大队组成人员业务水平参差不齐的现状，组织后续分配来的大中专院校毕业生和从基层采油队选拔上来的技术革新能手系统学习，每天晚上利用下班后的时间开展专题研讨。他从其他采油厂借来一些井下工具设计图纸，对照实物分解成零件，探究窍门与原理，把自己的体会和经验毫无保留地传授给大家，带出了一个人人胜任岗位、个个有发明创新成果的先进集体。当年发行的《大庆日报》刊载了"采油七厂工程技术大队开展职工业余教育"的新闻报道，王玉普的名字第一次被全油田的读者知晓。

采油七厂工程技术大队
开展职工业余教育

采油七厂工程技术大队组织青年工职积极开展业余教育，收到了较好效果。

这个大队担负着全厂的采油工艺、新技术推广、油田地面工程设计等任务，技术性较强。但职工中多数是青年，基础知识差，缺乏专业知识，适应不了工作的需要。针对这种情况，大队组织青年工人进行文化补习。从四月份以来，每星期一、五晚上讲油田地面工程设计课，星期二晚上补习数学课，星期四晚上讲采油工艺课。通过三个多月的学习，职工的基础知识、业务能力有了明显提高，许多青年已能单独顶岗。王玉普

1984年7月9日，《大庆日报》第二版发表了王玉普撰写的通讯报道

　　20世纪80年代末，随着工农业生产的全面恢复，黑龙江省凸显了电力供应不足的尖锐矛盾，一刻也不能停产的大庆油田不得不对非要害生产部门限制用电。为保障在供电量有限的情况下原油产量不下降，大庆石油管理局要求各采油厂研发综合性的节电措施，尽可能提高注采系统的生产效率。最先大面积转为机械采油的葡萄花油田率先破题，成为降低电力消耗的首个示范区。王玉普作为负责人，承担了"抽油机井提高系统效率"项目。他带领机械采油室研制出了抽油机传动效率高的联组皮带、改进了摩擦阻力大的光杆密封盒、推广应用控制抽油机自动启停和自我保护的四功能节电箱，取得了耗电不增、产量上升的显著成绩。该项目获得了中国石油天然气总公司科技发展局颁发的"一九八九年石油新技术推广应用金牌奖"。

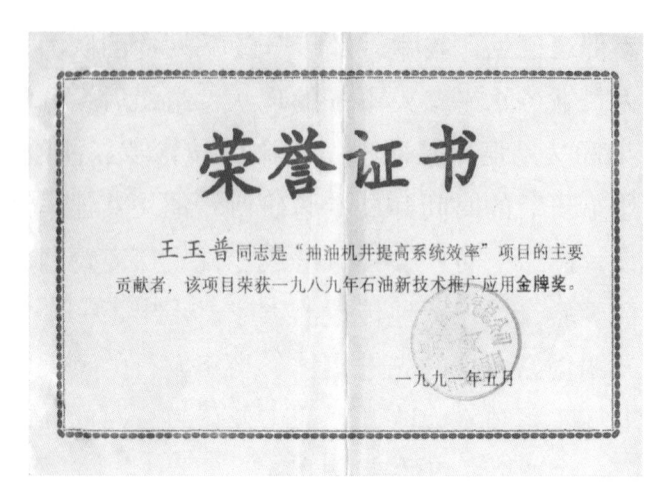

1991年5月，王玉普荣获石油新技术推广应用金牌奖

王玉普在采油七厂开发葡萄花油田的生产实践中不懈努力，日益成长，成为大庆油田采油工程界小有名气的新秀。

入党提干婚姻美满

王玉普在采油七厂从事采油技术工作，工作干得越来越得心应手，但心里始终有一个强烈的愿望。他越来越感到仅有钻研业务的热忱还不够，政治觉悟的提高也要加快脚步。

王玉普早在担任民兵连长的时候，就认识到中国共产党以人民的利益为最高宗旨，在灾难深重的危亡时刻挺起了中华民族的脊梁。信仰共产主义的共产党人不惜抛头颅洒热血，力挽狂澜，推翻了压在劳动人民身上的三座大山，建立新中国的丰功伟业令他打心眼里崇拜。步入改革开放的新时代，中国共产党领导全国各族人民迈向建设四个现代化强国的奋斗征程，进一步彰显了光荣与伟大。王玉普申请加入中国共产党的愿望由来已久，来到采油七厂不久，就向所在的基层党支部递交了入党申请书,一直在默默努力。

王玉普按照《中国共产党章程》规定的党员标准,事事严格要求自己,自觉接受党组织的培养和考验,每个月主动汇报思想,处处起模范带头作用,把承担的各项工作干得风生水起,连年被评为厂级先进个人,成为采油七厂最受瞩目的入党积极分子。

时光荏苒,岁月如梭。一晃27岁的王玉普已经过了国家提倡晚婚的年龄,还是一个住集体宿舍、衣服破了自己缝补的单身汉。处在谈婚论嫁、立业成家的年龄段,身边的热心人没少给他牵红线,均因父母在农村、家庭条件困难,阻断了姻缘。

王玉普从农村走出来,深受父母恪守的传统观念教育,赡养老人、帮扶兄妹的孝悌责任始终铭记于心。因此,他给自己设定了一条择偶底线,坚决不接受瞧不起农民家庭出身的女方。这个丝毫不妥协的硬核,把许多有心钟情于他的芳龄女性挡在门外,导致相亲屡屡失败。

1983年7月,一个偶然的机会让心如磐石的王玉普怦然心动。介绍人虽然深知愿意接纳赡养农村父母、为之养老送终的女职工不多,但还是寻觅到一位符合王玉普心意的好姑娘。

这个不嫌弃王玉普农民出身的女性,是采油五厂二矿的一名会计,名叫袁明,芳龄25周岁,出身于高级知识分子家庭,父亲曾是国家建工部的一名造价工程师,母亲是一名会计师,随支援开发大庆油田的建筑队伍举家投身石油大会战。在油田环境下长大的袁明,没有沾染世俗的灰尘,心灵单纯,思想进步,已是一名共产党员。她的择偶条件是人品好和才学佳,不在意什么出身,受父母教育和家庭环境的熏陶,把赡养父母视为天经地义、无可厚非的人伦天理,尤为敬重有孝悌心的男儿,认为知恩图报的人,一定是心地善良的好人。好人必有好报,将来肯定会有出息,这样的大学生正是她寻觅的理想伴侣。

尚未谋面,王玉普就被女方的高尚情操深深打动,怀着敬意,却又有些忐忑地走进袁明的家里相亲。首次约会，王玉普做好了不被对方认可的思想准备。然而担心是多余的。袁明相貌端庄，落落大方，浑身放射出秀外慧中的迷人光彩，不仅有优雅高贵的女性气质，还谈吐不俗，彰显出受过良好教育的文化底蕴。王玉普一见倾心，认定袁明就是他朝思暮想的意中人。

大龄青年谈恋爱单刀直入，那时的大庆油田没有花前月下、绿荫漫步的优雅环境，坠入爱河的王玉普只能利用少有的空闲时间，到相距很远的解放村与袁明短暂相聚。为了尽快加深了解，王玉普不辞辛苦，赶不上公交车，就搭乘厂里的顺风车，有时还步行前往。

袁明的父母对朴实憨厚的王玉普颇有好感，尽可能提供两人独处的畅聊条件，鼓励他大胆与袁明加深了解增进感情。三观相合的两人逐渐减少了陌生感，常常开诚布公地交心畅聊，袁明对王玉普的人品和理工科学识毫不怀疑，就有意测试一下他的文科水平。

一个星期天，风尘仆仆的王玉普如约而至，早有心机的袁明正在阅读一本《青年文摘》杂志，上面刊载了文科研究生的考试题，随意抽取几道试探毫无准备的王玉普。面对突如其来的问卷"考试"，王玉普对答如流，几乎道道考题和标准答案一致，这让袁明目瞪口呆。她哪里知道，王玉普在克山读高中的时候就是博览群书的文科"状元"，在读大学期间又酷爱阅读文史哲方面的书籍，这些在袁明看来难度较高的文科考题，对王玉普来说就是一碟开胃小菜。

自古以来，郎才女貌是促成美满姻缘的黏合剂。袁明通过这次有"预谋"的考核，真心佩服王玉普的才学，赏识的暖流浇灌了爱慕的心田，两颗心同频共振的涟漪推波助澜，彼此都有了相见恨晚的亲近感。

王玉普与袁明确立恋爱关系不久，发生了一件揪心的麻烦事。王玉普的大哥王玉国在克山老家不幸身染重病，来到大庆石油管理局第一医院就医。住院治疗期间，袁明陪同王玉普探视护理，毫不嫌弃他哥哥，端水喂饭照料得分外用心。为了减轻王玉普的负担，让他安心工作，袁明既出钱又出力，还主动以未婚妻的身份帮助王玉普的父母、嫂子、侄子排忧解难，忙前忙后，让王玉普的家人感动得潸然泪下，再三称赞袁明的善良与贤惠。

1984年5月22日，王玉普与袁明的恋爱水到渠成，到民政部门办理了结婚登记。

1985年春节放假，王玉普带袁明一同回克山老家举行婚礼，真情换真心的天作之合，成就了令人羡慕的美满姻缘。简陋的农家院顿时喜气盈门，这桩婚姻成为仁里村乃至西河乡的头条新闻，他们在乡亲们盛赞才子佳人的声声祝福中结为夫妻。

1984年5月22日，王玉普与袁明结婚登记

王玉普和袁明婚后两地分居，王玉普在采油七厂日日繁忙，袁明住在采油五厂分的房子里天天牵肠，聚少离多的生活苦中有乐，每次短暂的团聚，王玉普总有振奋的消息令小家充满温馨和愉悦。在家里，二人互称哥们，爱情和亲情正加速融入他们的血液，凝成一种一往无前、无坚不摧的力量。

1985年3月，王玉普光荣加入了中国共产党。在鲜红的党旗下，高举右拳庄严宣誓，为共产主义奋斗终身的远大理想，成为夫妻俩矢志不渝的人生目标。

1985年5月，王玉普被提拔为工程技术大队副大队长，成为了年轻的副科级干部。

三十是人生进程的一座里程碑。跨出克山之门的王玉普，在献身石油事业的征途中步履坚定，与志同道合的妻子心心相印、比翼齐飞，恰似一首进行曲的激昂旋律，荡起夫唱妇随的美妙和弦，相互帮衬、相互鼓励，共同徜徉起精彩的生活乐章。

1985年11月，女儿降生，王玉普担起了做父亲的责任，为襁褓中的婴儿起名，夫妻俩一拍即合，颇有文化造诣的王玉普，用一个"元"字表达了对妻子的挚爱和对女儿的希冀。王元，既是父母姓氏的合音，又赋予了一元初始、万象更新的美好寓意。

二人世界变成三口之家，两地分居生活加重了王玉普的负担。工作从早忙到晚，经常住在办公室，不能保证每天回家照顾妻儿。那段时间王玉普牵肠挂肚，一回到家里就抢着干家务活，用模范丈夫的实际行动尽量补偿对妻子的愧疚。然而心有余而力不足，王玉普笨手笨脚，常使袁明哭笑不得。在家里王玉普没有一点脾气，总是笑脸相迎，轻言细语，让心里多少有些怨气的妻子找不到理由发泄。

纵观人间百态，凡是成大事者都有不同程度的苦涩经历，正所谓"千淘万漉虽辛苦，吹尽狂沙始到金。"在对待事业和家庭的选项上，王玉普尽最大努力争取做到两者兼顾。善解人意的袁明本想说服王玉普调到采油五厂工作，看到王玉普舍不得离开已经熟悉的采油七厂，毅然改变了主意，主动提出调入葡萄花油田安家，全力支持丈夫从事挚爱的采油事业。

1986年，袁明抱着已经半岁的女儿转岗到采油七厂，厂领导为王玉普一家团聚分配了住房，安排袁明到采油七厂第四采油矿的财务室工作。

没有了两地分居的困扰，王玉普干好本职工作的信心更强了，家有相夫教子的贤内助，外有厂领导的关心照顾，使小有成就的王玉普精神抖擞，如虎添翼，迈出了实现理想抱负的又一程坚实脚步。

庆葡新村模范家庭

1986年末，大庆油田实现了年产原油5000万吨以上连续稳产10年的规划目标，为中国的经济恢复和改革开放注入了强劲动力。党中央、国务院审时度势，要求大庆油田克服主力油田全面进入高含水阶段面临的诸多困难，把5000万吨的稳产期再延续10年。这在世界上同类大型砂岩油田的开发中未有先例。经过广大科技工作者反复论证，决定在继续进行高强度注水开发的前提下，由自喷采油全面转为放大生产压差的人工举升。

采油七厂是大庆油田率先实施机械采油的样板，积累的管理经验和研发的技术措施成为其他采油厂效仿学习的标杆。在工程技术大队担任副大队长的王玉普，分管科研和新技术推广两项重点工作，业务范畴涵盖分层注水、机械采油、井下作业、计量仪表等涉及全厂生产的关键环节。他主持了3项局级科研攻关课题，其中注磁化水改善注水井吸水剖面和机采井分层机械堵水两项课题，取得了增注增产的显著效果，分别获大庆石油管理局颁发的1986年度科研成果二等奖和三等奖。

采油七厂为奖励有突出贡献的科技人员，将刚竣工的职工住宅楼一套两居室分配给王玉普。一家三口乔迁新居，喜不胜收，虽然是底层的一楼，但是距离厂部办公楼和工技大队都很近。住进崭新的楼房生活条件大为改善，减轻了王玉普帮助妻子操持家务的生活不便，然而陪伴妻子和女儿的时间非但没增加，反而更少了，尤其到了年终岁尾，王玉普几乎天天晚上在办公室熬夜撰写总结汇报材料。袁明无意间留存了一张王玉普表达歉意的纸条，看似平淡的几个字却体现出体贴关爱妻儿的一腔深情。袁明非常理解丈夫的良苦用心，默默承受抚养女儿和料理家务的全部负担，让王玉普腾出更多精力干他喜欢的事业。

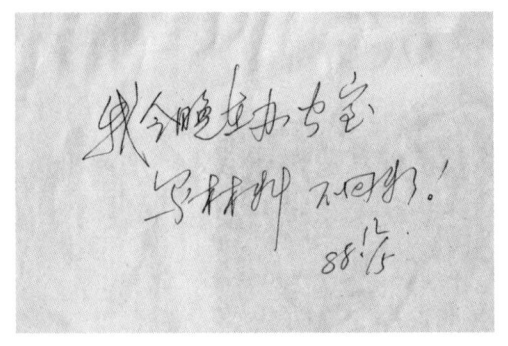

1988年5月12日，王玉普留给妻子的字条

相亲相爱、和和美美的小家庭刚入佳境，1987年11月底从克山老家突然传来噩耗，王玉普的大哥因病辞世。心头的伤痕还未抚平，陷入悲痛不能自拔的大嫂两年后也撒手人寰，撇下4个未成年的侄子成了孤儿。年事已高的父母自顾不暇无力抚养，二哥家境困难有心无力一筹莫展。万般无奈的情况下父母写信求援，希望在大庆油田工作的王玉普出手解决家人面临的困难。

王玉普接到克山老家的来信，犹如五雷轰顶，乱箭穿心，脑海里立刻浮现出父母期待帮助的焦急神情。这不是寄点钱就能解决的问题，既考虑大哥大嫂的四个孩子抚养教育问题，又担心年迈的父母承受不住生活的重压，思来想去，愁云怎么也排解不开。虽然深明大义的妻子肯定会同意把在农村的父母接到大庆赡养，现在又多出了4个侄子，额外加码的生活负担袁明是否还能接受？这个难以启齿的问题，让王玉普左右为难，愁眉不展。

大哥大嫂撇下的4个孩子，老大16岁，老四才6岁，都没有独立生活的能力，眼下需要供养上学，将来还有成家立业等一系列麻烦事。父母也是没有办法，不到万不得已绝不会写信求助。男儿有泪不轻弹，王玉普躲在暗处一根接一根抽烟，在缭绕的困惑中翻来覆去思考如何跟妻子说出自己的打算。

王玉普的反常表现，袁明看在眼里急在心头，于是开门见山地问："夫妻之间还有啥事不能说，别闷在心里，愁眉苦脸的样子我看不下去。"这一军将得王玉普有了吐露心结的台阶,一五一十把家里的困难向妻子全盘托出。完全出乎王玉普的预料,胸怀宽广的袁明一点没犹豫,爽快地表态:"我以为多大的事,看把你愁得!这有啥难的,把老人和四个侄子都接到大庆来,咱们抚养。照顾一家老小的事我担着,你只管干好工作就行。"

妻子的表态顿时解开了王玉普的万般纠结,激动得一时语塞,这么善良大度的媳妇天上难找地上难寻,如果说当初对袁明不嫌弃他农民出身是一种钦佩,如今乐于接纳多位亲人的善举则是对她心灵美的无限敬重。

知夫莫过于妻,袁明不但痛快地答应,还催促王玉普赶紧给老家写回信,让公婆和侄子早点做好迁居大庆的准备。并宽慰王玉普说:"他们来了,能帮我带孩子,王元有哥哥们呵护,我还省心呢。"

常有人说,一个成功的男人背后一定有一个默默奉献的妻子,王玉普的愁云能够迎刃而解,关键在于袁明的情操卓尔不群。正如坊间所云,娶了一个善良贤惠的妻子,敬老、旺夫、教子,能够护佑三代人。

采油七厂的领导获悉王玉普家人遇到了困难,给予了多方面照顾,安排了一套两居室的平房让迁居到大庆的老人和侄子居住,并且按照安置油田职工子弟的待遇,同意几个侄子分别在采油七厂的小学、中学和技校入学读书。

妻子袁明说到做到,工作之余每天到婆婆家做饭、洗衣、操持老少三辈人的大事小情,任劳任怨,把儿媳妇和婶子两种身份展现得完美无瑕,人人称赞。

王玉普没有了后顾之忧,把精力集中在钟爱的事业上。在父母跟前他是百依百顺的孝子,对待晚辈他是严管厚爱的家长,在同志们心目中他是德才兼备的干部。妻子袁明成为大家庭顶门立户的主心骨,孝敬公婆,关爱子侄,成为采油七厂乃至大同区的道德模范。

家庭是构成社会的细胞，自从一大家子人在庆葡村落户，王玉普就把树正气、立家风这件事看得非常重。不但事事严以律己，还谆谆教导女儿和侄子品行端正，不许沾染恶习，勉励他们刻苦读书，修德守礼。教育不仅仅是说服，还要有犯戒的惩罚，王玉普对淘气惹祸的侄子既有循循善诱的和风细雨，又有雷霆震怒的霹雳手段，把他们习以为常的散漫和野性收拾得一干二净，督导老大和老三、老四相继考上了职工技校，老二应征入伍参军当兵，都有了自食其力的归宿。

王玉普夫妇有难同当，齐心协力，赢得了家人和睦、妻贤子孝、邻里无争的好名声，在庆葡村成为祖孙三代共同生活的范例，被厂工会、厂妇联、街道社区誉为"五讲四美"的先进典型，门楣挂上了"星级文明家庭"的光荣牌。大庆市和黑龙江省的新闻记者登门采访，报道的文稿发表在省级报刊上，他们的事迹广为传扬。

1988年3月，地质大队与工程技术大队合并，成立地质工艺研究所，王玉普担任第一副所长，行政级别由副科转为正科。王玉普仍旧负责采油工程一路的技术工作，同年6月3日，技术职称晋升为工程师。

再美满的家庭也会发生一些外人看不见的小矛盾。因为工作需要，王玉普总有一些推辞不掉的应酬。有一次，王玉普没打招呼很晚才回家，这惹怒了一向宽容的妻子，锁上卧室的房门表示不满。王玉普心中有愧，回到家，蹑手蹑脚不敢惊动妻子，睡在客厅的沙发上深刻反省。第二天一早，在茶几的烟盒上重笔写下"自律！自律！自律！"几个字，用这种方式向心爱的妻子表达真诚的歉意。袁明看后怒气顿消，深知王玉普是个表里如一的正人君子，若不是遇到了盛情难却的特殊情况，绝不会深夜不归。通过这次教训，王玉普把妻子的关爱化作洁身自律的动力，此后坚决杜绝非必要的应酬，把为数不多的空闲时间用来陪伴妻子、女儿和父母。

夫妻彼此沟通和理解是维系感情的保鲜剂，已过而立之年的王玉普坚持修身立德，他和妻子都是共产党员，共同的理想信念使他们风雨同舟，和衷共济，在人生的道路上携手并肩越走越顺畅。正如大戏剧家莎士比亚所言："品行是一个人的内在，名誉是一个人的外貌。"王玉普在家庭和事业的双重角色中坦诚做人，磊落做事，一身正气，表里如一，人格的魅力助推夫妻俩在庆葡新村广受尊敬和赞誉。

德业双优大庆劳模

1989 年底，深化体制机制改革的浪潮风起云涌，推动地处大庆油田最南端的采油七厂全面转入市场经济的开发模式，原油年产量跃升到接近 200 万吨。为了加强三低油田的技术研发和科学管理，地质工艺研究所再度分离改组，独立出专项承担采油工程业务的工程技术大队，办公地点设在一栋 1985 年落成的 6 层塔楼。

采油厂的正常运转离不开两个轮子：一个是研究油藏静态和动态的地质研究所，也称地质大队；另一个就是采油工程技术大队，也叫采油工艺研究所。这两个部门相辅相成，各有侧重。地质研究所负责制定在哪里打井、开采哪个层位、设计注多少水、采出多少油的开发方案。工程技术大队则是执行油田开发方案的主力，负责研究在井筒里安装什么工具、如何分层段注水采油、怎样计量油气水的产出量，以及对薄差油层实施物理化学方面的改造。因此，地质大队和采油工程技术大队是采油厂技术人员最密集的关键所在。

采油七厂工程技术大队办公楼

1990年7月，采油七厂领导班子经过慎重研究，决定委任时年34岁的王玉普担任工程技术大队大队长。这个职务的人选非同一般，是厂级正副总工程师的重点培养对象，所以要有行政管理和技术引领双重组织领导能力。经过8年的历练和考验，王玉普日趋成熟，具备了挑起重担独当一面的素质和才能，按照选拔干部的"四化"标准，这一职务非他莫属。

王玉普奉命重新组建工程技术大队。重打锣鼓另开张的工作性质和任务没有改变，但是随着油田开发的深度和广度逐年扩大，业务量和研发新技术的难度却成倍增加。面对全厂1000多口生产井、上百座计量间、几十座中转站的庞大流程体系，需要解决的技术问题从井筒射孔炮眼开始到油气水输送至联合站终止，涉及油田地质、井下工具、地面机泵、集输管网、计量仪表等专业的方方面面，不仅自身技术要融会贯通，还要指导下属做方案论证、施工设计。重大工程项目的设计审核，王玉普是把关的第一责任人。

自打担任了工程技术大队的大队长，王玉普就成了人们戏称"36524"的大忙人。意思是说，一年365天，每天24小时，都要围绕着完成生产任务的轴心转。高度紧张的工作不分白天黑夜，也没有节假日之分，大庆油田的基层干部队伍沿袭"三老四严、四个一样""三个面向、五到现场"的优良传统，养成了与员工同吃、同住、同劳动的职业习惯，即便到了80年代末，依旧一以贯之不走样。王玉普除了必要的外出开会、学习、考察之外，行踪不是在办公室就是在井场。

大庆油田每年的年底都要召开油田勘探开发技术座谈会，总结当年的工作，研讨下一年的布局。这种大会成为惯例，一开就是十天半个月，既是各生产部门总结汇报相互交流的平台，又是展示科技成果切磋技艺的赛场。

王玉普自从担任工程技术大队大队长，就承担总结本厂采油工程方面的工作职责，负责起草全油田技术座谈会的报告材料。年终岁尾，是除旧迎新分外忙碌的节点，琐事特别多，白天处理日常业务，晚上伏案疾书，常常加班到五更，漫长的冬夜里他办公室的灯光总是最后一个熄灭。

王玉普主管的采油工程科技工作卓有成效，《第七采油厂志》中记载：

> 截至1990年底，工程技术大队取得了30余项科研新成果，获得了局厂两级的表彰奖励。组织推广了22项新工艺、新技术，使各采油矿的分层注水合格率、计量仪表完好率、机械采油井生产时率上升到超过局考核指标的新水平。特别令他引以自豪的是，通过向兄弟油田和其他采油厂取经学习，结合葡萄花油田的开采特点，研发成功了一套延长抽油机井检泵周期的系统方法，1990年达到了842天，超过局规定指标232天。1991年，再接再厉又上了一层台阶，使全厂机械采油井的检泵周期延长到全行业罕见的967天，成为机械采油井管理水平最高的全国标杆。

王玉普深知成绩不仅仅属于自己，更有其他采油厂同行们给予的帮助，采油四厂工技大队大队长李玉仁就是他经常拜访的同行。这个厂开发的杏北油田，在井下多功能封隔器、机采井分层堵水、机械采油井不压井作业、应用大直径深井泵转抽增加原油产量的科研成果颇多。他不但亲自去学习观摩，还把设计图纸借来对照本厂的应用条件深度琢磨，有了创新思路立即召集手下的工程师、技术员们展开讨论，启发大家取人之长、补己之短，设计更适合葡萄花油田地质特点的分层注水、采油工艺。

王玉普自己是行家里手，即便脑海里已经有了技术创新思路也不会先声夺人，经常提出关键性的问题，组织手下的科研人员集思广益反复讨论，尤为注重引导刚入行的大中专毕业生开动脑筋，发表见解，尽可能多地营造实践锻炼的机会。讨论技术问题时，王玉普要求必须用现场统计调查结果或者试验检测数据发表意见，不喜欢听"大概""可能""差不多"之类模棱两可的说辞。学石油矿场机械专业的王玉普特别重视基本功训练，对手下技术人员绘制的设计图纸严格把关，马虎凑合的小疏忽逃不过他犀利的法眼。

王玉普有一个突出特点，对待科研工作，不管难不难，只问该不该，采油生产遇到了瓶颈，头拱地也要拿出解决办法。在葡萄花油田工作的10年间，他由学矿机专业的本科生历练成精通采油工程技术的复合型人才，有据可查的署名学术成果，累累见诸于多种学术刊物发表。

1990年，王玉普作为第一作者的《抽油机井间抽自控仪》一文，发表在《油田地面工程》杂志第9卷第6期。这项技术对供液不足的抽油井做了创新设计，论文摘要做了简述：

> 根据油井本身的供液能力来自动控制抽油机的启停，科学地确定抽汲时间，达到油井供液能力与排液时间合理匹配。该仪器是由井下抽油泵口处的沉没压力通过抽油杆传递给安装在悬绳器上的载荷传感器，将变化的载荷信号

转换成电压信号，二次仪表根据该电压信号及对抽油过程卸载时间的测量来完成对抽油机启停的自动控制。

应用效果证明，间抽自控仪既节约了电能、减少了设备磨损，又增加了单井产油量，1990年在采油七厂全面推广。

1990年，王玉普作为第一作者撰写的学术论文《对葡北油田磁增注技术应用的认识》，发表在《磁能应用技术》杂志1990年第3期，公布了试验成果：

> 从1986年开始，在采油七厂葡北地区25口注水井进行注入磁化水试验，见到了明显的降压增注效果，运用同位素吸水剖面测试法，验证了增注增油量。

1991年，在采油七厂副总工程师陆昆江指导下，王玉普完成的科技论文《油井测压的反问题方法》，发表在《石油勘探与开发》杂志第2期，论文摘要认定：

> 该方法将油藏数值模拟与反问题解法相结合，形成了与传统的试井方法不同的全新解法。对于缩短关井时间，提高测压精度，特别是对于非均质油藏的油井测压问题，都取得了很好的效果。

在王玉普看来凡是过往皆为序章，每一年的年终技术总结都是再出发、再提升的新起点，由他领导首创的新技术推广和研发成果屡屡获大庆石油管理局颁发的奖励。

1991年，为了确保大庆油田持续高产稳产，如何开发埋藏浅、黏度高、井井有油、井井不流的黑帝庙油层，成为采油七厂的一大难题。这部分石油储量埋藏深度虽然仅有100~500米，但是黏性如同胶水，仅靠水驱的常规技术无法开采。王玉普与大庆油田主体科研单位采油工艺研究所联合攻关，首次在大庆油田采用注蒸汽热力采油的技术手段降低原油黏度，通过四个周期的吞吐试验获得成功，使尘封已久的黑帝庙油层得以有效动用。

王玉普不仅有大局观念，还有超前的战略眼光。20世纪90年代初，油田建设设计院新研发设计了一套油、气、水三相计量装置，需要进行现场试验。不但风险高、耗时长，而且应用试验的过程还会影响生产，各采油厂都不太愿意协助配合。王玉普主动接洽，冒着试验失败的风险在葡萄花油田首先试用，亲自到现场安装调试。试用过程出现了问题，他不推诿，主动担责，全力以赴协助原创设计人员查找原因。历时两年多的反复改进，这项新技术终于取得成功，为提升整个大庆石油管理局油、气、水分相计量的精准度，作出了贡献。

在葡萄花油田开发历史陈列馆中，展示了多项王玉普牵头研发的技术创新成果。

葡北三断块北部水患严重，部分采油井主力油层受淹被迫停产。他立即组织工程技术大队采取调剖加堵水的方法双管齐下，让因水淹休眠的采油井起死回生。

葡南五断块由于油层的渗透率过低，注水量始终达不到开发方案要求。王玉普组织开展间歇注磁化水等9项现场试验，打出一套组合拳，改善了开发效果。

采油七厂后续开发的一部分区块由于井位分散在耕地和草原上，采油工人无法做到实时监控，给不法分子盗油造成了可乘之机，采油井时常在夜深人静的时候遭受破坏。为了解决这一棘手的难题，王玉普开动脑筋，研发了一种防盗油装置，安装在采油井的井口，起到了非常好的防护作用，减少了损失。

1993年，王玉普主持研发的双层可调式机械堵水管柱，为采油七厂实施稳油控水方案、实现综合含水上升速度三年不超1%的奋斗目标，起到至关重要的作用，并在其他采油厂得到广泛应用。这项技术创新，获得了大庆石油管理局科研成果一等奖。

此外，他还组织工程技术大队研发了抽油井节能降耗提升系统效率、输油管线不加热集输等 10 项新工艺新技术。成果分别获得大庆石油管理局二等奖和三等奖，并在大庆油田其他采油厂推广应用。

然而，在这些项目的奖励证书上却很少见到王玉普的名字，他把绝大部分荣誉让给了一线技术人员。王玉普高风亮节、甘为人梯的人格魅力，使他在采油七厂工程技术大队赢得了尊重。

王玉普担任工程技术大队大队长一职，是他一生中最重要的成长基石，也是他后来被选为院士的阶梯。他与领导班子共同取得的工作业绩载入了《第七采油厂志》，白纸黑字跃然醒目：

> 培育了一支有理想、有道德、有文化、有纪律能攻坚啃硬的科技队伍。不仅取得了丰硕的物质文明成果，在精神文明建设上也取得了最佳成绩。大队被厂党委评为双文明先进大队 8 次；被局评为稳油控水先进单位 7 次；被局评为先进党支部 10 次；被厂评为安全生产、文明生产金牌单位 5 次……

王玉普任工程技术大队大队长期间，连年被评为厂级先进生产者，获大庆石油管理局优秀科技工作者表彰，当选了大庆市（局）劳动模范。

一个人的胸怀有多大，事业的舞台就有多广阔。科技飞速进步的蓬勃趋势，已成为不可阻挡的时代大潮，王玉普顺势而为，潜心钻研，成绩斐然。

十年一剑更进一步

1994 年 6 月，一份大庆石油管理局下发的厂级领导干部任免文件传到了葡萄花油田，王玉普晋升为采油七厂副厂长。

王玉普得到提拔，不出乎全厂干部职工的预料，许多人认为他会首先经过厂副总工程师岗位过渡，然后升任副处级干部，进入厂领导班子。没想到直接迈进了采油七厂的核心层。这项任命令人感到意外，有人担心他搞行政工作会变成样样通样样松的万金油，白瞎了善于搞科研的才能。

辞别工程技术大队那天，王玉普恋恋不舍，面对办公室墙上张贴的葡萄花油田井位图反复端详了许久，他与图上密密麻麻标注的油水井默默对话，像一名转移阵地的指挥员向接防的同志做交代，一再嘱咐相伴了多年的下属们哪里该加强注水，哪里该强化采油。图上布满了他用红蓝铅笔标记的圈圈点点，不用看也清楚每口井的位置，对应哪组油层。这张图已经被岁月染得微黄，标记了多个他倾注心血的科研项目和试验区，本想摘下来带走，思忖了一下，决定还是留在原处，希望各位室主任在上面再标注出高效开发葡萄花油田的新业绩。

从工程技术大队到厂机关办公楼只有几百米的距离，这段路程王玉普栉风沐雨，苦乐兼收，走了整整12个年头。12年的磨炼，使他成为基层工作经历最扎实的实干者。12年间他始终坚守葡萄花油田，为把这处边远的难采油田开发出高水平，曾到过新疆的克拉玛依油田、甘肃的玉门油田、山东的胜利油田和隔江相望的吉林油田多次考察学习。汲取兄弟油田的先进技术和管理经验，像栽植鲜花一样繁育到葡萄花油田绽放芬芳。他对葡萄花油田的热爱，随着年限的增加步步升温，从实习员到副厂长的进步历程恰似一棵扎深根成栋梁的大树，经得住狂风暴雨的洗礼。

王玉普就职副厂长，厂领导班子分工，安排他分管基矿建、安全、土地和房产等项工作。这些业务范畴全是以往不熟悉的领域，需要从头学起。面临种种新挑战，王玉普再一次走到解决难题的前沿。

采油厂的基建专指油田生产设施建设，从井口设备安装、管线敷设到计量间、中转站、联合站全系统的水电、通信、道路配套施工。矿建则是办公场所、生产、生活方面的建筑施工。两者的业务性质虽然相近，但是用途和执行的建筑标准有很大差别。因此，设立了基建科和矿建科两个专职部门分头管理。对熟悉采油工程的王玉普来说，隔行如隔山，接手基矿建事事陌生、处处棘手。上对油田建设设计院，横对专业化的油建施工队伍和江苏支援大庆油田的建筑施工队伍，下辖本厂的基矿建工程大队，主要负责设计审核、工程造价控制、工程质量监督和验收。百年大计，质量第一，他开始接手的时候恰逢推行市场化管理，实行甲乙方合同制，王玉普作为采油七厂甲方的首席代表，承担基矿建履行合同的总义务。

为了管理好在建的基矿建工程，王玉普边干边学，泥里来水里去，跑遍了葡萄花油田的每一处建设工地，从破土动工到建成投产的每一个环节都了如指掌，心中有数。

王玉普最感头疼的工作是土地征用，这项需要与地方政府和当地农牧民打交道的业务非常棘手，每一块土地的征用都是一场政策性极强的艰难谈判，处理不当就会引发民怨阻碍施工。东北的严寒气候决定了土建施工的时间只有半年，一旦因土地纠纷导致拖延，错过施工的黄金期，就会影响全厂的生产计划落实，后果不堪设想。

国家虽然有明文规定的土地征用补偿标准，但是政策无法涵盖每一处具体情况，执行起来需要有适度的灵活性。补偿多了国家吃亏，补偿少了农牧民不满意。因此，每一块土地的征用王玉普都要亲自到现场实测实量，在政策允许的范围内尽可能照顾地方政府和民众的利益。农民出身的王玉普深知农民把土地视为命根子，每次现场办公从不马虎，本着实事求是的态度一碗水端平，该补偿的一分不少，不该补偿的无理要求一分不给。

采油七厂党委之所以让王玉普分管土地工作，正是看中了他公正无私的品格，信任他能够在各种干扰和诱惑中坚守原则，用超群的智慧一一化解油田发展建设与耕地保护、生态保护发生的地企矛盾。

王玉普手握公权，严守公正廉明的底线，绝不为自己和亲属谋取私利，顶住了不择手段的各种贿赂，树立了拒腐防变、秉公办事的官德。在主持基矿建、土地工作的两年时间里，几个亿的资金从他手里流过，没有发生一分一毫损失，全部用到施工建设项目上。相继落成了厂区内的经保大队办公楼、三矿办公楼、职工住宅楼、污水泵房、净化水处理厂等20多项新建筑。在采油区新建计量间、配水间、转油站合计21座，敷设集输油管线392公里、注水管线29公里。此外，还组织职工植树4万多株，修缮了一批老旧的井排道路，为采油七厂的生产和生活环境增添了新的亮色。

　　王玉普没有名利之心，无须趋炎附势，始终刚直不阿，既有坚持原则的大勇，又有谦逊和蔼的处事灵活。为完成采油七厂的基矿建施工任务，协调地企关系、甲乙方关系，王玉普以廉洁自律、奋发有为、勇于担当的精神面貌，坚守了诚信，赢得了各方的敬重。

1994年9月，王玉普在任采油七厂副厂长期间主持新建工程投产仪式

忙于行政工作的同时，王玉普对业已取得的科技成果并不满足，为了在电子信息时代不落伍，迅速启动了扩展学识体系的充电程序。

1994年9月，王玉普报考石油大学（北京）[现为中国石油大学（北京）]石油工程系油气田开发工程专业在职进修研究生，被成功录取。

1995年，王玉普通过统一考试晋升了技术职称，成为一名采油高级工程师。

妻子也不甘示弱，考取了全国会计师资格证，成为采油七厂第一位有注册资格的执业会计师。

1996年春节，采油七厂厂部所在的庆葡村张灯结彩，喜气洋洋，炸响的鞭炮声不绝于耳，绽放的礼花耀眼夺目，一派祥和的景象感染了很少有时间娱乐的王玉普，欣然加入了职工扭秧歌的巡游队伍，尽情抒发普天同庆的兴奋心情。

此刻，大庆油田实现了5000万吨高产稳产连续20年的奋斗目标，攀上了石油产量的巅峰。随着中国申请加入WTO的进程加快，一场更大的深化改革冲击波推动国有企业向市场经济全面转型。在大潮迭起的关键期，一份大庆石油管理局调动采油厂干部相互交流的任免文件，锁定了尚不知情的王玉普。

第四章

锐意进取，
科研管理兼能

调入开发杏树岗油田北部的采油四厂任副厂长，边学习边实践，推进三次采油现场试验，进修油气田开发工程硕士学位，成为管理大庆油田主力采油厂的行家里手。

移师杏北担当重任

1996年3月28日，王玉普迎来了管理主力采油厂的锻炼机遇，调往开发杏树岗油田北部的第四采油厂，担任分管采油生产的副厂长。

杏树岗油田地处大庆长垣中部，是一个大型的背斜储油构造。1960年3月，在首钻的杏1井（后改为杏66井）发现高产工业油流，1962年探明含油总面积316平方公里，测算地质储量34.78亿吨。1966年3月，大庆油田成立第四采油指挥部，杏树岗油田正式投入开发。1972年4月，随着开发形势的发展变化，将杏树岗油田划分成杏北和杏南两大开发区块，杏北地区仍由第四采油指挥部负责开发，在杏南地区另行成立了第五采油指挥部。或许是一种巧合，30多年间杏树岗油田的重大变化几乎都发生在乍暖还寒时节，王玉普的转岗恰巧也是生机盎然的春季。

王玉普来到采油四厂，第一次在大庆油田地质储量富集的主力采油厂任职，是他整体审视大庆长垣地质、拓宽视野重装出发的开始。杏树岗油田的名称洋溢着春花烂漫的诗情画意，其地质条件远远优于葡萄花油田。采油四厂负责开发的杏树岗油田北部含油区简称杏北油田，油气储量大、产量高，是大庆油田的主力采油区之一。采油四厂的生产管理和科研水平，在全行业名列前茅。

王玉普从葡萄花油田转岗到杏树岗北部油田，不只是简单的平行调动，而是肩负更大责任的履职锻炼。这是因为从油田地质的角度看，世界上没有完全相同的油田，多变的地质成因，导致每一处油气田都需要区别对待。作为采油生产的管理者，若想当好采油生产的指挥员，首先要认清杏北地区的地质条件和油藏特征，掌握油层目前的开发动态，根据地下的油水运动规律科学制订措施，任何失误的决策都有可能造成无法挽回的重大损失。王玉普深知油田开发是一个不可逆的连续过程，一旦错过实施开发方案调整的最佳时机，就会影响到油田的最终采收率。

王玉普参照前些年在葡萄花油田积累的工作经验，首先了解管理杏北油田生产所需的各项静态、动态数据。初到采油四厂就职的前几周，王玉普住在办公室，白天处理完日常事务，便立即深入基层走访调查，晚上伏案批阅文件，研读与杏北油田相关的资料汇编，短短几十天的工夫，杏北油田的地质形态和开发现状便在脑海里形成了三维立体图形。

采油四厂承担杏北地区197.9平方公里含油面积的开发，经过30年来的持续建设，已有各类生产井4200余口，计量间、中转站、联合站累计数百座，职工总数近万人。1988年原油年产量上升到800万吨之后持续保持稳产，1995年达到843万吨的历史最高点，排在大庆油田的第三位。1995年，采油四厂荣获大庆石油管理局颁发的高产稳产功勋奖和中国石油天然气总公司授予高效开发油田奖。这两项彰显采油四厂总体业绩的团队荣誉，对初来乍到的王玉普来说，既是深受鼓舞的促进剂，也是沉甸甸的工作压力。前几任领导班子已经把杏北油田的开发进行到接近注水采油的极限，如何承前启后，继续实现高产稳产？可想而知，技术和管理上的难度不言而喻。

王玉普的家当时还在采油七厂，为了多挤出一些时间了解杏北油田，他下班后不回家与亲人团聚，而是把办公室当成了会客厅，每天晚上邀请一些熟悉生产的部门负责人展开交流讨论。时任采油四厂科技科科长刘合、试验大队地质负责人王凤兰，是王玉普经常约谈的座上宾。这两位采油四厂的得力干将都是大庆石油学院的毕业生，与王玉普有着同出一门的校友情分。刘合是学矿机的校友，比王玉普晚一届毕业，对采油工程较为熟悉。王凤兰是学石油地质的校友，毕业后一直在杏北油田从事开发地质工作，对地下的油水运动状态掌握得一清二楚。

王玉普紧紧依靠两位校友的帮助，不懂就问，不会就学。虚心求教的诚恳态度深深感动了他们两位，尊称王玉普为老大哥。王玉普真心实意的求教，换来了毫无保留的解答。正所谓天时地利不如人和，王玉普用人格魅力赢得了尊重和支持，使他在采油四厂的工作迅速打开了局面。

当时，杏北油田经过了一次和二次井网加密调整，从纯油区到过渡带均实现了细分层系开采和表外储层注水开发，辖区已进入到高含水后期。为进一步挖掘生产潜力实现800万吨持续稳产，在一类和二类油层正在进行聚合物驱试验，主力油层转入了高科技的三次采油新阶段。

所谓三次采油是指油藏经天然能量一次采油、人工补充能量二次采油之后，采取注入热介质、化学驱油剂或者能混溶的流体、微生物等新技术，开采油藏中剩余的难采原油，进一步提高最终采收率的多种科学方法的总称。

实施三次采油与常规注水开发人工举升的二次采油相比，油层的渗流状态、井筒里的采油工艺都发生了极大的变化，目前仅有极少数国家掌握这项技术，但是矿场应用的规模都比较小。大庆油田为保持长期高产稳产，于1993年开始进行三次采油技术矿场工业化应用。1994年，在杏北油田设立了聚合物驱和三元复合驱先导性试验区。

由于三次采油受油藏地层条件的限制，王玉普在葡萄花油田工作期间没有接触到这项新技术。来到开发杏北油田的采油四厂，才见识了从聚合物干粉配制成黏稠液体，再到注入油层驱替分散剩余油的全流程技术体系。王玉普从而意识到注聚合物采油远比单纯注水开发的技术复杂许多倍，需要从驱油原理学起的急迫感油然而生，否则无法胜任指挥采油生产、配合科研试验的副厂长岗位。

王玉普分管采油生产，不靠听汇报、看图表发号施令，为避免生产指挥发生失误，天天深入到各采油矿的井站巡视调研，掌握生产实情是他秉承"三老四严"传统的基本功。到岗的头一个月，王玉普跑遍了从杏一区到杏七区的全部转油站、联合站和三次采油开发试验区，尤其对与应用三次采油新技术关系最密切的试验大队、地质研究所、工程技术大队、作业大队等下属单位随时登门。为了准确掌握三次采油试验区块的生产状况，王玉普向试验大队地质负责人王凤兰反复请教如何运用压力恢复曲线和测井曲线，分析油层的静态特征和动态变化。结合生产实践随时自修油藏工程学问，既要当好采油工程师，也要成为油藏地质师，努力向全面掌握油气田开发技术的目标下工夫。

王玉普每天下午4点30分主持召开全厂相关负责人参加的生产例会，及时了解各部门的生产任务落实情况，协调各路工作的轻重缓急和遇到的各种矛盾。

王玉普刚到采油四厂的头几天，发现每天参加生产例会的人员清一色是管生产的干部，没有科研部门的负责人，他感到这样不利于科研试验计划的落实，有必要进行生产例会参加人员调整。于是做出扩大范围的规定，要求厂里的正副总地质师、正副总工程师、科技科、试验大队、地质大队、工程技术大队、测试大队技术负责人都要参加生产例会。这样做的目的是把科研和生产捆绑成一个整体，通过抓生产促科研，让生产部门了解科研推动生产的重大意义，避免一人一把号，各吹各的调，形不成集中力量办大事的合力。

王玉普主导的这项改进措施，立马收到了良好效果。以往从事科研的技术干部与管生产的各部门经常发生不理解、被误解的矛盾，以往优先落实生产任务的惯例导致试验项目有些需求得不到及时解决。王玉普通过主持生产例会为承担科研任务的部门撑腰打气，要求他们把科研试验中遇到的矛盾和困难摆到桌面上并亲自协调。这一做法让担任三次采油试验大队地质负责人的王凤兰体会尤为深刻。她深感王玉普有优先保障科研进度所需的战略眼光，围绕着科研进度抓生产，通过生产管理促进科研，双管齐下的例会协调措施，创新了采油四厂科研与生产紧密结合的组织形式，小试牛刀的一石二鸟使她体验到了科学管理的重要性。

王玉普本身也是这项改进措施的受益者，担负科研任务的地质负责人参加生产例会，不仅能讲清楚科研与生产的相互促进关系，还能弥补自己三次采油知识欠缺的短板，可谓一箭双雕，既让分管生产的干部了解科研项目的重要性，又让承担科研任务的技术干部有了与分管生产的各部门相互沟通的平台。这项四两拨千斤的举措，使杏北油田生产和科研两个轮子同频转动，加速了三次采油试验区取得阶段性新成果的进程。

王玉普到任后，熟读了采油四厂前任总地质师总结的《杏北地区再认识》一文，提出了一些自己不太理解的问题与大家一起深入探讨。每天晚饭后18~21点的业余时间，他都召集相关部门负责人进行学术观点交流，话题从采油四厂前任总地质师提出的精细地质研究到正在杏五区开展的三元复合驱试验项目，天天都有新题目让大家帮他解惑答疑。王玉普熟知古籍经典，以汉高祖刘邦论智谋不如张良、统率三军不及韩信、后勤保障仰仗萧何的用人之道，构筑起群策群力的智囊团队，协助自己出谋划策、解决指挥生产中遇到的难题。在每次茶余饭后的闲聊中，王玉普运用平时所融汇的文学、历史、哲学、科学管理等方面的知识，结合杏北油田的生产实际谈古论今，活跃的思想火花不经意间碰撞出管理方法和技术创新的灵感，形成了切实可行的创意。他大胆将这些创意付诸实践，每取得一点微小的进步，必定把几位参与研讨的"军师"请到一起喝茶聊天，感谢帮他想出好点子的校友和同事。

王玉普不光重视搞生产和科研的技术人员，对后勤保障部门的人才也同样珍爱尊重。采油四厂的生态环境建设在大庆油田闻名遐迩，被评为黑龙江省和大庆市绿化环保先进单位。生活科科长李树森是大庆农校学兽医的中专毕业生，酷爱植树造林，对改造盐碱地、涵养草木颇有建树。在李树森的主持和多年努力下，采油四厂建成了大庆油田首屈一指的园林厂区，获得了绿色油田的赞誉。王玉普虽然不是主管后勤工作的副厂长，却非常赏识李树森在恢复生态方面作出的杰出贡献，这段不经意的邂逅，使俩人日后成为建设绿色油田的理想搭档。

王玉普勤思敏行，用了不到半年的时间，熟悉了杏北油田地下、地上两方面的基本情况，在指挥采油生产和科研两方面都取得了令人敬佩的成绩，切身体验到了管理边缘采油厂与管理主力采油厂的不同之处。

王玉普通过在杏北油田分管采油生产的实践，深感自己现有的学识还不太适应管理主力采油厂所需要的多元素质，对关乎大庆油田开发前景的三次采油试验了解和认知的程度仅是接触到了皮毛。为了使自己尽快成为油藏工程、采油工程和油田管理都精通的复合型人才，王玉普带着管理主力采油厂遇到的新问题，结合在职硕士研究生进修，列出必读的书单，不断学习企业管理相关知识。

不断学习攻读硕士

1996年下半年，王玉普在职进修石油大学（北京）油气田开发工程专业，学习到了关键期，他在百忙中结合生产实践，完成了《低渗注水开发油藏水平缝压裂效果预测方法研究》硕士论文，评审在即。

王玉普选定的这项研究课题，来自他对葡萄花油田低渗透薄差油层的深度了解。非均质性严重的大庆油田普遍存在储油层薄厚不一的情况，即便同一区域的同一油层内部的物理化学特征也有较大差异，故而形成了油田开发工作者常说的非均质油田平面、层间、层内三大矛盾。为了让各类油层都能发挥注水驱油的高效率，对渗透性偏低的差油层需要采取人为帮一把的改造措施，最有效的方法叫作水力压裂。这项技术的原理不难理解，就是用高压泵向目的层大量注入携带固体支撑剂的液体，迫使岩层破裂产生被支撑剂充填的裂缝，建立起易于石油渗流的"高速公路"，从而降低近井地带油流的渗流阻力，达到增加单井产量的目的。原理虽然简单，但是水力压裂的工艺却非常复杂，对机械设备所能达到的压头、排量及管柱、阀门、井下工具的承压、耐磨损程度要求非常高，同时，还需要选择对油层伤害小、携带支撑剂数量大、摩擦阻力小、对油层损伤程度低的压裂液。因此，施工前油藏工程师和采油工程师，要针对需要改造的目的层进行综合性评价，弄清岩性。针对油层物理化学性质设计水力参数、预测裂缝形态，计算设计过程涉及岩石力学、水力学、高等数学、胶体化学、机械学等多学科的知识综合运用。整个过程相当于外科医生给患者做切除病灶的高难度微创手术，任何一个环节的疏忽和计算错误都可能导致整体的失败。

王玉普在采油七厂任职时，对葡萄花油田大面积压裂改造取得的增产效果情有独钟，希望通过硕士研究生的学习提升理论素养，推进压裂改造工艺向前发展，通过运用电子计算机设计软件的强大功能，提升改造薄差油层的长效性，为实现大庆油田的长期高产稳产增加可动用的地质储量。

王玉普带着这个论文题目转岗来到采油四厂，在杏北与杏南油田交界地带找到了验证理论计算结果的理想场所。他与这个采油矿的地质师薛家锋共同切磋探讨，总结出一套压前培养、压中监督、压后保护的长效措施。王玉普邀请油田总工程师、压裂技术专家和各采油厂的项目负责人到场，主持召开了压裂施工经验交流会，汲取各家之长，将来自大庆油田各区块的应用成果进行总结，同时收集在生产实践中改造效果突出的数据，丰富了毕业论文的基础数据。

采油四厂所在的杏北油田具有得天独厚的地质条件，油层的品质不算好也不算赖，处于全油田中等水平，开展各项新工艺新技术试验的数据有广泛的代表性。同时，采油四厂还具有应用电子计算机建立油藏静态和动态数据库的优势，先于其他采油厂开展了油藏精细地质研究，能把薄厚不均的各类油层描述得清清楚楚，实现了数字化和三维制图，计算机能像CT扫描一样把深埋的油层形状打印成平面图，为压裂施工精准选井选层提供了方便。中国工程院院士王德民在1988年发明的限流法压裂技术，在杏北油田开发表外储层的现场试验中获得巨大成功，撬开了含油程度极差的油浸、油斑之门，为大庆油田新增了7亿吨可采储量，凸显了压裂改造油层的巨大威力。这为王玉普的硕士论文开拓了思路。

王玉普把在杏北油田汲取的压裂施工数据和应用成果汇聚到硕士论文之中，运用两年来新学习的油藏工程和采油工程知识进行精密计算，参考国内外各油田发表的相关信息、研究成果，总结提升，结合大庆油田低渗透油层注水开发的生产实际科学论证，阐述了自己悟出的独到见解，用多年付出的心血铸成了这篇既有理论高度又有经验总结的高质量学术论文。

在职进修与在校学习有很大不同，石油大学（北京）虽然定期安排在职学员到北京集中授课，但是主要是针对有共性的知识点，日常全凭业余时间自觉学习，没有持之以恒的毅力，很难做到数年如一日坚持不懈。

王玉普身为副厂长，每天的工作千头万绪，需要他定夺决策的问题都比较棘手，工作日很少能准点下班，还要出席一些会议、下基层巡检，时间对他来说始终是最稀缺的。为了修完研究生课程，他压缩睡眠时间，起早贪黑，利用一切零散的空闲时间研读功课，就连乘车赶路的片刻也不放过。聚沙成塔的勤奋积累，使他每次阶段测验都能取得满意的成绩。

王玉普的导师是石油大学（北京）知名度很高的采油工程专业教授王鸿勋和张士诚，还有时任大庆石油管理局总工程师的胡博仲。这三位导师学识渊博、德高望重，对门下弟子甚为关爱又很严格。王玉普敬佩导师严谨的治学态度。为了交出一份优秀的毕业论文，他拼搏了700多个夜晚，做足了准备。

1996年10月，石油大学（北京）94级油气田开发工程专业在职进修研究生毕业论文答辩在大庆油田高级人才培训中心举行。参加评审的教授和各油田的总工程师都是赫赫有名的石油工程专家，他们对这批从工作岗位上选拔进修的学员期望值特别高，提出的学术问题难度大。

宣读毕业论文时，学员们人人手里攥了一把汗，已经答辩的同学，有几位被问得面红耳赤、汗流浃背。王玉普开始也紧张得像怀里揣个兔子，轮到上场时反而异常冷静，汇报烂熟于心的论文一气呵成，看到几位并肩而坐的导师脸上绽放出满意的笑容，王玉普心里一下子有了底，仔细聆听各位评审人提出的问题，稍做思考便侃侃而谈。他的回答犹如大珠小珠落玉盘，论点论据来源于生产实践，所以底气十足，明确简练，环环相扣。给出的数据经过反复计算，得出的结论对生产具有指导作用。

这篇论文截取《裂缝性地层压降曲线分析方法及其应用》部分，刊载于《石油大学学报（自然科学版）》2004年第28卷第1期，作了刊发摘要：

> 对于裂缝性低渗透储层，由于其基质孔隙度小、渗透率低，天然微裂隙成为决定压裂液滤失的主要因素。在总结Nolte经典G函数压降曲线分析方法的基础上，根据裂缝性地层存在微裂隙的特征，建立了裂缝性油气藏小型压裂压力降曲线分析模型。应用无因次压力函数图和叠加导数

图，做出了压降特征曲线，判断出压降曲线类型，进而对裂缝参数进行了修正和求解。通过对已压裂井压降曲线的分析和解释，能够明显地判别依赖于压力变化的滤失特征，以及天然裂缝对滤失的影响，从而为裂缝性地层压裂施工参数的设计提供依据。

石油大学（北京）答辩委员会对王玉普提交的硕士论文给出了整体评价，在学籍档案中记载：

> 结合大庆葡萄花油田注水开发实例，提出了实施整体压裂改造水平裂缝参数、优化设计的原则和保持地层压力开发的重要性。对葡萄花油田后期的开发具有一定的指导意义。总之，该同志的研究方法具有一定的新意，研究成果有一定的实用价值，反映该同志具有较好的理论基础和一定的独立科研及解决工程实际问题的能力。

1996年10月22日，王玉普（右）通过硕士研究生论文答辩

1997年10月，王玉普取得了石油大学（北京）授予的油气田开发工程专业硕士学位。石油大学（北京）在大庆油田高级人才培训中心隆重举行毕业典礼，王玉普身着长袍，头戴硕士帽，手捧证书，站在学友队列前排中央，拍摄了一张神采定格的纪念照。

1997年10月24日，王玉普（第1排右7）取得硕士学位

王玉普能够取得专业硕士学位要特别感谢妻子袁明的支持，正如歌曲《十五的月亮》中唱的那样，军功章有自己的一半也有妻子为家庭付出的另一半。为了让王玉普有更多的时间学习，妻子袁明承担了照顾公婆抚养女儿的全部家务，不仅学会了驾驶汽车考取了驾照，还忍痛把年仅11岁的独生女儿送到远离家门的寄宿学校读书，每周接送，从不让王玉普分心。妻子的全力付出让王玉普在温馨的爱意中受到了莫大鼓舞。

那本体现夫妻同心的硕士学位证书，激励着王玉普在不惑之年继续目光远瞻，行稳致远。

系统提升综合能力

1996年年底，每年一度召开的油田开发技术座谈会上，公布了令人鼓舞的好消息。持续推进的大庆油田5000万吨稳产在老油区全面高含水的严峻形势下，超额完成了连续20年产量不下降的规划目标，当年产油5600多万吨，达到历史最高纪录。此时，大庆油田开发36年来累计生产的原油总量达到14亿吨，创造了世界上同类油田采收率最高、稳产时间最长、开发效益最好的中国奇迹。在北京召开的国家科学技术奖励大会上，"大庆油田高含水期'稳油控水'系统工程"项目获得国家科学技术进步奖特等奖。

喜讯传来，王玉普异常兴奋，这份至高无上的集体荣誉，关键所在是水驱开发调整技术取得重大突破，达到了世界上同类油田的最高水平。从20世纪80年代中期开始，采油四厂相继承担了12项重大的油田开发新技术矿场试验，其中：

杏五区表外储层工业开采矿场试验，获得中国石油天然气总公司科技进步奖一等奖；

杏六区水动力学采油矿场试验，获得中国石油天然气总公司科技进步奖三等奖；

杏五区三元复合驱先导性矿场试验，获得大庆石油管理局科技进步奖一等奖。

此外，还有油藏数值模拟、精细地质研究、开发井网一次和二次加密调整、限流法压裂改造表外储层、成片套管损坏机理研究与防治、推广螺杆泵采油工艺、集油流程节能降耗等新技术新工艺的先试先行等科研项目，相继取得了引导全局科技进步的显著效果。

这些持续推进稳产规划落实的重大举措，使采油四厂成为全石油行业科技工作的先进样板，也成为获得国家科技进步奖特等奖的功勋单位之一。

王玉普接续主管采油四厂生产和科研工作，深知担负全局科研现场试验基地任务的重要性。目前取得的阶段性成果仅是万里长征迈出的第一步，随着油田综合含水率的持续上升，未来几年保持5000万吨稳产的难度更大。试验中的三次采油虽然增产的效果凸显，但是适合注聚合物的一类和二类油层十分有限，还有大量剩余储量滞留在三类油层难于开采。正在开展现场试验的三元复合驱有望持续提高采收率，这项技术的成败将决定大庆油田5000万吨的稳产期能否跨世纪。

王玉普担任采油四厂副厂长一年来，始终秉承大庆油田"两论"（矛盾论、相对论）起家的科学精神和光荣传统，对尚在进行的各项油田开发新技术试验高度重视，想方设法从人力、物力、财力的调配上优先考虑，给予充分保证。王玉普尤为关注具有前瞻性的三次采油科研进程，对杏二区的二类和三类油层注聚合物采油试验和杏五区的表外储层三元复合驱试验项目也分外关心，经常去采油现场察看情况。每当油田勘探开发研究院、油田建设设计院、采油工艺研究所的专家们来到采油四厂，他都主动征求意见，与各路专家一起研讨解决问题的措施方案。除了主持每天例行召开的生产科研协调会议之外，还定期召集本厂总地质师、总工程师、科技科长、试验大队的技术负责人参加的地下形势分析专题研讨会，针对试验中遇到的问题，及时协调油田生产管理科、井下作业科、油田基建科、地质大队、工程技术大队、作业大队、测试大队等相关部门联手制订解决措施。在他任职期间，对采油四厂承担的各项油田开发新技术新工艺试验一路绿灯，为大庆油田探索老油区采收率突破水驱极限积累了宝贵经验。

在杏北油田开展的各项油田开发试验，为王玉普打开了一扇窥探大庆油田主力采油区地质奥秘的窗口，以往局限在葡萄花油田的视野无法看到大庆长垣北部和中部蕴藏的剩余油潜力。杏北油田的开发实践使他茅塞顿开，主力采油区水驱后的薄差油层依然有巨大的生产潜力，采用新工艺、新技术增加一个百分点的采收率就相当于找到了一个年产百万吨级的中等油田。科学技术释放的生产力，让王玉普对刚接触的三次采油产生了浓厚的钻研兴趣，为他日后指挥全油田的生产和科研工作进行了热身性锻炼。

王玉普针对注聚合物驱油发生的新变化，敏锐地意识到螺杆泵采油具有结构简单、适应广泛、造价低廉、适合抽汲黏稠流体的显著优点。但是无论从国外引进还是由国内制造的产品都存在设计不完善的弊端，限制了大规模推广应用的前景。最突出的问题是地面驱动装置停机后，传递动力的抽油杆反转卸载，导致多次发生伤人事故。为解决安全使用的难点，他安排科技科科长刘合重点抓螺杆泵驱动装置的技术改进。

王玉普说干就干，不但督导刘合带领工程技术大队的科研人员深入现场反复观察，实测传动方式存在的问题，还抽时间亲自参加改进设计方案的研究，运用自己所学矿机专业的技术优势指导项目组针对三次采油的实际需要，对在用的螺杆泵从举升效率到安全运转进行系统的升级改造。先后研发了取消皮带轮的电机直驱、定子稳固粘接、防止抽油杆偏磨等一系列的实用技术。首先在采油四厂大范围推广，从而使螺杆泵成为采油机械当中的新宠，在大庆油田每年以推广1000口井的速度递增，为三次采油条件下的长期高产稳产增添了节能降耗、降低成本的成套机械采油系列装备。

王玉普在采油四厂所管辖的杏北油田，第一次见识了黏稠的高分子化学剂把原油采收率在水驱基础上再提升十几个百分点的神奇。加入了碱和表面活性剂的三元复合驱更不得了，能够把黏附在油层孔隙表面的油膜清洗得干干净净，聚合物驱过后的三元复合驱还能使残余油的采收率进一步上升5~10个百分点。亲力亲为的生产实践，使他体验到实施三次采油后采油工程技术变得更加复杂，在水驱条件下业已成熟的开采技术不再适应三次采油变化了的新情况，急需研发与之匹配的新型井下工具和整套的采油机械。况且三次采油过后仍然不是油田枯竭的终点，正在研发的四次采油技术还有让老油田焕发青春的可行性。当时，大庆油田已有16个区块应用了聚合物驱油技术，共有2661口井投入生产，每年多增产八九百万吨原油。随着三次采油规模的扩大，暴露出的技术问题越来越多，从注入到采出还有许多难关亟待攻克。视野越开阔，王玉普越觉得自己学识浅薄，还要继续提升自己的专业技能，用知识的力量打开深度挖潜的油藏之门，为保障国家的能源安全多尽一份力量。

此时，席卷亚洲的金融风暴推倒了第一张多米诺骨牌，崩塌式的经济危机波及中国，石油行业遭遇前所未有的价格低迷，许多企业由于资金链断裂缺氧窒息。王玉普顿感学习金融知识的重要性。回到家中，他向搞财务工作的妻子请教现金流、损益平衡、投资回报率、贷款贴现值等财务管理方面的专业知识。

王玉普的这个变化让妻子袁明又惊又喜，过去石油是皇帝女儿不愁嫁的硬通货，中层企业的管理者只需专注生产，用不着研究变幻莫测的市场经济。现在不同了，大潮来袭，昨日为金、今日为铜的剧烈振荡为油田企业敲响了警钟。为了帮助王玉普增加经济学方面的知识，袁明经常利用王玉普回家休息的时间给他讲解如何通过财务报表分析企业的经营状况，王玉普也找来企业管理方面的书籍自己研读，尽可能拓宽法律事务、上缴利税、劳动工资、成本核算、投资风险评估等方面欠缺的知识。家庭变成了探求经济学、管理学的课堂，夫妻之间有了更多的共同语言，不仅增加了甜蜜感，还多了些团聚的亲和力。

有备无患的自我素质提升，是一个领导干部脱离平庸的磨刀石，刀刃越锋利越能解决平凡人解决不了的关键难题。

截至 1996 年底，大庆油田聚合物驱的三次采油已经在主力油田的一类油层全面铺开，取得了弥补水驱递减的显著成效。然而，一类油层毕竟有限，大部分剩余储量滞留在二类和三类油层，由于渗透率低于一类油层，聚合物的流动阻力增大，能不能注进去都是个问题。在采油四厂所辖的杏二区开辟的注聚合物试验区，就是针对二类和三类油层接替一类油层注聚合物的先行探索。事关全局持续稳产的战略研究项目，不仅要在工程技术上取得突破，流程改造、设备选型、管理方法、投资控制都要同步达到有效益开发的预期指标。这些经营管理方面的实际需求，鞭策王玉普快速向一专多能的复合型管理干部转型。

　　油田开发试验区既是培训专业技术人才的练兵场，也是造就国有大型企业优秀管理者的大熔炉。这些只有在主力采油厂才会遇到的重大系统工程学问题，把王玉普由单纯的技术干部历练成兼容中高层企业管理才能的一员干将。他在采油四厂任职期间组织研发的"采油工程系统精细化管理"项目，获第十届国家级二等企业管理现代化创新成果。

王玉普在采油四厂组织研发的"采油工程系统精细化管理"项目获奖

运筹帷幄改革先锋

在王玉普调入采油四厂之际，中国石油天然气总公司颁布了《关于以经济效益为中心，加快发展的若干问题的意见》，这份文件提出要按照"油公司"模式，抓紧进行企业组织结构调整，为建立现代企业制度创造条件。

所谓的"油公司"，是指当下世界各国石油企业普遍采用的一种组织形式，意在突出油气勘探、开发、储运、加工、销售主营业务，彻底摆脱计划经济时代的观念束缚，解体"大而全、小而全"的传统结构，实施主营业务与非主营业务分离，建立各自独立经营、分灶吃饭、自负盈亏的新体制。主营业务采取以合同制为纽带的协作关系，精简机构，强化企业内部的市场化服务，社会性非主营业务将逐步与企业脱钩，转交地方政府。

1996年8月，中国石油天然气总公司在中原油田召开推进"油公司"改革推进会议，进一步明确了在"九五"期间完成"生产专业化、服务社会化、运行市场化"的体制重组模式。大庆石油管理局应声而动，紧锣密鼓，成立了改制领导小组，在采油四厂任职的王玉普作为成员之一，参与了向油公司过渡的执行方案顶层设计。

大庆油田作为体量最大的国有企业，素有"共和国长子"和"共和国加油机"的美誉。然而船大难调头，猛然踩刹车阻滞不了已运行30多年的计划经济惯性，转向适应市场经济的油公司体制，多年积淀的历史问题井喷式爆发，30来万在岗职工如何分离？期待就业的子女怎样安抚？会战年代同甘共苦的职工家属谁来供养？一系列关乎职工家庭切身利益的矛盾冲突，都是影响安定局面的火药桶。

这项艰巨而又复杂的体制改革，极其考验大庆石油管理局各级领导班子履行政治责任、社会责任和企业责任的协调能力。

面临重大考验，王玉普感受到了来自上下两个方向的压力。大庆油田担负全国石油产量的半壁江山，大庆不稳，全局震荡，势在必行的改革没有回旋余地，让退休职工、待业子女、退养家属与企业脱钩谈何容易，如何让这步棋能走得风平浪静，对他来说又是一个过往没有遇到的难题。

解决复杂的社会矛盾，不同于解决生产矛盾，没有服从国家大局的观念不行，缺少关心职工冷暖的情怀也不行，一大堆约束条件，需要总体考量综合平衡，寻找最佳答案的研讨会上不同观点的争论像开水一样沸腾。

王玉普作为采油四厂的代表参与体制改革方案的顶层设计，按照决策层的议事规则先民主后集中，每一次出席研讨会议，有取有舍的结构调整都面临难舍难分的情感纠结。

公司制的本质，是遵照国家颁布的《中华人民共和国公司法》，把企业建成法人治理结构的经济组织，与国际上通行的惯例接轨，对内对外均以甲乙方平等协商签订的合同为约束。体制改革的第一板斧劈向了各油田企业普遍存在多年的"大而全、小而全"弊端，解体原有的社会职能和企业职能相混杂的重叠机构，削减严重冗员的负担，进行专业化重组，然后"油公司"轻装上阵，为贯彻落实党中央提出的"稳定东部、发展西部、国内为主、国外补充、油气并举、节约与开发并重"的指导方针做好组织准备。

参与这次组建油公司体制的执行方案设计，王玉普了解了国内石油工业发展的大趋势，拓宽了纵观世界风云变幻的眼界，考虑问题不再局限于一时一地的得失，受到了一次登高远望、视野前瞻、从大局着眼的企业家战略思维能力的训练。

1996年9月28日，大庆石油管理局遵循中国石油天然气总公司整体步入社会主义市场经济的要求，颁布了酝酿成熟的"油公司"

管理体制和经营机制改革方案，对14个油气生产的主体单位实行投入产出大包干，进一步下放生产经营自主权；对具有生产保障性质的附属单位，按专业进行整合重组；对生活服务、文教卫生等部门制定了逐步剥离的计划安排。

正当大庆石油管理局改换油公司招牌的时候，亚洲金融危机的冲击波再次引起国际石油市场剧烈振荡，布伦特公布的原油交易价格一路狂跌。20世纪90年代前期，尽管发生了苏联解体和海湾战争两件惊骇全球的大事件，国际油价也没有直线下降，一直稳定在每桶18美元左右。1996年下半年风云突变，世界石油市场的供应量比需求量每天高出30万桶，无形的价值规律导致石油交易价格开始下滑到每桶不足10美元。改制中的中国石油界亮起了预警的黄灯，正准备步入市场经济的大庆油田面对强劲的迎头风，被迫调整原油生产计划，开始关井限产，尽可能减少经济损失。

中国的改革在一条没有先例可循的道路上艰难跋涉，被世人称为中国特色。位居国内石油企业之首的大庆油田，脱离不开国情的大气候，在探索油公司体制的尝试中迎来1996年的岁尾。此刻的王玉普喜忧参半，像坐过山车一样惊呼波诡云谲的国际化市场经济太离奇，既为采油四厂借助降产机会减轻压力得以喘息而庆幸，又为总体收益的大幅度下滑而担忧。

在国际油价的剧烈波动中迎来了1997年元旦，大庆油田的各层级管理干部在油公司体制开始的第一年就领教了市场经济的残酷无情。作为一名油田企业的中层领导者，光有懂生产抓科研的本领远远不够，还要有企业家的战略眼光和深邃头脑。否则，就会在市场经济的大潮中人仰马翻，溃不成军。从这时起，王玉普一边钻研技术，一边更加注重摄取管理学、经济学等方面的知识，补短板提素质，为应对市场经济的潮起潮落做应变储备。经过一年的实干锻炼，王玉普在采油四厂积累了管理大型主力采油厂不可或缺的工作经验。

时光飞逝,瞬息万变。转制为油公司体制的新形势呼唤品德和才学双优的复合型人才走上高层管理岗位,王玉普被纳入了重点提拔任用的人选。1997年初,在杏北油田履职的王玉普,接到了调转工作岗位的任命。

这时候的王玉普正值工作经历丰富、身强力壮、精力充沛的金色年华,他的职务升迁犹如田径比赛场上的三级跳远运动员,葡萄花油田的14年相当于积蓄力量的助跑,杏北油田则是腾空而起的第一块踏板,飞身一跃的爆发力令人赞叹。

第五章
敢为人先，
主导改革创新

步入市场经济二次创业,担负把控全油田开发管理的重任,为把5000万吨稳产的目标推进到跨世纪,促科研、克难关,经历多重锤炼,彰显出大将之才。

挖潜水驱采油夯实稳产基础

1997年，中国石油天然气总公司推进的全系统整体改制，成为终结计划经济、迈向市场经济的重要节点。虽然大庆石油管理局的名称尚未更改，但是内部的专业化重组引发了脱胎换骨的变化。

大庆油田实施的改制方案首先从总部机关启动，原有的油田开发部划分成第一油气开发事业部和第二油气开发事业部两套并行的管理机构，第一油气开发事业部分管第一采油厂至第六采油厂，担负协调主力油田的开发业务；第二油气开发事业部分管第七采油厂至第十一采油厂，担负协调外围油田的开发业务。两大板块各有侧重，共同为保障大庆油田5000万吨稳产延续到21世纪携手发力。

1997年1月7日，王玉普被提拔到大庆石油管理局指挥中心，担任第一油气开发事业部副主任兼总工程师。

腊月的西北风劲吹22层高的局机关办公大楼，冰雪严寒笼罩的广场上矗立着一座硕大的不锈钢雕塑，抽象的钻头造型剑指苍穹，寓意新时代的大庆人攻坚克难、担当使命的雄魂。王玉普工作的办公室在第八层，视线透过落地窗与钻头雕塑相交，触动了他对大庆油田过往与现实的万千感慨。

20世纪60年代，以铁人王进喜为代表的石油人，怀着打赢石油翻身仗的坚定信念，挺进荒原，战天斗地，在艰难困苦的条件下高速度、高水平完成了建设特大油田的神圣使命，称为一次创业。如今，在深化体制机制改革进程中启动的市场化运作，定义为二次创业。两次创业都是在寒流肆虐、困难重重的冬去春来之际吹响进军号角。一个时期有一个时期的奋斗目标，一代人有一代人的使命，步入市场经济的二次创业绝不会比一次创业轻松，同样需要拼搏的勇气与困难缠斗，新时代的大庆人更应该具有钻头一样的进取之锐，开顽石、破险关，高扬鲜艳的大庆红旗，开拓创新之路迈入21世纪。

王玉普怀着激流勇进的再创业情思，来到刚刚组建的第一油气开发事业部履职，负责协调年产油量占比大、含水高的6个主力采油厂，研发稳油控水的新技术，制订相应的管理办法，迎战油田开发后期必然经历的各种困难。

由于老区和外围的地质条件差别巨大，大庆油田年产油量90%以上的任务落在第一开发事业部。王玉普虽然不是部门的第一责任人，却是保障稳产计划落实的技术措施制订者。这个角色相当于拟定作战方案的参谋长，负责组织各兵种不同武器的火力配置，充分发挥团队联合作战的总体优势向油层进攻。指挥这场持久而又艰难的稳产战役，不仅要有油田开发的专业技能，还要有灵活机动、火候把握恰到好处的协调艺术。担任油田开发事业部的副主任兼总工程师是没有预习的大考，王玉普凭着多年在基层工作积累的经验以及不断学习提升的能力，心里还是有几分自信的底气。

中国石油天然气总公司为落实"稳定东部，发展西部"的总体战略部署，要求大庆油田把年产5000万吨原油的高产稳产期尽可能延续得长一些。然而，此时的大庆油田今非昔比，萨尔图、杏树岗、喇嘛甸三大主力产油区，经过30多年的高强度开采，综合含水率已经高达82%，接近了水驱采收率的极限值。其中一类和二类油层实施注聚合物驱三次采油的年产油量虽然稳步上升，但是仅占原油总产量的五分之一。外围油田开发面对的都是低渗透、低产、低丰度的薄差油层，5个采油厂合计的产油量还抵不上主力油区的一个采油厂。要想完成5000万吨跨世纪的艰巨任务，还得靠水淹到脖子根的老油区继续挖潜。毋庸置疑，组织这场高含水后期夺油战役的成败，关键在第一油气开发事业部，到任的王玉普责无旁贷，毅然站到了地下形势严峻的第一线。

1997年上半年，王玉普带领第一油气开发事业部的相关人员到第一至第六采油厂反复落实还有多少可供挖潜的剩余储量，汇总成图表带回办公室分区块进行系统研究。这是他第一次详细了解大庆油田主力采油厂的总体开发动态，对萨尔图、杏树岗、喇嘛甸三大含油构造以及各层系有了明晰的全面认识。

了解现状是制订措施的前提，为了拿出一个切实可行的持续稳产方案，王玉普带队到大庆之外的其他油田学习开发经验，取人之长补己之短，玉门油田、克拉玛依油田、延长油矿开发得比较早，积累了比较多的控制含水上升速度和油水井套损修复经验，王玉普一一虚心学习，深受启发，为大庆老油区的综合治理提供了很好的借鉴。

1997年，王玉普（右2）在延长油矿考察

1997年下半年吹来了一股国际交流的新风，10月12日，第十五届世界石油大会首次在中国召开，各会员国的政府首脑和石油大亨们齐聚北京，共同就"技术和全球化引导石油工业进入21世纪"的大会主题发表见解。我国党和国家领导人出席大会开幕式，江泽民总书记亲自致辞祝贺。

这次石油大会在北京召开，是全球石油界对中国石油工业蓬勃发展的充分肯定。一柱擎天的大庆油田以水驱采收率超过40%的最新成果蜚声五大洲，令全世界的石油专家学者甚为惊叹。即将到来的21世纪能否继续保持高产稳产，全世界的目光都在期待大庆油田给出的方案。

王玉普注意到这次世界石油大会披露的一则信息：目前世界上有29个含水率大于90%的砂岩油田，开采年限达40年以上且继续开发的占55%。其中美国克恩河油田已开发了96年；格伦坡和盐溪油田分别开发了92年和86年；美国东得克萨斯油田1931年投入开发，历时66年长盛不衰；俄罗斯罗马什金油田开采了40多年，专家预测还可再开采100年。

王玉普受到巨大的鼓舞，与之相比开发了将近40年的大庆油田并不算老，地下还有大约60%的石油储量尚待挖掘。然而这笔巨大的能源财富不会让采油人轻易得到，需要用更高端的技术和更大量的投资来换取。

为闯出一条适合中国国情的低成本、高效率的老油田持续挖潜技术路线，王玉普借鉴世界各国老油田的开发经验，把组织科研攻关的目标锁定在当下油田开发技术的最前沿，着手策划新一轮针对大庆油田特高含水期深度挖掘剩余油潜力的行动方案。他意识到：大庆油田老区进入高含水阶段的艰难期，采油成本的上升不可小觑，造价低廉的水驱采油仍然是巩固产量的主要手段，综合含水率每缓步上升一个百分点，意味着大庆油田的稳产期将会延长一两年。前30多年，业已成熟的以"六分四清"[①]为核心内容的采油工程技术，已经不能完全适应实施"稳油控水"[②]开发方案设定的指标，更新换代的技术升级，无疑是控制含水上升速度最便捷的利器。他要求油

---

① 六分：分层注水、分层采油、分层测试、分层研究、分层改造、分层管理。四清：分层注水量清、分层产液量清、分层产水量清、分层压力清。

② 稳油控水：稳定5000万吨以上原油产量不下降，控制主力油田综合含水上升率三年不超过1%。

田的主力科研单位和各主力采油厂的油藏地质师、采油工程师、测试工程师针对老油田全面高含水的实际情况，解放思想，更新观念，集中力量联合研究细分注水采油、持续挖掘生产潜力的新工艺，把水驱采收率再提高几个百分点。

随后的两年间，王玉普直接领导并参与研发的一批重点科研项目如及时雨、雪中炭，在老油区的持续稳产中发挥了既控制含水上升速度，又增加原油产量的关键作用。王玉普既是提高水驱采收率科研计划的策划者，又是亲自带领项目组攻克了"桥式偏心分层开采及挖潜配套技术"和"螺杆泵采油配套技术"的第一发明人。在他的引领下，1999年到2005年大庆油田的水驱采油技术、生产井修复技术、测试技术相继获得国家和中国石油天然气集团公司的技术发明奖、科学技术进步奖及技术创新奖。

"新型分层控制注水配套技术"，1999年获中国石油天然气集团公司科技进步奖一等奖；

"大庆油田高含水后期套损井防护及修复技术研究"，2000年获中国石油天然气集团公司技术创新奖二等奖；

"大庆油田高含水后期水驱挖潜技术研究"，2001年获中国石油天然气集团公司技术创新奖特等奖；

"桥式偏心分层开采及挖潜配套技术研究"，2003年获国家技术发明奖二等奖；

"阵列阻抗相关产液剖面测井技术研究与应用"，2004年获国家科学技术进步奖二等奖；

"桥式偏心分层开采及挖潜配套技术"，2003年获国家技术发明奖二等奖

"螺杆泵采油配套技术",2005年获国家科学技术进步奖二等奖。

王玉普在第一开发事业部副主任兼总工程师岗位,组织研发的系列科研项目为大庆油田老油区细分层水驱挖潜立了大功,突破了同类砂岩油田水驱采收率不超过40%的极限论,推动大庆油田5000万吨稳产20年之后仍在延续。

王玉普在第一开发事业部的成绩单,凸显出他是一位有科研战略头脑和全面管理能力的大将之才。

"螺杆泵采油配套技术",2005年获国家科学技术进步奖二等奖

科学开发油田推进管理创新

摸着石头过河的油公司体制改革,注定不会一帆风顺,成功的喜悦和挫折的教训交替而来。试行了不到一年的第一和第二开发事业部由于管理不够顺畅再次整合,组成了统管全大庆油田开发业务的油田开发处。

1997年11月15日,王玉普升任油田开发处处长,成为业务主管部门的一把手。

王玉普每变动一次工作岗位,肩上的担子就会加重几分。开发处处长的职务不同于事业部时期的总工程师,管辖的业务范围更宽泛、更复杂,除了抓新技术研发推广之外,还要用科学管理的方法统筹全油田的采油生产运行,组织编制中长期开发规划、制订年度生产计划、完善油田管理规章制度、考核评价各采油厂的开发业绩、协调各方面的配合关系，明文规定的岗位职责有十几条之多。

1998年开局就不顺利，持续蔓延的东南亚金融危机，导致低迷的国际石油价格狂跌不止，出现了一桶石油不及一桶矿泉水的价格倒挂现象，让按照市场机制投入，却仍按计划产出的大庆油田遭受了前所未有的经营性危机。这还不算，老天爷也来找麻烦，入夏以后连降暴雨，松花江流域洪水泛滥，百年不遇的灾情导致地势低洼的外围油田汪洋一片，大批采油井站深陷水患，部分区块被迫关井停产。老油区内涝十分严重，钻井、修井、油建施工的进度无法按预定计划进行，油田生产陷入被动。刚刚担任油田开发处处长的王玉普如坐针毡，按下葫芦浮起了瓢，忙得七窍生烟，既要组织各采油厂抗洪救灾，又要谋划如何把停产减产造成的损失设法弥补回来，日夜繁忙的焦虑和疲惫，使他感到压力很大。尽管困难如山，王玉普依然坚定不移地贯彻大庆石油管理局党委提出的"原油产量不下降、总体经济效益不缩水"两个不变动员令，日夜操劳。

1998年，"百年不遇"的洪水对大庆油田的生产造成严重影响

面对内忧外患的困难处境，王玉普意识到老油区的稳产已是越发艰难，不可抗拒的自然递减规律决定了无法靠自身增产来挽回损失，弥补产量递减的希望只能靠外围油田。然而，外围各油田的储油层好像一张摊开的大煎饼，面积不小，厚度很薄，不仅含油饱和度低，孔隙还很致密，部分含油层连水都不易注进去，难于有效开采的现状导致4亿多吨探明地质储量无法动用。

"三低"[①]油田的有效益开发是世界性难题，许多资源丰富的产油国放弃了这部分储量。我国探明的油气资源不足，若不设法开发这种低劣油田，势必还要增大对外进口石油的依存度，加剧国家能源安全的风险。

王玉普担任油田开发处处长之后，纵观全局的生产趋势，提出一定要攻克外围"三低"油田有效开发难关的设想，立志把外围的原油年产量提升到500万吨以上，弥补老油区不断加快的自然递减，采取以外补内的措施，确保大庆油田5000万吨稳产跨世纪。

一石激起千层浪。一些思想偏于保守的技术干部和油藏专家依据现有的开采技术分析，认为外围油田的产量上升到500万吨的难度实在太大，一时半会儿做不到，远水解不了近渴。召开了多次专题讨论会都无法形成共识，质疑和反对的声音不绝于耳。大庆油田勘探开发研究院主管外围开发方案设计的开发二室，用电子计算机数值模拟，推演出的结果也不支持王玉普设想的目标，部分人依据电脑给出的参数在会议上与王玉普展开针锋相对的辩论。

领导者是实现梦想的引路人，能否在一片漆黑的摸索中看到希望的微光，是检验平凡与非凡的试金石。王玉普凭借在葡萄花油田工作14年积累的实践经验，对外围"三低"油藏的认识程度具有相当高的发言权。他主张不能迷信洋人开发的电脑数值模拟软件，要走出实验室深入到外围油田扎扎实实搞调查研究，地质数据是死的，

[①] 三低：油田的储量丰度低、油层的渗透率低、单井的产量低。

但人是活的，只要有信心，办法总比困难多。他毫不退缩地指出："难采不等于不能采，低效不等于非要高投入，关键看用什么样的思想观念去看待'三低'油田，思路决定出路，实干胜于空谈。"

王玉普力排众议，坚信科学的力量一定能化腐朽为神奇，毅然立下军令状，以破釜沉舟的决心和勇气组织研发经济适用的新技术和低成本的建设方案及管理措施，力争在任期内把大庆油田外围的年产量提升到500万吨以上。

王玉普的雄心壮志得到了大庆石油管理局党委的鼎力支持。批准他担任这一重大科研项目的攻关组长，组织油田勘探开发研究院联合物探、钻井、采油、测井、试采等科研机构，针对外围油田的地质条件优化水平井钻井设计、完井工艺设计、压裂改造设计、井网设计，简化地面工程设计，很快把一些"死油田"变成了"活油田"，相继动用了2.2亿吨过去认为没有开发效益的难采地质储量，兑现了把边角废料变成宝藏的誓言。连续5年的科研攻关加之以降成本为核心的科学管理，结出了超乎想象的累累硕果。2007年2月11日，王玉普排名第一的"大庆外围油田年产500万吨原油有效开发技术研究与应用"项目，获国家科学技术进步奖二等奖。

"大庆外围油田年产500万吨原油有效开发技术研究与应用"获国家科学技术进步奖二等奖

王玉普在油田开发处担任处长期间还兼任油田储量委员会主任的职务，负责验收勘探部门提交的油气资源探明储量。改制前，勘探和开发是相互独立的两个子系统，各干各的没有业务交叉。结果是勘探部门提交的难采储量有相当一部分不被开发部门看好，闲置在储量统计表上，成为食之无肉弃之可惜的鸡肋。为解决这一问题，王玉普提出要把勘探开发全过程作为一个整体的改革思路，用系统工程的方法合并流程统一管理，他给这一做法起了个新名称叫作勘探开发一体化。就是把勘探和开发两个独立的系统有机结合起来，让开发部门介入勘探，提前了解掌握新发现油气储量的地质特征；让勘探部门向后延伸，在勘探阶段根据开发的需要进行有针对性的试采。为此，他提议在油田开发处设立油藏评价科，搭建起勘探开发信息集成交流的平台。通过一段时间运行磨合，勘探开发一体化的新管理模式取得显著效果，大大促进了探明的难采储量转化为可动用储量的进程。油藏评价科进而扩充为油藏评价部，为后续的难采储量开发简化了流程、提高了审批效率，堪称是管理体制创新的一项重要举措。

从1997年11月到1998年11月，王玉普在油田开发处履行处长责任，所做的管理工作不但具有开拓性的建树，自身的业务素养也在同步提升，他尤为注重石油勘探开发新技术、新观念的引进吸收。1998年，他与刘合等同志合作翻译了英文版的《国外井间地震技术》一书，由石油工业出版社出版发行。这本介绍井间地震技术应用的新书，为油藏工程师加深对油层认识提供了一种全新的技术手段，具有极高的参考价值。

三次采油是大庆油田持续稳产的主打项目，从"七五"期间开始立项研究到"九五"期间大范围推广应用，十几年间形成的新工艺、新技术由多个部门分头管理，效果评价标准不统一。王玉普担任开发处处长后，立即针对多龙治水的问题进行规范化整合，将三次采油的技术研发、现场试验、技术集成、工业化应用四大板块连接成围绕一个轴心转的链条，主持编制了26个管理程序、83项实施细则、建立了5个方面48项企业标准、11项驱油效果评价测试方法。由于大庆油田的三次采油是国内也是世界上工业化应用规模最大、研发能力最强、技术配套最全面的样板，因此，王玉普主持

三次采油的 11 个标准成为中国石油天然气行业标准

序号	三次采油标准
1	驱油用聚合物技术要求
2	聚合物驱开发方案编制技术要求
3	聚合物驱开发效果评价技术要求
4	聚合物驱油先导试验设计要求
5	聚合物驱采油工程方案设计编写规范
6	驱油用石油磺酸盐性能测定方法
7	复合驱油体系性能测试方法
8	驱油用丙烯酰胺类聚合物性能测定
9	三次采油可行性方案编制技术要求（化学驱部分）
10	提高采收率方法筛选技术规范
11	用于提高石油采收率的聚合物评价的推荐作法

制定的这些技术标准和评价测试方法，大部分升级为国家行业标准，这是他在开发处任职期间的又一项卓越贡献。

随着中国申请加入世界贸易组织（WTO）的进程加速，中共中央、国务院批准国有大型企业按照国际通行的惯例改组，中国石油天然气总公司宣布解体。1998年7月27日，分别组建了中国石油天然气集团公司、中国石油化工集团公司、中国海洋石油集团公司。大庆油田隶属中国石油天然气集团公司（简称中国石油）领导，原油年产量依然保持在5000万吨以上，占据全国石油总产量的四分之一。

这一年，以中国石油天然气集团公司名义向国家申报的第一个科研评奖项目，便是以大庆油田为主的"聚合物驱油技术"。这项蕴含众多科技工作者心血的成果，获得1998年度国家科学技术进步奖一等奖。随后一年，"油层套管射孔开裂及其预防措施的试验研究"又获得国家科学技术进步奖二等奖。

王玉普任大庆油田开发处处长期间，不仅为5000万吨稳产跨世纪做足了技术准备，还在科学管理创新方面打下了基础。

攻关三次采油储备战略技术

1998年10月23日，王玉普被任命为大庆石油管理局副总工程师。当时没有总工程师，实际上他是领导全油田开发工程业务的技术总管。

王玉普经过油田开发事业部、油田开发处两项职务的历练，对维系全油田生产运行的油藏工程、钻井工程、采油工程、地面建设工程四大系统的把控能力与日俱增。是既有基层工作经验、又善于组织科研、还懂科学管理的多面手。

油田副总工程师的岗位，要求王玉普具有更宽泛的技术素养和事关油田前途命运的决策能力。一分权限、一分责任。统管全油田的技术管理业务，需要审批把关科研立项、设备引进、技术改造、地面工程设计，不仅要考虑技术的先进性、适用性、相容性，还要兼顾安全环保、投资控制，以及与水、电、讯、路等生产辅助系统的综合配套。

1999年，经过近40年连续高强度开发的大庆油田进入到5000万吨稳产最为艰难的冲刺阶段，出现了水驱自然递减速度加快、油水井套管连片损坏加剧、综合含水上升难于控制的严峻局面。现有的技术措施已经马力全开，在老区布钻二次和三次加密调整井的稳产措施基本到位；外围油田增储上产的空间临近极限；适合注聚合物驱油的区块一类和二类油层已经没有再增加的余地。同时还有油田基础设施老化严重的诸多问题接连涌现，地下管网经常穿孔、老旧的供电线路需要更新改造，给排水和含油污水处理系统急需扩容，一系列的矛盾汇总成一套反映"三高、两低、一难"[①]现状的统计图表，摆在了王玉普面前，样样都需要他这位副总工程师尽快拿出治理方案。

20世纪末的夕阳，拉长了王玉普的身影，他面临的艰难程度远远超过所有的前任。刻不容缓的生产形势逼迫他必须在被困难包围的处境中杀开一条生路，否则超负荷运行的大庆油田难以为继。王玉普反复思量对策，运用大庆油田学"两论"起家的法宝，结合工程哲学启示的方法，把各项生产中遇到的主要问题汇总到一起列成统筹图，从中找出起决定性作用的主要矛盾，制订了一套"战略引领、科技支撑"的化解方案。

油田生产设施的逐年老化是不可逆转的趋势，一味被动防守，解决不了原油产量加快递减的颓势。突围的关键在于组织进攻，进攻是最有效的防守，稳住原油产量是主要矛盾的焦点，有了稳产这个前提才能腾出手来治理油田隐患。于是，王玉普把狠抓"三元复合驱油"这项三次采油新技术的深度研发和矿场先导实验，作为杀出重围的第一突破口，发起了冲锋。

通过油田勘探开发研究院室内模拟实验给出的结论，三元复合驱技术能够在水驱过后的油层有望再提高采收率20个百分点，理论计算的预测值每年可增加原油产量1000万吨左右，累计能够多采出三四亿吨的分散相剩余油，相当于又找到了一个10亿吨级的大油田。科研实验给出的数据犹如一道穿破乌云的闪电，让王玉普看到了大庆油田仍然能够持续稳产一段时间的希望。

然而，科学研究总会遇到不易突破的瓶颈，高效率的三元复合驱最核心的技术在于表面活性剂，当时国内没有与大庆原油相匹配的产品，需要依赖从外国进口。不仅需要动用大量外汇，还被"卡住脖子"遭遇不断涨价的勒索。王玉普坚定地主张打破国外的技术

---

① 三高：主力油田综合含水高，采出程度高，剩余可采储量采油速度高。两低：外围难采储量动用程度低，单井的产量低。一难：大庆油田5000万吨持续稳产难。

垄断，激励科研人员自主研发，一定要在"十五"期间攻克表面活性剂国产化这道难关，为大庆油田的稳产接续助力。那段时间，他经常出现在油田勘探开发研究院的采收率实验室，与科研人员一起研讨、一起分析、一同观察模拟实验，缺少必要的试验设备和仪器时，当场拍板批准引进。

王玉普认为搞科研，士气比仪器更重要，在他的直接督导和支持下，科研团队经过上千次失败，坚持不懈，终于峰回路转，研制出了适合大庆油田三元复合驱应用需要的表面活性剂。这种自主研发具有独立知识产权的新型表面活性剂，应用效果能和国外同类产品相媲美，并且价格降低一半，以年产3.2万吨的量产规模投入"三元复合驱"现场应用，为大庆油田在三类油层实施三次采油化学驱升级解决了最为关键的瓶颈问题。

大庆油田勘探开发研究院表面活性剂研究使用的进口仪器

大庆油田三元复合驱技术的成功研发，获得了25项专利，其中21项是发明专利。这些成果是三次采油化学驱技术系列当中的又一次重大突破，贴上中国发明标签的自主知识产权，在美国、加拿大和俄罗斯等产油大国无可争议地取得注册专利。

通过表面活性剂的研发，王玉普深感加强科研力量的投入一本万利。为了使科研人员有一个更容易干出成果的工作环境，他提议在油田勘探开发研究院建设一座新的采收率实验大楼，配备最先进的仪器装备，强化技术创新的研发手段。

王玉普担任大庆石油管理局副总工程师期间，相继组建了9个高层次联合攻关项目组，进行了118项室内研究，投入研发专项资金8亿多元，开辟了12个现场应用试验区，促使科研成果快速转化成生产力，形成了大庆油田5000万吨稳产的成套技术系列，本着"应用一代，储备一代，研发一代"的创新型技术研发路线，有备无患。鉴于王玉普历年在组织技术创新方面取得的工作成就，大庆石油管理局为他申报了国务院奖励有突出贡献人才设立的特殊津贴，2000年6月16日获准。

2000年6月16日，王玉普获得国务院特殊津贴证书

王玉普引领的化学驱三次采油升级换代，是大庆油田能够保持5000万吨稳产的关键性技术，其贡献率不仅在国内占据了三次采油技术创新的高地，还引起了国际石油工程师学会（SPE）的关注。

挂帅第一大厂稳住开发大局

2000年初，大庆油田又经历了一场深化改革的洗礼，原有的组织结构划分成上市和未上市两大独立经营的石油企业，以油气生产单位为主构成的上市部分，称为大庆油田有限责任公司，简称油公司。以生产生活保障系统为主的未上市企业，仍旧沿用大庆石油管理局的名称，简称管理局。

2000年1月5日，王玉普任大庆油田有限责任公司董事。

2000年10月12日，大庆油田有限责任公司召开电话会议宣布中国石油天然气集团公司下发的任命文件：王玉普任大庆油田有限责任公司党委委员、副总经理兼第一采油厂党委书记。

2000年10月14日，又宣布他兼任大庆油田有限责任公司第一采油厂厂长。

大庆油田有限责任公司第一采油厂，简称采油一厂，位于大庆长垣萨尔图构造中部，是发现大庆油田之后最先投入开发的储量富集区，管辖北二区至南一区161.25平方公里范围的开发面积，年产油量高峰期曾达到1500万吨以上，是大庆油田也是全国最大的采油厂，就累计生产的原油数量、工业总产值、年度上缴利税而言，当时排名国内第一毫无疑问。

王玉普到任的时候，采油一厂的年产油量虽然有所下降，但是仍然保持在1400万吨以上，外输天然气5亿多立方米，职工总数10000余人。采油一厂不仅是大庆油田主力采油厂当中的主力，还是大庆优良传统的主要发源地：形成"三老四严"作风的中四采油队，坚持"四个一样"的李天照井组，诞生"岗位责任制"的北二注水站，还有多次迎接党和国家领导视察的中6-17"四季常青样板井组"，都是采油一厂的骄傲。

历史的光环并不能遮蔽严峻的现实。由于采油一厂建厂早，投入开发时间长，采用水驱和聚合物驱的井都已呈现产量下滑的趋势，控制含水上升速度难度大，老井套管损坏严重，挖潜的余地越来越小，持续稳产面临的矛盾日益加剧。这些基本情况，王玉普用不着看报表听汇报，临来之前早已了然于心。他做足了应对困难的心理准备，以大庆油田有限责任公司董事的身份到采油一厂兼职，赋予党政一把手的双重职权，足见中国石油天然气集团公司对他的信任。

王玉普在计划经济转入市场经济新体制运行的振荡期，肩负稳定大局的使命到采油一厂兼职，如何保持历史上的荣光，开创出新的业绩，让开发了40年的老采油厂依旧稳产，对他来说又是一次艰巨的考验和锻炼。他在首次主持召开的厂领导班子会议上，要求采油一厂党政领导成员继续高举大庆红旗、传承铁人精神，认清油公司重组改制后的新形势、新任务，带领全厂干部职工在二次创业的征程中创新创效，以科研促生产提出了近期要实现的奋斗目标：

> 我们进行的科技攻关、各项试验和推广应用工作，既是我厂增加储量、增长效益的后备力量，也是整个大庆油田效益提高的带动力量，必须站在全局的高度去看待这个问题。基于这个认识，我要求大家努力做好科技工作，要把一厂建设成为整个油田发展高新技术的开发基地、成果基地。

建成两个基地的任务，是大庆油田公司派王玉普到采油一厂任职肩负的使命。正所谓基础不牢地动山摇，采油一厂的原油年产量占大庆油田总产量近乎三分之一，这个头号大厂如果控制不好含水上升速度，一旦出现大幅度产量滑坡，将会导致党中央要求大庆油田5000万吨稳产跨世纪的目标难以实现。从国家需要能源的大局考虑，打牢采油一厂的稳产基础不仅仅是生产任务，而是关系整个国家经济发展能否按计划平稳运行的政治任务。

王玉普党政双责一肩挑，首先从狠抓科学管理入手，定标准、立规矩、树样板、除旧习，督导各基层单位的干部职工向每一个生产环节要产量，通过精细管理出效益。他本人一竿子插到底，天天下基层，日日走动办公。他到岗后的第一个月，就巡视了25个基层单位，把调查中发现急需解决的问题列成清单，带到厂务会议和党委常委会议上按照民主集中制的原则集体决策。

当时受社会上不良风气的影响，干部和职工队伍当中的一些违法违纪问题长期得不到处理。王玉普到任后快刀斩乱麻，狠抓队伍作风建设，敢于较真碰硬，针对部分基层单位冗员的问题，撤销了作业大队10个中队级编制；将500多名转岗职工充实到采油一线生产岗位；依法依规对屡教不改的几名违法乱纪人员解除了劳务合同；罢免了一些不作为、不称职的干部。正风肃纪的霹雳手段，刹住了涣散队伍的歪风邪气。

王玉普雷厉风行、奖惩严明的做法立竿见影，采油一厂当年评选出1892口油水井、188座计量间、25座注水（包括注聚）站和污水站、20个测试班、15个地质组为标准化管理的先进集体。各采油小队应用"设备运行控制图"对抽油机采油井进行分区分类管理，使在用设备完好率达到88%以上。应用"掺水动态控制图"使2000多口采油井实现了不掺水和季节性掺水生产，降低了能耗，提高了效益。王玉普从这些争创先进集体的活动中考察基层干部，提拔了100多名来自基层的年轻人走上中层领导岗位。

一贯胸怀大局真抓实干的王玉普，高度重视科技攻关和新技术推广工作的落实，当年采油一厂承担了11项油公司级科研任务，其中重大课题就占了8项，还有67项厂级科研课题，在他的推进下全部按计划运行，取得了阶段性成果。关系到全局三次采油升级的"北一区断西三元复合驱矿场试验区"，正在进行12项先导性工艺试验，推广应用55项新技术，他全都了如指掌，三天两头出现在试验现场督导巡视，协调解决问题。

严格科学管理和抓科研促进生产的双向发力，令在油公司还有工作任务的王玉普格外忙碌。他的办公室总是敞开门，欢迎干部职工随时反映问题，秉公办事，不徇私情。在住房调整、职称评定、干部任免、奖金分配、人才招聘、合同审批等敏感问题上坚持原则，不徇私情。从不插手干预工程发包、材料采购、质量验收、财务结算等方面的具体事务，一律按规定程序，监督专业部门照章办理。

王玉普对待以权谋私违法乱纪的个别现象零容忍，严肃执行纪律。他把"群众拥护不拥护、赞成不赞成、答应不答应"作为工作的出发点和落脚点，到任后快速清理了一批历史遗留的欠账。还针对采油一厂老职工多的实际情况，争取了1097户新楼房，重点为家庭人口多的离退休人员做了住房调整。

王玉普尤为重视人才培训，提出要站在企业长远发展的高度选拔培养复合型人才，计划建立1000人左右的厂、矿、队三级梯次结构，造就适应新形势的高素质员工队伍。他把这种设想融入了《大庆油田有限责任公司人才观》一文中，从企业发展的需要谋划选才、育才、用才、留才的人事制度改革，在2000年的述职报告中做了卓有成效的回顾：

> 我到一厂工作期间，感到一厂的干部队伍和员工队伍素质总体上是好的。但是，按照油田公司的人才理念和基本人才观，一厂的管理者整体素质还需要进一步提高，员工的培训工作也亟待加强。特别是管理者队伍知识老化、创新意识和创新能力不强的问题亟待解决。为此，我按照油田公司工作会议和组织人事工作会议精神，和党委副书记、主管副厂长共同研究，立足长远，着眼发展，积极做好人才的培养、选拔和员工培训工作。一是加强干部队伍的新理论、新知识的培训工作。厂举办了领导干部工商管理知识培训班，有150名基层单位党政一把手、40岁以下副科级以上干部和厂机关部室长参加了培训。重点学习了工商、外贸、金融、企业战略、人才资源、市场经济等方面的知识。二是加强后备人才的培养、选拔工作。厂制订了《后备干部队伍建设工作的实施方案》。本着"超前储备"的原则，以开发适用性创新人才和复合型经营管理人才为重点，建立了后备干部队伍人才资源库。其中矿大队级干部83人，小队级干部349人，形成了结构合理、专业

配套、素质优良的后备人才群体。厂还印发了《关于大学毕业生实习及使用的暂行规定》，为人才的成长创造良好条件。三是抓好干部调整、兼职工作。2000年，全厂平级调整36人，首次提拔43人，从优秀工人中提拔118人，免职208人。另外，推行了见习副队长制和支部书记兼职制度。党支部书记兼职的272人。四是抓好员工培训工作。厂制订了《员工学历教育管理暂行规定》，总结推广了三矿中十六联"一岗精、二岗通、三岗懂"的培训经验，激励全厂员工立足岗位、自学成才，努力培养生产上会管、经济上会算、综合素质较高的合格员工。2000年，全厂完成岗位技能培训9845人次，完成大中专学历教育89人。

王玉普把人才观的论文落实到任职的工作中，在采油一厂引起热烈反响。他还特别关心保护生态的环境改造，在采油一厂兼职期间提出了打造"清洁无害化矿区"的发展理念，鼓励各矿大队植树种草，绿化环境，建设美丽和谐厂区与家园，重点培育的采油一厂五矿试点，成为大庆油田有限责任公司第一个生态矿区。

在王玉普兼任采油一厂党委书记、厂长的2000年，超额1.2万吨完成了油气生产计划，并且安全、环保无事故，继续保持了全国精神文明先进集体荣誉称号，被黑龙江省评为思想政治工作先进单位。

2000年，王玉普还参与编制了"大庆油田有限责任公司2001年发展计划""'十五'发展规划"和"2020年远景目标纲要"。这三项立足当前、谋划长远发展的重要筹措，体现了他的大局意识和责任担当。

王玉普在百忙之中仍旧坚持学习，提高自身素质，2000年9月报考了石油大学（北京）石油工程系油气田开发工程专业博士研究生，获录取资格。

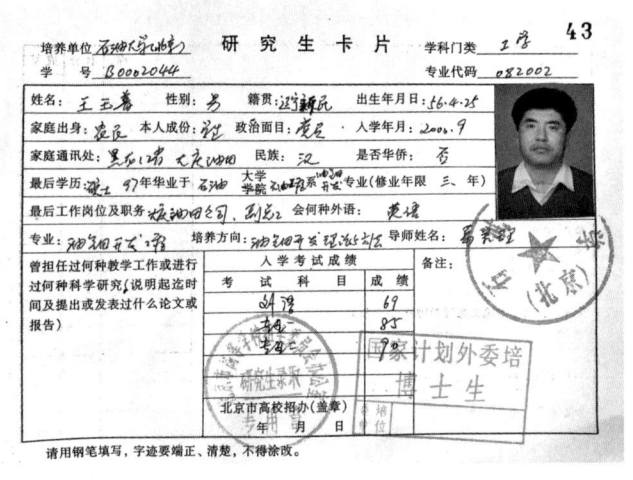

王玉普在石油大学（北京）读博士时的研究生卡片

王玉普兼任采油一厂党委书记、厂长虽然只有半年多的时间，却给人们留下了快刀斩乱麻、游刃有余、堪当大任的帅才印象。在大庆油田有限责任公司组建的第一年，王玉普率先蹚开了按照新体制新机制模式管理大型采油厂的探索之路，任期虽短，成果颇丰。

21世纪徐徐而来的第一缕春风，吹来了王玉普另有任用的消息，一项担责更艰巨的任命文件，来自相距1000多公里外的北京。

勇担当顾大局转任管理高层

2001年3月23日，在中国石油天然气集团公司全力推进上市企业和未上市企业分开分立的新形势下，王玉普被任命为大庆油田有限责任公司常务副总经理，主持日常工作。

王玉普从采油一厂回到大庆油田有限责任公司机关就职的时候，大庆油田有限责任公司新一届领导班子的组成人员全部到位，在首次召开的油公司中层领导干部大会上他庄严承诺：

> 为人坦荡，为官清廉，方能问心无愧。我深深地知道，人的一生，最大的敌人就是自我。人只有不断地战胜自我、超越自我，才能不断地前进。走上领导岗位后，权力大了，位置变了，但自身建设绝不会放松。我将时刻以总书记讲的"我们领导干部参加革命为什么，现在当官应该做什么，将来身后应该留点什么"来警示自己，以"群众拥护不拥护，赞成不赞成，高兴不高兴，答应不答应"来衡量自己，以合格党员领导干部的标准来要求自己，做到立党为公、勤政为民、为人正派、清正廉洁，切实把运用权力的过程，当作对党的事业、对企业、对投资者、对员工负责的过程，积极自觉地管住自己、管好自己，做一名让组织放心、群众满意的领导干部。

这段振聋发聩的表态，既是王玉普的自我勉励，也是施政宣言。他秉承大庆精神"爱国、创业、求实、奉献"的内核，传承"三老四严"光荣传统，在21世纪的开局之年，背负着党中央寄托稳住石油产量压舱石的厚望，开始履职担责。

2001年8月10日，王玉普参加大庆油田公司财务资产工作会议

此时，大庆油田有限责任公司的各级干部谁都清楚，5000万吨稳产持续了25年，可供挖掘的剩余油储量越来越少，并且高度分散，能够采用的技术手段几乎都用上了，再往前走无疑难上加难。同时还有深化改革触发的各种矛盾相互叠加，历史的包袱与现实的体制冲突，让新官没法不理旧账，所有难解决的问题一股脑暴露出来。改制上市的油公司与未上市的管理局成为同级别并立的两大企业，过去本是一个锅里吃饭的自家人，现在变成了受关联交易约束的甲乙方，出于各自利益的矛盾纠葛层出不穷，不安定的因素严重干扰了油田的生产秩序。

王玉普在这时候升任大庆油田有限责任公司常务副总经理，相当于捧上了烫手的山芋，需要他出面协调解决的矛盾多如牛毛，完成原油产量任务是硬指标，决不允许缺斤少两；维护大庆油田的稳定是政治任务，决不允许激化矛盾。左右为难的现实处境，考验着新一届领导班子的全体成员。在几位副总经理当中王玉普分工主管油气田开发业务，负责签订的关联交易涉及钻井、基建的工作量和工程造价，哪一项处理不当都会成为引发甲乙方相互掣肘的矛盾。

王玉普顾全大局，换位思考，深知签订关联交易不只是经济合同问题，而是事关大庆油田能否稳定发展的政治问题。于是，他尽可能多地为大庆石油管理局安排工作量，保证钻井和基建职工都能有稳定的工资收入。然而，钻井、基建工作量需要根据油田开发的实际需要来确定，首先要知道大庆油田还有多少可采的剩余储量。要想摸清这个家底并不容易，王玉普要求各油气生产单位配合油田勘探开发研究院展开地下情况大调查，分区块、分层段，查明水淹程度、剩余油分布状况，把水驱和聚合物驱的实际情况编制成一目了然的统计图表，逐级上报。

大量调查数据汇总到油田勘探开发研究院，经过大型电子计算机处理分析，结论不容乐观。依照现有的开发技术水平预测，大庆油田5000万吨稳产至多还能坚持2~3年，资源型企业不可抗拒的自然递减规律无情地表明：5年之内大庆的原油产量必然出现急剧下降的拐点。电子计算机模拟出的开采曲线下滑速度给王玉普惊出一身冷汗，2010年之后大庆油田的年产量将不足3000万吨，这数字还是考虑了应用多种新技术抑制的结果。

全面告急的警报已经拉响，如果再没有新增油气储量的投入，随着资源的衰竭大庆油田油尽灯枯，几十万职工将面临转岗失业的风险，几百万人口的城市也会随之萧条黯淡。不能坐吃山空的紧迫感，让王玉普把指挥生产的重心由油田开发转向了以往不太熟悉的勘探领域，找米下锅的使命十万火急。他捧起了一篇美国石油地质学家华莱士撰写的《找油的哲学》论著仔细研读，希望这本被石油地质界奉为经典的小册子，能找到破解难题的思路。

《找油的哲学》的作者开宗明义，强调油气田首先隐藏在勘探者的脑子里，如果你想不到哪里有油气，就不会去投资钻探。这篇论著阐述的哲理观念使王玉普深受触动，点燃了迸发灵感的火花。基于这个醍醐灌顶的启迪，王玉普翻看油田勘探开发研究院提供的勘探报告，了解到松辽盆地北部的油气资源探明率目前达到50%。按照国际上的探明率标准，达到70%才算告罄，也就是说松辽盆地北部还可能有20%左右的油气储量没有找到，勘探前景还很乐观。大庆周边的海拉尔盆地，目前探明率还不到2.5%，发现油气储量的概率更大。还有深层的天然气，早在20世纪60年代钻探松基六井的时候，就预感到大庆深层存在未知储量的天然气，由于深井打得太少，天然气的探明率仅有1.5%。这些数据共同指明，大庆底下找大庆、大庆周边找大庆的棋局还有走活的余地，关键是要下决心、下气力做好深入细致的勘探部署工作。

对比美国的油气勘探程度，王玉普深感大庆油田并没有衰老。从1859年开始的美国油气钻探持续了150年，累计发现的大小油气田成千上万，特别是近些年美国在页岩油气方面又取得了重大技术突破，使油气产量在1970年上升到最高峰，至今还保持年产量3亿多吨的高位，并且储量还有进一步增长的势头。相比之下，松辽盆地领域以及周边的勘探领域还很年轻，只要地质家坚信油气资源的存在，就一定会有新的发现。

基于这个启示，王玉普要求大庆油田的勘探部门，重点在大庆深层火山岩钻探天然气和在海拉尔盆地复杂地层找油两个领域，同步实施"解放思想，更新观念"的增加储量攻坚战。他从油公司顶层设计中给予人、财、物的全力保障，批准部署一批深层探井，剑指大庆长垣外围的火山岩地层，撒开大网寻找可能蕴藏的天然气储量。

海拉尔盆地勘探的突破点在于临门一脚，复杂的断块油田储量需要动用大排量的压裂装备撬开油气层的牙关。为此王玉普要求井下作业公司采购高压大排量的新设备，训练队伍，迎接改造致密储层的压裂挑战。要求试油试采公司强化中途测试，不放过油气显示的蛛丝马迹，采用最新研发的深穿透射孔弹提升完井工艺水平。

王玉普（左1）视察井下作业分公司并到压裂施工作业现场调研

2001年，在王玉普亲自部署下，大庆油田张开了两张搜索新增油气储量的大网，一张撒向深层火山岩地层，另一张罩住了海拉尔盆地。他在自己的头脑里首先破除了原有石油地质理论的局限性，在过去认为不适合储气的火山岩地层钉下了一批钻探深层的标桩。在称为地质构造破碎程度最高的海拉尔盆地，针对几乎没有规律可循的复杂地层投下了风险勘探的"赌注"。

2002年初，在大庆油田工作会议上，王玉普第一次代表大庆油田有限责任公司领导班子做年度工作报告，他鼓励勘探部门的技术人员：

> 既要看到当前勘探开发的困难，更要看到公司发展的希望；既要看到削减成本的压力，更要看到挖潜增效的责任和潜力；既要看到管理接轨的困难，更要看到深化改革的契机；既要看到人才队伍面临的挑战，更要看到引进配置的优势。

这一年，王玉普在大庆油田有限责任公司面临诸多困难的重压下把原油产量5000万吨稳产期推进到了第27年，来之不易的长期高产稳产犹如接力长跑，担负最后一棒的人需要奋力冲刺，他没有辜负党和国家的期望，打破世界纪录，把油田开发稳产期最长的冠军奖杯揽入了大庆人的怀中。

然而，这仅仅是王玉普担任常务副总经理之后交出的油田开发优秀答卷之一，随后，在指挥油气资源勘探方面的大手笔又一次震惊了中国石油界。

布钻在徐家围子地区的探井徐深1井，突破了火山岩地层预测难、识别难、钻井难三道关卡，引出了一团直冲云天的熊熊烈火，以压裂后日产超过百万立方米的强劲气流，宣告王玉普头脑里预判的大气田真实存在，并且试采的结果显示，还是一个总储量有望达到千亿立方米级的大型天然气富集区。

同年11月，部署在大兴安岭西面呼伦贝尔草原上的找油大网也有重大收获，传回了激动人心的好消息。完钻的贝16井以压裂后日

2002年11月21日，王玉普（右1）在深层天然气勘探取得重大突破的徐深1井试采现场

产超百吨的初期产油量，锁定了有开发价值的区块。王玉普敢于担责的下注赌赢了，种种迹象表明在海拉尔盆地建设百万吨产能的接续基地大有希望，投入有效益开发的关键难点在于对油层实施压裂改造技术的研究。

王玉普运用在石油大学（北京）进修硕士研究生时掌握的压裂施工新理论、新技术，组织采油工艺研究所、井下作业分公司、试油试采分公司、海拉尔项目部等单位成立了专题攻关队，针对"海拉尔油田沉凝灰岩储层岩石稳定乳化压裂液的研制及应用"展开立项研究。

通过多次调研，王玉普认识到海拉尔油田是低孔隙度、低渗透率的复杂岩性油藏，在其油藏压裂改造过程中，经常出现压裂前置液造缝顺利但加砂时出现砂堵的现象。国内外已有的研究结果表明，高地应力和天然裂缝发育是导致压裂砂堵的主要原因。这项乳化压裂液技术创新，于2003年取得突破性进展，大庆油田技术发展部评价：

> 解决了海拉尔油田碱性沉凝灰岩储层压裂改造过程中经常出现的砂堵问题。针对碱性沉凝灰岩储层具有强烈水

化作用的特征，研制出的防止碱性沉凝灰岩水化的乳化压裂液性能稳定，现场应用24口井40个压裂层位均获成功，利用这种压裂液不但解决了早期砂堵问题，而且油藏改造效果也好于常规压裂，为探明海拉尔盆地油田储量攻破了一道难关。

油气勘探历来是希望和风险并存的博弈，干成了一本万利，干砸了血本无归。王玉普敢作敢为，主导的新一轮油气勘探部署，掀起了大庆油田后备储量增长的第三次高潮，开拓了以气补油的向好局面。

人的一生，有精力做成事的时间很有限，一辈子能干成一件大事就很了不起。王玉普在常务副总经理的岗位上，带领为祖国献石油而拼搏的新一代大庆人，为二次创业实现可持续发展的目标，开辟了找油找气的新领域，油气勘探与开发两方面取得的业绩载入《大庆油田志》：

> 2002年6月19日，徐深1井获工业气流，发现地质储量300亿立方米以上特大气藏，为我国东部发现的最大气藏，松辽盆地深层天然气勘探获重大历史性突破。
> 2002年11月8日，海拉尔盆地贝16井试油获得日产125.8吨的高产工业油流，储量丰度每平方公里超过600吨，估算地质储量超过2500万吨。

针对海拉尔断陷盆地的勘探现状，王玉普组织领导班子慎重研究，再次作出了扩大战果的部署：

> 一是评价工业区带。采取滚动勘探开发的方式，推进苏仁诺尔地区评价勘探，提交探明储量，加快开发建产步伐。并在霍多莫尔、巴彦塔拉、苏德尔特等已发现工业区带上进行圈闭预探，尽快形成储量接替规模。

二是预探新区带。搞好新区带圈闭准备及钻前精细评价，在预探乌南、苏乃诺尔等构造带的同时，要借鉴渤海湾断陷盆地复式油气聚集带勘探经验，深入断陷斜坡和内部寻找岩性含油气带。

三是探索新断陷。在精细勘探老断陷的同时，力争突破新断陷。下步重点瞄准呼和、呼伦湖两个断陷区，力争扩展勘探新局面。

王玉普在大庆油田这片从来不缺少进取激情的土地上，把握当下，规划未来，由专业技术干部成长为管理国有大型企业的学者型专家，挥斥方遒的大手笔跃然于大庆外围深部地层和油气隐蔽性极强的千里草原。两个勘探领域的重大突破，是他一生中最感自豪的战略部署。

第六章

世纪宏图，创建百年油田

践行科学发展观,落实中国石油工业"东部硬稳定、西部快发展"总体战略,研究特大石油企业持续发展理论,应用在创建百年油田实践中,发挥出导向性引领作用。

战略思维谋划持续发展

2002年10月，中国共产党召开第十六次全国代表大会，以胡锦涛为总书记的新一届党中央承前启后，以科学发展观为统领接力赓续，加速推进四个现代化建设进程。

在党的十六大精神指引下，我国GDP以每年两位数的速率持续递增，对能源的需求量越来越大，中国石油、中国石化、中国海油三大公司铆足了劲强化陆地和海洋油气资源的勘探开发，累计2亿吨左右的年产量仍然满足不了日益增长的旺盛需求。2000年，中国的石油进口量超过了日本，成为世界上第二大石油买家。按照能源专家的评估，一个国家对进口石油的依存度达到了40%便会触发能源安全的警戒线，意味着政治、经济、国防的保障程度受国际形势动荡冲击的风险加大。

21世纪开局之际，中国石油界举步维艰，"稳定东部、发展西部"的战略虽然成效显著，但是西部勘探的结果气多油少，导致石油总产量徘徊不前。采掘行业不可抗拒的自然规律，决定了东部老油田的产量递减不可逆转，大庆油田在特高含水情况下苦苦支撑的5000万吨稳产，已经到了无力继续的临界点。2002年12月31日岁末盘点，大庆油田年产原油仅以超出计划13万吨的微弱增量，保持5000万吨以上延续到第27年。未来一段时间，大庆油田还有多大产能？中国石油期待确切答案。

2003年元旦，曙光染红了天际，时任大庆油田有限责任公司常务副总经理的王玉普舒展了一夜未眠的疲倦，提笔书写构思成熟的提纲，交给秘书补充数据、资料，形成正式文稿，为前往北京出席中国石油天然气集团公司召开的工作会议做汇报准备。

元月中旬的北京，中轴线北端高耸的钟鼓楼不时有鸽群忽起忽落，鸽哨声回荡于街巷的上空。位于北二环路外六铺炕的中国石油办公大楼会议室，聚齐了来自中国石油所属各企业的党政负责人。代表大庆油田有限责任公司出席工作会议的王玉普，针对5000万吨还能不能继续稳产的问题有一肚子的话要说，然而集团公司领导的开场报告却让他欲言又止。

会议首先传达党中央根据加入WTO之后改革开放进入深水区的形势变化，向国有大型企业集团发出了国际化运作的指示。中国石油天然气集团公司年初召开的这次工作会议公布了与国际接轨的实施方案，要求上下游企业由国内石油公司向国际石油公司转变；由单纯"油气生产商"向具有复合功能的"油气供应商"转变，中心目标是建设具有国际竞争力的跨国企业集团。

中国石油启动的"两个转变"行动部署，让与会的王玉普倍感大庆油田肩负的责任更加沉重。谁都知道大庆油田是支撑国家经济命脉的主力"加油机"，落实"稳定东部"的任务主要靠大庆油田的原油产量。然而，大庆油田的地下形势已经不是一般概念的深水区，而是水淹到了脖子根儿的险象环生，急需获得喘息的机会进行产量计划调整。在这种情况下如何汇报请求批准减产的预设方案，他不得不慎重考虑。心乱如麻，决心难下。

王玉普踟蹰良久，反复衡量利弊关系，决定把所有的顾虑抛在脑后，本着对国家负责，对大庆油田负责的态度实事求是反映情况，他依据地下大调查得来的准确数据，谨慎地向集团公司汇报了从2003年开始允许大庆油田小幅度降低产量的理由及请示。

集团公司的领导层并非不了解大庆油田的实际情况，但是仍然希望大庆油田5000万吨的稳产再坚持一两年，为大西北的石油产量接续赢得一些时间。王玉普的降产汇报，无疑给中国石油的热望迎头浇了一瓢冷水，没有及时答复的沉默，令他深感惶恐不安。

讲实情，说真话，是王玉普多年受"三老四严"作风熏陶形成的做人品格，也是遵循客观规律的科学态度，为了不给国家造成不可挽回的重大损失，他决意继续实事求是反映大庆油田的真实情况。工作会议结束后，王玉普没有走，留了下来，再次向中国石油领导层作翔实的情况汇报。

占据全国石油总产量四分之一的大庆油田一旦降产，对国家整体的经济形势必然造成连锁反应，这一非同小可的重大变化，中国石油的领导层不能擅自做主。经请示国家计委、经委反复权衡后，国务院最终批准了王玉普汇报的大庆油田降产申请，同意从2003年开始，每年以降低200万吨左右的产量下调生产计划。同时要求大庆油田在年产油4000万吨以上的区间，再谋划确保不少于10年的稳产期。

王玉普背负着巨大的精神压力为大庆油田请命，带着争取来的降产批示和保持4000万吨以上再度稳产的庄严承诺，立即返回大庆油田做规划部署。

目标明确了该怎么落实，王玉普虽然有信心，但是行动方案尚未完善。回程的路上不禁想到了刚刚读过的一本书。美国未来学家托夫勒在《第三次浪潮》中，提出了"夕阳产业"与"朝阳产业"的概念，认为随着技术进步和社会的发展，越来越多的传统产业将会衰落。一些人便据此把进入中后期开采的资源采掘企业称为"夕阳企业"，东北地区的森工、矿山因为资源枯竭走下坡路的企业比比皆是。开发了40多年的大庆油田老油区全面高含水，产量逐年递减是不可抗拒的自然规律，日暮夕阳的担忧不只是大庆油田有限责任公司自身面临的困境，更是关系国家能源安全保持国民经济稳定增长的锁钥。王玉普十分清楚，党中央、国务院、中国石油同意大庆油田适度降低产量，是希望以退为进，经过短暂休整，探索出梅开二度的新路径，继续担负国家主要能源基地的重任。大庆油田从朝阳东升到如日中天，走过了43年不平凡的光辉历程，目前仅是产能衰减，还有再深入挖掘生产潜力的空间和时间，在这个何去何从的关键时刻，思想意识绝不能滑坡。

此时此刻，王玉普的心里有一个无比坚定的信念，大庆油田无论如何不能走国外一些油气田资源枯竭、油尽城衰的老路，志存高远方能成就伟业，反复思量后得出一个清醒的判断，大庆油田远没有山穷水尽，从资源存量的角度看，深层天然气的勘探地质储量有望增加到 3000 亿立方米，外围油田和周边盆地还有近十亿吨难采的探明石油储量尚未动用。只要把"科学技术是第一生产力"这个法宝用好用活，就一定能为大庆油田的主业发展找到破解资源不足的出路。回想大庆油田从一次创业到二次创业走过的历程，一股浩然之气油然而生，王玉普决心在大庆油田适度降产的休整期，谋划一篇冲破采掘行业夕阳论的大文章。

深思熟虑之后，王玉普召集领导班子成员和各路工程技术负责人，反复研究讨论如何把 4000 万吨再稳产的任务落到实处。集思广益之后，大庆油田的未来前景在他的脑海中形成了一个希望和困难并存的雏形。

在 2023 年 2 月召开的大庆油田有限责任公司一届三次职工代表大会上传达了国务院给予的关怀和希望，王玉普代表大庆油田有限责任公司做了 5000 万吨稳产 27 年已成为大庆油田过往的精彩总结：

> 回顾大庆油田开发建设的历史，我们走过了极不平凡的历程。从会战初期"两论"起家，以"宁肯少活 20 年，拼命也要拿下大油田"的英雄气概，高速度、高水平开发大油田，到随后的几十年里，矢志不渝、艰苦创业，攀登石油科技一个又一个新高峰，开创油田开发一个又一个新水平，老一辈石油人用自己的青春、智慧和心血，创造了举世瞩目的辉煌业绩。特别是年产原油 5000 万吨以上连续 27 年高产稳产，创造了世界同类油田开发史上的奇迹，铸就了我国石油工业发展的历史丰碑。这 27 年高产稳产，为

国民经济建设作出了巨大贡献，大庆油田也因这些历史性的贡献成为我国民族工业的骄傲；这27年高产稳产，拉动了地方经济的快速发展，推动了大庆城镇建设的突飞猛进，带来了油田人民生活的日新月异；这27年高产稳产，为油田二次创业积累了宝贵财富。这笔财富，既有雄厚的物质积累，又有丰富的文化积淀；既有开发管理大油田的经验，又有世界领先的配套技术，更有享誉中外的大庆品牌。所有这些，都为油田经济的持续发展奠定了坚实基础。

王玉普深知成就和荣誉永远属于过去，未来还需在前人创立的基础上继续开拓进取。为落实4000万吨再稳产10年以上的庄严承诺，他提出了"11599"工程计划，作为"十五"期间为之奋斗的行动纲领。

"11599"是一个综合性的概述，具体内容是：到2005年，新增石油可采储量1亿吨，油田综合含水比计划少上升1个百分点，外围油田年产油量达到500万吨以上，控制老区水驱自然递减率低于9%，聚合物驱的三次采油年产量保持在900万吨以上。

如何把规划的数字变成活生生的现实并非轻而易举，虽然年产量的指标下调了，但是油田开发和管理的难度却没有减小。剩余油气资源的品位普遍偏差、勘探和开发需要研发的高新技术尚未完成、老油区维护改造生产设施的成本直线上升，三大矛盾交织叠加都需要大量的资金投入，产量下降意味着收入减少，大规模更新改造的钱从哪里来？一个个难题接踵而至。

此时非彼时的约束还有来自新体制的对标。2000年4月，中国石油天然气股份有限公司在香港上市，董事会比照国际油价对石油开采成本限定了严格的控制区间。大庆油田作为子公司，实施"11599"工程没有别的资金来源，只能眼睛向内开源节流。为此，王玉普组织大庆油田开展全员"管理增效年"活动，提出：一切妨碍发展的思想观念都要坚决冲破；一切束缚发展的做法和规定都要坚决改变；一切影响发展的体制弊端都要坚决革除。与之相应的强化管理措施随之出台，通过内部审计加强合同管理规避风险投资1.62亿元；开展效能监察减低经济损失1.41亿元；大宗物资集中招标采购节约资金1.47亿元。从而使大庆油田的开发总成本由2000年的134.65亿元下降到2003年的113.9亿元，抵消了物价上涨增加的开支，保证了有限的资金全部用到了刀刃上。

这种与传统观念彻底决裂的决心，不仅需要有大破大立的勇气，更需要有与时俱进的真才实学，为此，王玉普选定了博士论文的研究方向，结合生产实践，紧密围绕特大石油企业持续发展的理论问题进行学术思考。

他撰写的《我国特大石油企业持续发展理论与应用研究——大庆油田有限责任公司可持续发展战略研究》论文，运用自然科学和社会科学的研究方法和理论，针对少有人涉足的前沿学术问题进行了建树性的深入探讨，论文摘要指出：

> 本文首先分析了企业可持续发展与社会、生态系统可持续发展的异同，将影响可持续发展的各种因素抽象为推动企业可持续发展的各种动力，建立了企业可持续发展的多重动力学理论及模型，以此为依据定位大庆油田有限责任公司可持续发展面临的挑战主要是创新能力的建设；提出了聚焦"类资源"开发以构建核心竞争力，促进主导产业创新升级，并以此带动"泛资源"开发和多层次产业群落建设的产业创新和接续理论，以此为依据分析了大庆油田有限责任公司科技创新的现状，指明了大庆油田有限责任公司理论突破和科技创新的战略导向；分析了文化创新对企业可持续发展的重要作用，提出了以品牌建设为核心的文化创新理论，以此为基础提出了大庆油田有限责任公司继承和创新"大庆精神"，以文化创新推动品牌建设，全

面提升"大庆品牌"的战略构想；提出了以"民本结构产权论"为指导，以构建合理的所有者利益结构为切入点的国企产权制度改革理论，并针对大庆油田的实际提出了存量资产分散化和增量资产股份化的改革思路。

2003年6月21日，石油大学（北京）博士生（毕业）论文答辩会对他提交的毕业论文，认定研究成果有4项创新点，给予高度评价：

> 总体来看，论文研究工作思路清晰，逻辑严谨，取得的创新性成果对于我国石油产业的可持续发展具有重要的指导意义。以上论文表明作者具有扎实的理论基础和系统的专业知识，具有独立从事科研的能力。根据《中华人民共和国学位条例》的规定，经石油大学学位评定委员会第六届第十四次会议审批通过。

2003年7月11日，王玉普进修石油大学（北京）石油天然气工程学院油气田开发工程专业研究生毕业，获工学博士学位。

王玉普（左）获石油大学（北京）工学博士学位

王玉普把多年研究的可持续发展理论成果立即应用于大庆油田有限责任公司的具体实践，带领全体干部员工，以实施"11599"工程为起点，披荆斩棘，锐意进取。当年取得了以新增石油探明地质储量6762万吨、新增天然气地质储量352.12亿立方米的佳绩完成了勘探任务。原油生产超额计划10万吨，以4840.03万吨原油、20.3亿立方米天然气，保持了油气当量5000万吨以上。并且以油气单位发现成本1.73美元/桶、油气单位开发成本8.72美元/桶、油气单位操作成本3.79美元/桶，实现总收入855.52亿元、利润543.47亿元、利税总额688.31亿元，以投资回报率达到50.3%的高指标公布了大庆油田的经营业绩。这些满堂红的数据，通过互联网传送到北京，为中国石油上市股份的市值注入了上扬的鲜红色彩。

2003年12月15日，中国石油天然气股份有限公司决定升任王玉普为大庆油田有限责任公司董事长、兼任大庆油田有限责任公司总经理。中共中国石油天然气集团公司党组下发文件，任命王玉普为大庆油田有限责任公司党委副书记。

时年47岁的王玉普，既是获得博士学位的学者，又是中国最大油田的领军人，肩负起保证国家能源安全的重托，成为大庆油田前行的舵手。5000万吨稳产27年之后的航程，依然是不进则退的逆水行舟，如何行稳致远？需要以他为核心的领导班子尽快制定出一条冲破阻碍通达胜利的航线。

系统思维规划百年宏图

大庆油田在4000万吨再稳产的道路上还能走多远？这个不容回避的现实问题，上达国务院制定国民经济发展计划的神经中枢，下连大庆油田几十万职工对未来前途的种种担忧。

王玉普若想带领大庆油田干部职工打赢这场21世纪的持久战，需要有一个摸得着看得见的发展目标凝聚人心、激励士气。孙子兵法云"上下同欲者胜"，这个"欲"必须是全体干部员工公认的愿景，用华丽辞藻包装的假大空虽然听起来顺耳，但经不起实践检验。如何设立一个内涵丰富、一目了然的长远目标，考验着决策人的政治智慧和学识水平。

大庆油田的一举一动时刻影响着中国石油天然气集团公司的运筹和决策，有序的产量下调虽然幅度不大，但是其他中小油田也难于增加产量来弥补，两难抉择的利弊让中国石油的领导忧心忡忡。

2003年6月中旬，时任中国石油天然气集团公司党组成员、副总经理、股份公司总裁的陈耕，怀着焦虑不安的心情带领相关部门的负责人来到大庆油田调研。王玉普就大庆油田的勘探开发现状做了翔实的汇报：

> 40多年的高速高效开发，使油田的稳产形势日趋严峻。目前，在大庆油田已取得勘探权的盆地中，剩余资源的勘探难度越来越大。近些年来，我们每年提交的可采储量只有3000万吨左右，与5000多万吨的采出量相比入不敷出，油田剩余可采储量只有5.7亿吨，今后储采失衡的矛盾还将进一步加剧。油田开发已呈现出"三高""三个加快"和"三个到位"的严峻状况，即：综合含水高、采出程度高、剩余可采储量采油速度高；水驱自然递减速度加快、套管损坏速度加快、综合含水上升速度加快；老区二次加密调整已经到位、外围油田增储上产已经到位、聚合物驱油规模已经到位，使原本已存在的矛盾更加突出、更加严重。目前大庆油田的综合含水已达到88.4%，一些主力油田的综合含水已达到90%以上，导致油田总体经济效益逐步变差，生产成本大幅度增加，个别区块已经出现

成本高于油价的倒挂现象；产量递减速度明显加快，预计到 2005 年，油田年产量为 4389 万吨；到 2010 年，年产量为 3459 万吨；到 2015 年，年产量为 3000 万吨；到 2020 年，年产量为 2000 万吨。并且基础设施老化，危及油田正常生产。大庆油田开发 40 多年来始终处在高负荷下运行，历史欠账较多，没有得到及时的更新改造，致使部分储罐年久失修，地下集输管线腐蚀严重。承担主要生产任务的喇、萨、杏油田，已腐蚀的管线有 5070 多公里，各种储罐 1500 多个。特别是储量高、产量高的中区，因投产时间长，基础设施需要更新改造的情况更加严重。

这些不容忽视的现实情况表明，有计划调减产量是适应油田开发自然递减规律的客观需要，也是保障油田长期可持续发展的正确选择。2000 年企业重组改制后，大庆油田有限责任公司确立了"谋求资源采掘型企业可持续发展"和"在新形势下继承发扬大庆精神铁人精神"两条工作主线，并根据世纪之交取得的新认识着重分析了松辽盆地北部的勘探形势，把外围和深层的油气储量做了有科学依据的前景预测，对老油区持续提高采收率的技术措施以及开发海拉尔盆地新增的油气储量的设想一一和盘托出，请集团公司审核定夺。

王玉普汇报了大庆油田面临的困难之后，又指出了保持稳定和发展的希望所在：

> 从资源基础来看，大庆探区还有丰富的油气资源有待发现。松辽盆地北部预测石油资源量为 113 亿吨，目前只探明了 57 亿吨，探明率刚到 50%；预测天然气资源量为 1.17 万亿立方米，现在仅找到了 500 多亿立方米，探明率不足 5%。而其他外围盆地的勘探程度还处于初期阶段，特别是随着今后勘探区域的拓展，新注册盆地的增加，大庆还有更多的油气资源作为补充。

从科技进步的趋势来看，大庆油田开发还大有文章可做。在现在57亿吨的石油探明储量中，目前采出的还不到18亿吨，其采出程度主要是受到目前油田开发技术水平的制约，而这种制约不是绝对的，也不是一成不变的。44年来，随着油田开发技术的不断创新，大庆油田老区采收率和外围难采储量的动用程度逐步提高，使油田的可采储量由开发初期的10亿吨，增加到目前的22.9亿吨；喇、萨、杏油田主力油层采收率由30%左右提高到目前的50%左右，通过对已经进入现场试验并见到好效果的三元复合驱、泡沫驱、微生物采油等三次采油新技术的现场应用试验，主力油层采收率有望提高到60%左右，充分显示了科技进步的巨大潜力。随着今后开发技术水平的进一步提高，大庆油田的可采储量有望继续增加，更多的剩余资源潜力将会得以释放。

百闻不如一见。调研期间，陈耕在王玉普陪同下来到大庆油田勘探开发研究院三次采油研究室，观看了聚合物驱、三元复合驱、泡沫驱、微生物驱等挖潜方法的岩心模拟实验，还到海拉尔草原查看了钻遇新储量的勘探进展情况。王玉普汇报了大庆油田工作的指导思想：

> 以党的十六大精神为指导，把发展作为第一要务，以调整促增长，以创新增效益，以合作求双赢，以发展保稳定，继续保持公司经济总量和经济效益国内领先，切实在国家能源安全、集团公司整体战略和地方经济发展中发挥好支柱作用。

这次调研，大庆油田虽然给出了现有资源潜力可以保持稳产的方案，但是中国石油高层还是感到落实起来很难，主要体现在资源不足的矛盾和如何实现可持续发展两大核心问题上。

2003年12月中旬，中国石油天然气集团公司副总经理陈耕再次来到大庆油田，就4000万吨以上至少需要再稳产10年的规划落实问题深入论证。

王玉普运用系统工程的科学方法做了让中国石油领导对大庆油田宽心的汇报，他指出：

> 油田开发是一项庞大的系统工程，不仅是一项技术活动，同时也是一项经济活动和社会活动，涉及专业广，影响因素复杂。因此战略目标的确定必须从系统工程的角度综合考虑，既要考虑油田开发过程的继承性和长期性，又要兼顾指标间的关联性，同时为使确定的目标可实现和可操作，指标确定必须具有可行性和定量性。上述特点决定了开发战略目标确定的复杂性。为此我们创造性地将系统工程理论和油田开发理论结合起来，在理论联系实际的基础上，制订出了既符合油田开发实际，又极具挑战性的"11599"系统工程，有效地指导了"十五"后三年油田的合理开发。

王玉普把潜心研究的石油企业可持续发展理论和多次汇报的思路进行整理，提出了"持续有效发展，创建百年油田"的战略构想。这一奋斗目标气魄宏大，立意高远，充分体现了新时代大庆人锐意进取的企业文化基因，规划目标与中国石油"奉献能源，构建和谐"的总体发展战略高度契合，得到了中国石油的认可和支持。

王玉普受到巨大鼓舞，立即组织大庆油田有限责任公司发起了一场以"解放思想，谋划发展"为主题的全员大讨论，发动干部员工共同围绕可持续有效发展的百年战略建言献策。

群众的智慧像雪片一般飞到王玉普案头，不同见解的金点子给了他诸多方面的启示。然而，如何归纳整理出一个划时代的行动纲领、达成什么样的战略意图、未来的50年怎么分阶段实施？这些细节问题仍需要深入探讨。

腊月里瑞雪纷飞，王玉普在办公室里紧锁双眉来回踱步，反复学习了党的十六大报告和中国石油天然气股份有限公司历次会议精神，凝神静气，深度思考，针对如何创建百年油田的命题，酝酿出了一篇大气磅礴的锦绣华章。

2004年2月23日，在油田勘探开发研究院会议中心隆重召开的大庆油田有限责任公司一届四次职工代表大会上，庄严的国歌旋律激荡着王玉普的心扉，他从容不迫走向讲台，做了标题为《抓住历史机遇，打造优势企业，持续有效发展，创建百年油田》的报告。

王玉普诠释的"百年油田"不是一句空洞的口号，要创建可持续发展的"百年油田"，不仅是中国石油给予大庆油田的厚望，也是大庆市民和石油企业员工能够看到的未来景象，这个数万人瞩目的新思路，被他描绘得激动人心、热血沸腾：

> 我们要创建的"百年油田"，是一个以本土开发为基础，以海外业务为补充，以优势技术、一流人才、先进文化为支撑，具有强劲竞争力、成长力、生命力的百年企业。它有时间的概念，又不仅仅是时间上的概念；指的是油田开发，又不局限于油田开发。它强调开采时间的延续，更强调业务空间的拓展；强调开发水平的攀升，更强调经营业务的有效；强调油田的百年生产，更强调企业的百年成长。一句话，就是要通过创建百年油田来打造"百年企业"。这样，到本世纪中叶，大庆油田将继续保持生机勃勃、安居乐业、繁荣稳定的局面，油田公司将建设成为高科技、综合性、现代化的一流企业。

纵观世界进入工业化以来的潮起潮落，凡是长盛不衰的知名企业都有一条轴线一以贯之。成功的企业家都是具有战略眼光的高素质学者，没有长远目标的企业或许红极一时，却不会在大浪淘沙的涤荡中立于不败之地。王玉普的报告回顾既往豪情满怀，展望未来信心百倍，从长远发展的战略视角，运用缜密的逻辑，科学地阐述了创建百年油田的必要性、可行性和紧迫性：

> 大庆油田走过44年的开发历程，特别是经历年产原油5000万吨以上持续27年高产稳产，今后以什么样的姿态向前发展，备受世人的瞩目。是在产量递减中逐步走向衰落，还是在有序调整中寻求新的发展；是在追忆昔日的辉煌中扼腕叹息、无所作为，还是在奋勇登攀、超越自我中不断演绎神奇，创造更加美好的明天？毋庸讳言，历史的重托、发展的责任、群众的期盼，已落在新时期大庆人的肩上。一次创业，老一辈石油人以开发建设大油田、高产稳产几十年的不朽功勋，使大庆油田闻名遐迩；新的阶段，我们必须以创建百年油田的骄人业绩，来续写历史新的篇章。只有这样，老一辈创下的基业才能在我们的手中继续发展；油田广大职工的利益才能有根本上的保障；我们子孙后代的生存发展才能具备可靠的依托。

王玉普的报告通篇充满具有哲理性的论述，这也是他多年学哲学用哲学，把马克思主义的辩证唯物论应用到具体工作中的一次非常成功的实践。他的思维丝丝入扣，不仅文采飞扬，更具凝聚人心的感召力：

> 创建"百年油田"，是创建"百年企业"的坚实基础，创建"百年企业"是创建"百年油田"应有之义。我们必须正确理解这二者之间的关系。就一个油田而言，油气资源的不可再生性，决定了无论如何追求"百年油田"，最终都难以避免"油田百年"的结局，这是无法抗拒的客观规律。而对一个企业来讲，业务领域是宽泛的，发展空间是广阔的，它可以打破经营领域和业务区域的局限，在变革中求生存，在调整中求增长，在创新中求发展。因此，我们不

能固守田园地建设"百年油田",必须依托"百年油田"创建"百年企业"。

王玉普这番有理、有据、有目标的"百年油田"纵深展望,使油田干部员工迷茫的阴霾情绪一扫而光,报以经久不息的热烈掌声,认同了这个既鼓舞人心又振奋精神的宏伟畅想。

"创建百年油田"的宣言一经公布,立即引起了新闻媒体的高度关注,《经济日报》刊发评论:

> 创建百年油田是一个科学而又明智的选择。调减产量看似令大庆从辉煌的产量顶峰慢慢滑落,但是如果不经过产量调减的今天,大庆就不能拥有可持续发展的未来,中国也就不可能拥有一个"百年油田"!从这个意义上看,作为中国工业一面鲜艳旗帜的大庆,再次为我们树立起了一个勇于和努力实践科学发展观的典范。

2005年12月14日,王玉普接受黑龙江省电视台采访,阐述"百年油田"愿景

王玉普带领大庆油田领导班子谋划的百年宏图大业,贵在"创建"两个字。"创"就是明知征途有艰险,越是艰险越向前的拼搏进取;"建"就是不能舒舒服服、四平八稳地过日子,要流血流汗甩开膀子大干,以科学发展观为统领千方百计去实现追求的目标,并且

还得有具体的标准来考量，为此王玉普遵照中国石油天然气集团公司的希望，提出了4项力争达到的高水平：

实现资源探明率最大，是创建百年油田的重要基础；实现采收率最高，是创建百年油田的关键所在；实现总体经济效益最优，是创建百年油田的本质要求；实现员工队伍素质最好，是创建百年油田的根本保证。

从这一时刻起，大庆油田有限责任公司翻开了崭新的一页，再次成为资源型老企业致力焕发青春的标杆旗帜。2004年7月，国务院国有资产监督管理委员会在大庆油田召开中央企业文化建设研讨交流会，187家中央企业的300多位领导聚首诞生铁人精神的热土，感受大庆油田在二次创业中励志创建百年油田迸发出与时俱进的时代华彩。

创建百年油田的思路，得到了党中央、国务院的高度肯定。面对上级的表扬和媒体的宣传，王玉普督导领导班子成员要把中国石油天然气集团公司、股份有限公司对大庆油田有限责任公司提出的工作要求与"持续有效发展，创建百年油田"融合成一个整体，作为今后一个时期统领全公司各项工作协调发展的总纲领，认清形势，强化责任，发动群众，形成创建百年油田的共同意志。他一再强调"一分部署，九分落实"的重要性，要求各级干部要有持之以恒的执行力，坚持不懈地抓好勘探开发两大主营业务，确保油气的产量按预定计划分阶段落实到位。

王玉普主持全面工作，尤为重视科研成果如何转化为生产力的催化作用。为此，陆续邀请国内一些著名的经济学家、中国科学院和中国工程院的院士来大庆油田调研考察，请他们为"百年油田"的可持续发展提出建设性意见。

国务院发展研究中心研究员李泊溪认为："大庆油田在稳产的同时要有基本稳定甚至不断提高的经济效益，通过上化工装置延长不可再生资源的产业链，提高资源的综合利用水平和规模经济效益，有利于整体效益的提高。这一举动也是资源采掘业避免'油尽城衰'、走出一条新路的重要探索。"

中国工程院院士王德民认为："大庆油田建设大化工不是一般意义的上下游关系，而是从石油开采到炼油、到化工、再到精细化工，并从精细化工反馈回来支持石油开采，实现以化工保稳产、以稳产促化工，石油开采与化工是互为上下游的紧密关系，形象地说就是要形成一种鸡生蛋、蛋生鸡的良性循环。"

经济学家马洪认为："大庆油田谋求更好的可持续发展，要立足于对外拓展发展空间，对内实施集约式管理，强化企业内在生存的能力和素质，以不进则退、不进则亡的决心和措施跨入21世纪。要充分利用好市场机制，通过内部挖潜、改造，生产体系和产业结构的调整、改组，争取创造最大的综合经济效益。"他还特别指出："从改革角度出发，把大庆从一个传统体制下的矿区，改造成一个符合社会主义市场经济客观要求的真正企业，建立起现代企业制度，发展为跨国大公司，对国有企业改革和参与国际分工具有重大带动作用。"

创建百年油田的战略目标确定后，王玉普为把这项贯穿21世纪上半叶的行动方案打造成系统工程中的精品，组织干部员工开展"解放思想、谋划发展"主题实践活动，不定期邀请国内外知名的专家学者传授新思想、新理念，举办"学术报告厅"专题讲座。启发教育新时代的大庆人以保障国家能源安全为己任，不断丰富深化"百年油田"战略规划的科学性、系统性和前瞻性。

国务院发展研究中心副主任卢中原为大庆油田干部员工做了"学习实践科学发展观"专题报告；国务院宏观经济研究部部长余斌做了"国际国内经济发展趋势"专题讲座。

国家发改委能源经济与发展战略研究中心主任高世宪畅谈了"创建百年油田，打造企业核心竞争力"的重要性。

外交部部长助理、中国常驻联合国大使、《世界知识》杂志出版社总编辑沈国放，以"未来外交环境对我国企业发展的影响"为题，阐述了国际形势的风云变幻。

博鳌亚洲论坛秘书长、中国人民大学兼职教授、中国入世首席谈判代表龙永图，专题讲授了"打造核心竞争力"的要点。

国防大学战略教研部副主任兼战略研究所所长杨毅少将做了"我国战略机遇期中的国家安全"学术报告。国防大学著名战略研究专家金一南教授，宣讲了"新世纪国家利益与国家安全"的相互关系。

此外，王玉普还邀请上海慧泉企业管理咨询有限公司总经理余世维博士，传授了"成功领导者的六种思维方式"。

奇正咨询机构深圳公司首席营销管理顾问汪中求，解析了"细节决定成败"的执行力。

应邀到大庆油田做专题报告的还有东南大学经济管理学院徐康宁教授，就"如何永葆企业竞争优势"举办专题讲座。

清华大学经济管理学院调研组就如何进行"企业文化建设"问题与大庆油田干部员工做了访谈交流。

中共中央党校韩保江教授，主讲了"深化企业改革与树立科学发展观"的专题。李雅云教授主讲了"企业面临的法律环境及其应对"策略。

来自国家智库高屋建瓴的社会科学研究成果，进一步拓宽了大庆油田"解放思想、谋划发展"的视野，为创建百年油田战略规划筑牢了长盛不衰的理论根基。

这些宝贵的建设性意见，为王玉普立足大庆油田长远的可持续发展，规划百年油田实施细则提供了必要的参考和指导。借力发挥，不断细化出创建百年油田分阶段实施的战役目标，使之成为资源型企业摆脱困境、振兴主业、多元发展的一面旗帜，在二次创业的新征程中为大庆精神铁人精神的传承续写了与时俱进的时代内涵。

王玉普深知筑梦百年的宏伟蓝图不可能一蹴而就，他把分阶段实施的目标做了分解，为大庆油田未来的可持续发展指明了一条由近期到远期，油气并举、国内国际双向发力的康庄大道。

从2004年起，接续奋斗的大庆人意气风发，高唱《踏着铁人脚步走》的激扬战歌，沿着王玉普设定的创建百年油田路线图，迈向了二次创业的新征程。

辩证思维一体勘探开发

创建百年油田的核心是巩固油气生产主营业务，后备储量不足是最大的矛盾，王玉普把找油的主要目标锁定在久攻不克的海拉尔盆地。

海拉尔盆地，位于内蒙古高原的东北端，地面上是连绵不绝的呼伦贝尔大草原，地下却是破碎成无数个复杂断块的地质大杂烩。早在东北沦陷的伪满时期，日本的地质学者就嗅到了蕴藏石油的微弱气息，曾不惜血本在呼伦湖和贝尔湖一带进行过物探和钻探，布钻的地质探孔略见油丝，却始终没有发现可供开采的工业油流。

新中国成立前后，根据日本人勘探失败遗存的地质资料，地质矿产部和石油工业部多次派出地质专家对海拉尔盆地进行以寻找油气为目标的地质调查，历经几十年的反复认识仍然感到扑朔迷离，石油地质学家把海拉尔盆地的地质构造比作一只摔碎的盘子，不但四分五裂成零散的断块，还被踢了一脚。业已形成的油气不是被散失，就是被魔鬼之手神秘隐藏。常规的石油地质学理论在海拉尔盆地失去了洞察力，琢磨不透的诡异地层成了封锁油气现身的迷宫。

大庆油田始终没有丧失在海拉尔盆地找油找气的信心，从20世纪60年代初到80年代中期，几番派出勘探队伍进入草原腹地，展开了穷追不舍的地震和钻探相结合的地质追踪。1984年终于在布钻的海参四井见到了一线曙光，埋深2000多米的地层渗出了日产量仅有3.6吨的工业油流和少量伴生的天然气，从而证实海拉尔盆地油气成藏具有开发价值。但是超复杂的地层断裂和火山活动，充满了难以解释的地质迷雾，导致石油地质专家如同隔着一层毛玻璃搞研究，看不清油气聚集的主脉在哪里。

王玉普担任大庆油田有限责任公司董事长之后，为了解决大庆油田后备地质储量不足的问题，再次把勘探的目光投向了相距大庆油田 800 多公里远的海拉尔盆地，下决心攻克这个让地质学家困惑的堡垒。

2004 年 3 月，王玉普接到了一份出席世界石油工程师学会的邀请，匆匆启程奔赴马来西亚，在亚太石油工程师（SPE）会议上介绍大庆油田稳产 5000 万吨 27 年的开发经验，出发前做了再探海拉尔的决定。

他从马来西亚 SPE 会场归来后，亲自指挥勘探队伍按照勘探开发一体化的新模式运作，抽调精兵强将组建了海拉尔盆地勘探前线指挥部，并在前线选址筹建了科研和钻探基地，组织油田勘探开发研究院、钻井工程研究院、采油工程研究院、井下作业分公司、试油试采分公司等部门与中国石油勘探开发规划院，以及多所知名大学联合攻关。在海拉尔盆地的贝尔、乌尔逊、红旗、呼伦湖、巴彦呼舒 5 个断陷区展开大范围油气钻探。他坚定不移地相信，只要地质家脑子里能够想象出隐藏石油的去向，就一定能够在错综复杂的地层中找到可供开发的油气储量。

王玉普精心导演的这场大剧开始前，曾经有一段国际化招标未果的小插曲。海参四井钻遇工业油气流之后，鉴于投资勘探的风险不确定因素太多，中国石油天然气集团公司把海拉尔盆地的油气勘探作为对外开放合作的试点，向世界上勘探能力比较强的各大石油公司发出了招标邀请，希望借助发达国家的先进技术啃开这块硬骨头。结果所有的石油勘探投资商看了资料包均摇头叹气，都认为海拉尔盆地是他们没有遇见过的虎穴龙潭，投资风险太高，十有八九打水漂，没有一家石油公司愿意接标，全都打了退堂鼓。

国际招标的失败并没有动摇王玉普的决心。他决定依靠大庆油田自己的科研力量总攻海拉尔。为了鼓舞科研人员的士气，主动挂帅担任攻关队的队长，以敢于承担失败责任的勇气，激励地质师们与飘忽不定的油气行踪斗法。在地质专家颇有争议的风险区块，选择相对有希望的地域，亲手圈定位置布钻了一批勘探井。

油气勘探如同两军交战，狭路相逢勇者胜。王玉普指挥决战的魄力来自他平日的学习积累，主帅的作用不在于事事自己拿主意，而是要在众多谋士的建议中选择最优方案点兵派将。王玉普有容人、识人、会用人的气度和胸怀，能够在重大风险决策的紧要关头兼听则明、审时度势，做出符合客观实际的正确决策。正如毛泽东主席所言："往往有这种情形，有利的情况和主动的恢复，产生于'再坚持一下'的努力之中"。

2005年在大庆勘探队伍的强大攻势下，复杂顽固的海拉尔盆地终于屈服，当年完钻的28口探井，首次在2500米以下深度斩获期盼已久的高产油流。但经过计算，控制的石油地质储量仅有6000多万吨，换算成可采储量还要更低。

在这种进退两难的情况下王玉普没有灰心，以"咬定青山不放松"的韧性继续进行风险投资。基于勘探资金有限的情况，他责成分管科技工作的副总经理成立多个攻关小组，自任总指挥承担勘探风险，勉励各路总地质师、总工程师通力协助，不要考虑失败的责任，只管集中力量乘胜追击，猛攻有可能连片的含油区域。

决战海拉尔盆地那段日子，王玉普两头兼顾，经常在大庆到海拉尔的公路上往来奔波，白天在草原上的钻探一线视察督战，夜晚返回大庆的办公室处理业务，星夜兼程的疲惫连给他开车的司机师傅都吃不消，说王玉普每顿饭只吃饺子、面条、辣椒圈老三样，操心太多、营养不足。上车就睡觉，下车听汇报，切换得太快，是个干事不要命的主儿，三年跑废了一台大吉普。

海拉尔盆地勘探的代价沉重，王玉普的一位得力干将英年早逝。曾任大庆油田勘探开发研究院院长的郭万奎，多次请缨承担最艰巨的攻关任务,被王玉普派到前线担任勘探开发一体化运作的前线指挥员,不幸发生交通事故意外以身殉职。

王玉普化悲痛为力量,把血与火交织的事业心与严谨的科学态度凝聚成一股不破坚冰誓不休的韧劲,终于在2005年敲开了海拉尔盆地紧闭多年的地质之门,锁定了一批隐藏极其诡秘的断块和岩性油气藏,累计探明石油地质储量接近1亿吨。经油藏评价部门综合审定,预计投入开发后可建成年产50万吨的产能规模。

海拉尔盆地的解锁,为王玉普制定的创建百年油田规划成功实施落实了第一个起跳的基点,同时也让广大干部员工看到了科技兴油的潜力所在。这步棋他走得极为艰难,但效果却十分鼓舞人心,在大庆油田可持续发展史上留下了奠基性的浓墨重彩。

2005年8月7日,王玉普(中)在呼伦贝尔分公司视察并现场办公

海拉尔盆地勘探成功,并不意味着后续的开发建设一帆风顺,地面工程建设遇到的麻烦更让他寝食难安。呼伦贝尔草原是亚洲最大的自然生态保护区,国家法律不允许以牺牲草原生态为代价实施油田开发,所有建设项目必须经过严格的生态保护论证,否则不准开工。与地方环保部门频繁磋商交涉,是推进油田建设无法回避的难点。由于常规开发的弊端太多,极易造成不可逆转的草原污染和退化,如何让新诞生的油田成为绿色海洋中的明珠,王玉普对海拉

尔前线的主管干部提出了严苛要求，划定了保护生态优先的红线，既要开发好油气资源，又要保持碧草如毡的生态保护区牧歌悠扬。

地面的草原生态十分脆弱，地下的油层还极易"过敏"。海拉尔油田投入试验开发的过程中遇到了强水敏、速敏、酸敏等难于注水开发的难题，若不注水驱油，50万吨产能建设就会泡汤。王玉普闻讯立即组织相关科研院所就多油层复杂性断块油藏和裂缝性潜山油藏高效开采的难点进行探索，及时研发了适合贝301区块油藏特征的防膨剂类型和注入方式，取得了当年累计产油29.95万吨的突破性进展，为首期建设50万吨产能的接替区提供了解决开采难题的技术保障。

王玉普领导创新的勘探开发一体化，在勘探开发海拉尔油田的实践中取得了巨大成功，为中国石油天然气集团公司并购蒙古国的塔木察格开发区块建立了信心。

2005年4月1日，中国石油天然气集团公司与英国SOCO国际股份公司签订了关于在蒙古国塔木察格地区三个含油气区块转让的商务合同（以下简称《合同》），转交给大庆油田有限责任公司接续开发。按照中蒙两国重新签署的《合同》规定，蒙古国方面对草原环境保护的监督甚为严格，为了高效率、高水平拿到来自邻国的份额油，王玉普亲自到塔木察格地区进行考察，组建了人员精干的开发项目部，并将后勤保障基地设在距离蒙古国产油区比较近的海拉尔市区。

中国的海拉尔与蒙古国的塔木察格同属一个盆地，被国境线分割为两部分，合称海塔盆地。这两处油田有着极为相似的地质条件和地面环境，完全可以借鉴海拉尔油田的开发经验组织生产。前提是首先需要通过蒙古国环境保护部门的评审取得生产许可证，否则寸步难行。为了迈开向国际石油市场进军的第一步，王玉普立即会见了蒙古国矿产石油局局长宝力德，就合作开发的具体事项进行面对面坦诚会谈，建立了相互信任的合作关系。

2005年6月7日，王玉普（右）会见蒙古国矿产石油局局长宝力德

开发蒙古国境内的塔木察格区块，是大庆油田有限责任公司实施创建百年油田战略挺进国际市场的第一步，也是中国石油在国外并购的第一处境外资产。在王玉普的精心组织下，这处境外油田如期投产并取得很好的经济效益，为大踏步迈向竞争激烈的国际市场积累了成功经验。

从内蒙古自治区到蒙古国塔木察格，王玉普无数次翻越林海茫茫的大兴安岭，横渡哈拉哈河，到海塔盆地国内国外两个油气生产基地视察督战，并且再三嘱咐驻外的干部员工充分尊重蒙古国人民的信仰和生活习惯，严格遵守蒙古国的法律，要把大庆"三老四严"的传统作风带到国际市场，树立起让蒙古人民信得过的大庆品牌。

王玉普亲自挑选大庆油田派往蒙古国的各路队伍，出征时举行了隆重的送行仪式，此后逢年过节都要带上慰问品，到境外作业的施工前线看望干部员工。

海拉尔与塔木察格两处油田一衣带水，竞相媲美，成为大庆油区之外第一片并蒂绽放的草原之花。海拉尔盆地乌尔逊—贝尔断陷勘探三轮资源评价石油资源量丰富，但探明率只有3.8%，处于勘探的初期，还有大量的资源尚待探明。按照中国石油天然气股份有限公司加快勘探步伐、实现跨越式发展的要求，今后5年将立足乌尔逊—贝尔断陷进行精细预探，提交石油预测地质储量和石油控制地质储量，进一步提交石油探明地质储量，实现海拉尔盆地最终建成产能翻一番的目标。

海拉尔盆地呼和湖、查干诺尔、巴彦呼舒、红旗和呼伦湖断陷是该盆地16个断陷中比较有前景的区域。三次资源评价结果，5个断陷石油资源量和天然气资源量都很丰富。通过与贝尔断陷石油资源量对比，勘探潜力更大，是未来5年勘探突破的主要方向。

在王玉普部署下，海拉尔草原井架林立，草长莺飞，地上牛羊成群，地下喷涌油气的壮阔令人赞叹和陶醉，一个可以保障创建百年油田的战略接替区，跃然呈现于美不胜收的呼伦贝尔大草原。

王玉普担任大庆油田有限责任公司董事长、总经理以来连年呕心沥血并创造性开展工作，取得的这些骄人业绩，成就了他在大庆人心目中的地位。海拉尔和塔木察格的成功开发，让大庆人钟情的"百年油田"有了可持续发展的锦绣底蕴和信心。

面对刚刚取得的初步成绩，王玉普在组织领导班子集体学习的时候，做了一番意味深长的内省：

> 作为特大型国有企业的领导人，成熟是担当重任的必要条件。我们需要成熟，我们也必须成熟。对于企业来讲，我们再也付不起盲目行事的学费，对于我本人来讲，在激情之火渐渐失去耀眼的光芒之后，需要点燃理性的灯塔照亮人生。面对新的发展形势和任务，内在修养与思想水平必须及时跟上。成熟意味着政治上多一份清醒，思想上多一份深邃，情感上多一份厚重。成熟意味着告别"雾里看花"的迷惘，告别"游戏人生"的浅薄，告别"天马行空"的鲁莽。成熟不是一种暮气，而是一种大气。

王玉普延续前人所做的大量基础工作，以大无畏的勇气和严谨的科学态度，着力推进增储上产，一鼓作气突破了在大庆油田外围深层和周边盆地找油找气的诸多难关，为实现创建百年油田宏大构想开辟了油气并举的新领域，在广大干部职工中树立了人人敬佩的崇高威望。

王玉普在大庆油田产量开始下滑的转折期，挺身而出，力挽狂澜，稳住了大局，他的果敢和成熟，逐步赢得了石油工程技术专家和企业管理专家双重光环。

创新思维攻关十项试验

王玉普带领大庆油田领导班子制定的创建百年油田发展战略，有一个非常难突破的油田开发临界值，他首次毅然决然地提出：

> 大庆油田老油区要在水驱采收率达到40%的情况下再增加几个百分点，通过研发高新注采技术力争提升到50%以上，最好能达到60%的期望值。

这个前所未闻的采收率指标，当今世界任何一个产油国想都不敢想，被一些业内的行家视为天方夜谭。

持续开发中的大庆油田，以老区平均采收率超过40%的坚挺数据，已经站到了世界同类油田水驱开发采收率的最高端，再往前走都是无人涉足的禁区。若想实现总体采收率突破50%这道难关，自我超越是唯一的选择。

王玉普组织全油田的科研部门，对目前的开发现状做了一番深入细致的剩余油潜力分析，坚信大庆油田有条件、有实力，能够创造世界油田开发史上从未有过的奇迹。为了实现百尺竿头更进一步的既定目标，他首先对主力科研单位做了加强性调整，把采油工艺研究所升格为采油工程研究院，提拔了一批年轻有为的技术专家担任科研部门负责人,设立以油田勘探开发研究院、油田建设设计院、采油工程研究院为主体,高精尖人才为团队核心,课题制为组织形式,竞争和激励机制为支撑,催生人才、催生成果为宗旨的科研创新体系。颁布了《大庆油田有限责任公司勘探开发重大项目课题制管理暂行办法》,完善了激励科研人员创新的奖励标准,分层级按月发放津贴,还对高含金量的科研成果实施超常规重奖。为了广纳人才,吸引更多的青年才俊投身大庆油田提升采收率的科研攻关,王玉普到各大石油专业院校作大庆油田开发愿景的情况介绍,动员有理想有志向的学子到深度挖掘剩余油生产潜力的第一线建功立业。水到渠成的层层铺垫,搭建起人尽其才、物尽其用的创新创业平台,为落实创建百年油田规划形成了一支专业配套、结构优化、层次分明的科技攻关主力团队。

2004年3月12日,王玉普(右2)在大庆油田勘探开发研究院指导工作

王玉普提出的创建百年油田发展目标不是一句空洞的政治口号,而是分阶段开拓创新,走前人没有涉足的行动路线图。在接受《人民日报》记者采访时,王玉普作了非常有底气的阐述:

> 大庆油田要创建的"百年油田",绝不仅仅是油田开发到一百年,地下有油,生产能维持。我们要创建的"百年

油田",是贯彻落实科学发展观,按照中国石油天然气集团公司、中国石油天然气股份有限公司整体部署,积极做好国内油气加快发展、国际业务加快发展、工程技术服务加快发展三篇文章,努力讲好成长性故事、整体协调共同发展的故事和走出去的故事,以"百年油田"为依托,打造一个更具持久发展能力的百年企业。

2004年4月27日,王玉普(中)向媒体阐述创建百年油田的行动路线

王玉普通过新闻媒体向外界透露:"创建百年油田,我们有实力!"这份自信心十足的表态,来自他部署的十大开发现场试验取得了突破性进展。由于太过于专业,无法用简单通俗的语言表述试验的具体内容和进程,只需浏览试验项目的名称,就能够让新闻媒体的报道折射出他带领新时代的大庆人不畏艰难开新宇的奋进姿态:

(1)三类薄差油层井网加密及提高采收率试验;

(2)裂缝不发育特低渗透扶杨油层有效开发试验;

(3)三元复合驱提高原油采收率试验;

(4)聚合物驱后进一步提高原油采收率试验;

(5)海拉尔复杂油藏有效开发试验;

（6）萨零组与萨一组组合开发试验；

（7）二类油层聚合物驱提高原油采收率试验；

（8）注入水无效循环识别与综合治理试验；

（9）一类油层改善聚合物驱油效果提高采收率试验；

（10）数字检波器和二维三分量地震勘探先导性试验。

在王玉普主导下，2004年相继启动的十大现场试验举足轻重、意义重大，项项都与大庆油田的前途命运息息相关，既是探索持续提高采收率的战术性侦查，又是突破极限论、创新油田开发机理的深入探索。因此，每一项试验的选题，每一处试验区的确定，王玉普都亲力亲为拍板定夺。试验区部署标注在一幅大庆油田全图上，悬挂在办公室，成为他日日关注、全力抓落实的聚焦点。

十大试验区就是10个主攻采收率的突破口，组织这场老油田再稳产的攻坚战，既有成功的希望，也有失败的可能。所有人都为王玉普的风险决策捏了一把汗，鼓励、质疑、担忧的点评不绝于耳。谁都知道石油是不可再生的一次性能源，越采越少的客观规律决定了开发后期的难度系数成倍增长，采收率每提高一个百分点都是极难突破的封锁线。

王玉普之所以敢下这么大的决心，是因为身后有一个全力支持他闯关夺隘的老专家智囊团。由于年事已高退出工作岗位的大庆油田前任总字号地质师、工程师、设计师以及各科研部门的技术专家，都是他广泛征求意见的咨询对象。每年召开技术座谈会的时候请老领导、老专家坐在前排，随时倾听他们的见解和指点。被誉为"新时期铁人"、获得国家有突出贡献荣誉勋章的油田开发专家王启民，就是鼎力支持王玉普部署油田开发十大现场试验的第一高参。他向采访的新闻记者开诚布公：

> 在已探明的石油储量中，目前我们采出了18亿吨，还有30亿吨的剩余储量。随着十大现场试验的深入开展，必然有更多的地质储量转化为可采储量，有更多的难采储量

投入有效开发。此外，随着中国石油天然气集团公司海外战略的实施，我们通过"走出去"参与国际市场竞争，还有望拿到一些资源作为本土的补充，大庆油田有限责任公司创建百年油田有坚实的资源基础和技术保证。

王玉普力主的油田开发十大现场试验，不仅有广泛的群众基础，还得到了中国石油天然气集团公司给予的大力支持，选派他出席2004年2月20日在北京召开的国家科学技术奖励大会。

巨大的精神鼓舞促使王玉普决心在"十五"期间通过十大开发试验再度深化部署，把大庆油田业已形成的水驱为主、聚合物驱为辅的生产格局精细调整，建成世界上三次采油应用规模最大、效益最高、配套技术最齐全的创新高地。通过系统性技术配套，把聚合物驱年产油量推进到1000万吨以上，确保喇、萨、杏三大主力油田总体采收率突破50%大关之后还有增长的空间，争取达到史无先例可循的60%。同时，王玉普还力主继续加强外围难采油田增储上产的第二轮科研攻关，在年产量达到500万吨的基础上，再设法提高到年产600万吨原油，弥补老区递减。

大庆油田第四采油厂三次采油试验大队杏二中试验站以高度自动化智能化的精准控制为三元复合驱试验采集数据

知难而进、砥砺前行的现场试验，由于论证充分、组织严密，很快收获了显著成果。2005年4月，王玉普在向上级领导汇报时，对十大试验的进展情况做了曙光在即的简要介绍：

> 目前，30个试验区的攻关方案已全部进入现场实施，其中萨零组油层开发先导性试验区累计产油4336吨，揭示了萨零组储量具有一定产能；喇嘛甸油田污水稀释超高分子聚合物驱试验，平均单井单位厚度累计增油1445吨，采收率得到进一步提高；弱碱三元复合驱试验中心井区日增油4.49吨，含水下降22.4%，增油降水效果显著；海拉尔复杂断块油藏有效开发试验进展顺利，初步解决了强水敏储层注水防膨问题，贝301区块日产油达到600吨以上。其他重大现场试验也均按计划运行，有望在今后几年内相继攻克。这样，大庆油田老区10亿吨薄差油层储量将得到充分利用，外围难采储量的动用率将达到80%以上，企业可持续发展将开辟一个新局面。

鉴于王玉普真抓实干的卓越领导才能和组织科研探索的杰出贡献，经中华全国总工会推荐，国务院批准，王玉普当选了全国劳动模范。2005年4月30日，王玉普在北京出席全国劳动模范和先进工作者表彰大会，与来自全国各条战线的近3000名全国劳动模范和先进工作者一同，获得了党和政府以及中华全国总工会授予的崇高荣誉。

此时的王玉普喜忧参半，既有荣誉的激励，又有责任的压力。2005年6月，第一列满载俄罗斯进口原油的火车抵达大庆油田南三油库卸载，这是大庆油田替国

2005年6月15日，首车俄油运抵大庆油田南三油库

家接收进口原油的开端。随着中国与俄罗斯能源贸易的逐年扩大，俄油将源源不断运抵大庆，通过长输管道注入通往关内的大动脉。

第一列俄油的输入，让王玉普感受到了国家对外来石油依存度越来越高的重压与无奈。由于东部老油田相继产量递减，导致全国的石油产量略有下降。大庆油田如若不能再保持一段时间持续稳产，国家的能源形势将会更加堪忧。因此，他一再表示："我不图什么政绩，只求工作背后不掩藏事业的危机。"大庆油田能否在原油产量保持4000万吨以上再稳产10年，是他舍命也要完成的艰巨任务。

王玉普倾心部署的10项开发现场试验，犹如为大庆油田钉入10根扎入深层的钢桩，构建起4000万吨再稳产的坚实基础。总攻采收率突破50%的大战役开始之前，他指挥全油田各路总地质师、总工程师、采油厂的厂长，通过十大试验进行实兵协调演练，辛勤耕耘试验田，奏响了挑战极限的序曲。

2006年8月10日，国务院总理温家宝到大庆油田视察，亲眼目睹了创建百年油田引起的巨大变化，对正在进行的十大现场试验给予了充分肯定和评价，称赞大庆油田的可持续发展思路是一个了不起的创举，指示大庆油田："立足当前、着眼长远、加强勘探、合理开发、调整结构、多元发展、企地结合、共建和谐。"32个字的嘱托，进一步丰富了创建百年油田的内涵。

王玉普不仅是十大开发现场试验的总设计师，还是具体科研项目的领军人。2003年，他主导的"三次采油用抗温抗盐聚合物分析"和"三元复合驱过程中的结垢特点和机采方式适应性"两项高难度研究课题，通过了专利认证获得知识产权；与油田勘探开发研究院总地质师王凤兰合作撰写的《综合运用系统工程思想与油田开发理论研究油田开发战略》论文，发表于2006年《大庆石油学院学报》，阐述了在油田开发生产实践中的新认识和探索出的科学规划方法：

油田开发是一项复杂的系统工程，不仅是一项技术活动，同时也是一项经济活动和社会活动，具有涉及专业广、影响因素复杂、表征指标多的特点。确定油田开发战略目标要综合考虑，从油田开发全过程看，要有继承性和长期性；从指标间的关系看，各指标不是独立的，具有关联性；从实施角度看，要有可行性和定量性。这就决定了油田开发决策管理绝不是一个简单的过程，任何盲目决策都有可能带来巨大的损失。因此，为实现油田开发决策的科学化，我们创造性地将现代系统工程的理论方法、油田地质、油藏工程研究和油田经济管理有机结合起来研究油田发展战略。

王玉普综合运用系统工程学理论研究油田开发战略，从系统工程的整体性和关联性出发，优选确定了制约油田开发趋势的关键指标；从系统工程的定量预测性出发，研究发展了油田开发指标预测方法，通过建立油田开发数学模型求解，得出了编制油田开发规划方案的4项理论依据：

（1）从系统工程的整体性和关联性出发，从众多的油田开发指标中优选出4个制约油田开发趋势的关键指标，即产量、储量、含水率和递减率，用来整体控制与优化油田开发过程，突破了以往只用单一指标进行控制的做法。

（2）针对特高含水期开发阶段发展了不同开采方式、不同类型油藏特点的指标预测方法，预测精度提高到95%以上，为科学量化预测"11599"工程目标奠定了基础。

（3）运用系统工程思想规划"11599"工程目标的过程中，油藏工程理论和优化理论实现了有机结合，发展了规划优化理论，主要有以下四个方面取得了进步：一是拓展了优化方法的应用空间;二是解决了指标合理分配问题;三是实现了由定量—定性与定量相结合的转变;四是给出求解大系统规划优化问题的新算法——串式调优法,简化了求解过程,提高了计算速度。

(4)从系统工程的实践性出发,提出了实现"11599"工程目标的技术对策。

三年的应用实践表明,依据系统工程学研究成果制定的油田开发战略目标科学可行,是优化控制理论在大庆油田的成功运用。

在大庆油田有限责任公司采油工程研究院的科技成果展示厅,悬挂了一幅王玉普与科研人员共同探讨突破技术难关的工作照片,记录了当年他指导科研工作的真实情景。照片中的5位工程师均是推进十大开发现场试验的杰出贡献者,后来当中的3人当选了中国工程院院士,2人成为采油工程界首席专家。

王玉普(中)与刘合(右2)、程杰成(左2)等在大庆油田采油工程研究院共同探讨科研问题

王玉普领导大庆油田的科技工作者,在前人没有走过的道路上艰难跋涉,十大开发现场试验是把科技论文写在地层深处的精彩华章,为实现创建百年油田的宏大目标,在老油田开发持续提高采

收率的探索中走在了世界同行的最前列。对振兴东北老工业基地起到了从困难中找希望、从劣势中找优势、从差异中找潜力的示范作用。

工程思维打造生态油田

大庆油田公司二次创业接力棒,传递到王玉普手里的时候困难重重,他在引领创建百年油田的新征程中依然保持会战时期形成的光荣传统,发扬光大了"两论"起家基本功,取得了一系列开创性的新业绩。2006年1月16日,中国企业联合会、中国企业家协会授予王玉普"2005年度最受关注企业家"荣誉称号。

2006年1月16日,王玉普被授予"2005年度最受关注企业家"荣誉称号

然而,王玉普对这项极少数人获得的荣誉,并没有记者们期望的那种热度,他的平静出乎意料,以畅谈感想的角度紧紧围绕"绿色油化之都、天然百湖之城、北国温泉之乡"三张大庆市的靓丽名片,诠释创建百年油田的可持续发展规划。这是因为在王玉普的心里不止有深度挖掘油气产能的志向,还有一个营造生态油田的庞大愿景在付诸行动。

创建百年油田构想刚提出的时候,王玉普的思路还不够开阔,一项建筑工程的实施促使他思考的生态理念产生了跨越式的飞跃。

2004年破土动工的大庆油田有限责任公司生产指挥中心，以21层的高度成为大庆市西城区最瞩目的新地标，高耸的大厦格外醒目，既有现代建筑风格的造型之美，又有大型企业的庄严凝重。为了筹建这栋建筑，从图纸设计到建设选址王玉普都高度参与，要求把节能环保的理念逐一落实到位。

自从大楼开工建设，王玉普一有空闲时间就跑到建筑工地巡查，经常半夜三更出现在灯火通明的施工现场。给他开车的司机不用吩咐就知道，无论外出开会还是到前线检查工作，回来得再晚也要先到建筑工地看一看才肯回家休息。连把守工地大门的保安都清楚，夜晚出现疾驰而至的车灯，来的人准是油田公司董事长。

历经两年施工，油田公司生产指挥中心如期建成。竣工验收的时候，王玉普登上顶层观望四周却皱起了眉头，他发现西侧的居民楼和脚下办公大楼与周围的自然环境很不协调，东边是散发臭气的水泡子，南北两侧杂草丛生，一眼尽收的污浊刺痛了神经，顿时感悟到"百年油田"的规划中有一个重要的环节需要优先考虑，未来的发展不能只在油气田勘探开发上争创一流，广大油田职工家属赖以生存的家园也要草绿水清，于是他把创建百年油田的规划做了进一步完善补充，将建设林木成荫、湖草相映、天蓝气爽的生态油田同步纳入百年规划，突出生态优先的发展理念。他要求以改造新大楼周边环境为试点，顺应"高处植树、低处蓄水、过渡带培植草苇"的自然规律，规划了一个方圆40多平方公里的绿化带，作为大庆油田创建百年油田、走绿色发展之路的样板工程，开始了大规模的生态环境改造。

2007年2月13日，大庆油田有限责任公司召开二届三次职工代表大会，王玉普作了《推进实施公司"十一五"及中长期可持续发展规划，努力创建科学发展、和谐发展的百年油田》的工作报告，他用激情四射的语调重申：

我们要创建的"百年油田",不仅是到本世纪中叶仍然保持我国重要油气生产基地的地位,而且是一个与经济社会协调发展、共同进步的和谐油田,一个人们安居乐业、积极向上的文明油田,一个环境优美、人与自然和谐相处的绿色油田。

从今年起,公司将全面启动实施生态环境治理工程。努力建设绿色油田。这不仅是落实科学发展观、构建和谐社会的需要,更是国有大企业承担社会责任、树立良好形象的需要。尤为重要的是,它对油田的长远发展、百年大业具有特殊的现实意义和深远的历史意义。

……

我们建设绿色油田,就是对全市生态环境建设的一大贡献,就是对市里"生态立市"战略的强力支持。

王玉普着重强调:

建设绿色油田,重在加强治理,不是大兴土木,总的指导思想是:继承发扬大庆艰苦奋斗的优良传统,发扬"回收队"精神,广泛动员,自己动手,义务献工,治理环境,以最小的资金投入,实现自然环境的明显改善。具体目标是:力争通过5年的努力,营造一个绿树、草茸、碧水连成片、交相辉映、自然优美的生态环境,实现油田生活、生产、生态的和谐。

这番描绘生态远景的蓝图并非王玉普一时心血来潮,在采油四厂任职的时候他就有了建设绿色油田的憧憬,种树能手李树森在杏北油田规划营造的晨曦生态园给了他很大的启发,如今实施绿色油田发展计划,他又想到了热爱绿化事业的李树森,决定把他调到油田公司机关发挥专业特长,赋予组织实施生态环境改造的职权,协助他实现绿化全油田的庞大工程。

王玉普以对油田负责一辈子的敬业心,与到岗的绿化能手李树森一道踏察了需要治理的矿区生态,本着尊重自然、顺从自然、回归自然的科学理念,制订了一套因地制宜、平整地貌、扩湖增容、连湖蓄水、培植草苇、植树绿化、资源再生、回收利用、投资少、见效快的生态恢复实施方案,启动了治理大庆油田的生态建设项目。

这项功在当代、利在千秋的举措,立即得到全体员工的热烈响应,在春寒料峭的初春时节,一场轰轰烈烈的环境整治大会战拉开了帷幕。王玉普和油田公司党委书记孙淑光率先做出榜样,带领全体机关干部参加植树造林义务劳动。各下属单位出机械、出人力、出材料,由主管领导带队按照事先划定的区间进行保质量、保进度的园林绿化建设施工,机声隆隆、弧光闪闪、红旗猎猎、喜气洋洋的大场面仿佛穿越时空,再现了1960年的石油大会战场景。

2006年10月22日,王玉普(右)与大庆油田公司党委书记孙淑光(左)参加植树造林

以改造果午湖为重点的样板生态绿化工程,累计清理了110万立方米腐臭的淤泥,修建了2公里多长的观赏栈桥,支撑桥面的钢材全部是回收的报废管材,铺展广场修筑道路的底料全部用粉碎废旧混凝土的预制件替代碎石,栽植的树木精选出适合在盐碱地生长的品种,保留了一部分原生态的芦苇和蒿草净化水质。在各部门的

通力协作下仅用半年时间，油田公司生产指挥中心大楼四周旧貌换新颜，变成了杨柳成行、湖水荡漾、游人如织、百鸟翔集的风景区。若不是其中点缀着油水井、计量间、注水站、转油站，人们不会相信这里还是开采石油的主力矿区。

果午湖生态示范区风景如画

果午湖生态示范工程仅仅是王玉普建设生态油田的序曲，他心中的构想是把北起喇嘛甸、南至杏树岗的六大主力采油区一并纳入生态建设系统，进行点、线、面三结合的集中治理，以厂、矿、队、居民小区为主体，建设一批风光旖旎的中心绿地，沿着干线公路两侧加密植树造林，连成近百公里长的绿色植被景观带，把相连的每一处采油厂都建成园林化的矿区。

富有创新活力的企业家深深影响着一个地域的发展进程，王玉普能够在繁忙的日常工作中把管理作为一门软科学深入研究和实践，这与他酷爱读书的好习惯密切相关。善于从一本好书中汲取能量的王玉普，用知识转化的智勇，塑造了自身的企业家品格，以立意高远的广阔胸怀，领导大庆油田在全方位创建百年大业的进程中涅槃重生。

王玉普信奉要想改变世界、先要改变自己的箴言，发奋学习管理大型企业的软科学，努力做到德才配位，快速完成了由专业型干部向企业家思维的素质转变。亲手描绘的升级版创建百年油田蓝图，通篇突出了生态优先的发展理念。这一做法与习近平总书记提出的"绿水青山就是金山银山"的生态思想高度契合，为大庆油田面向百年的发展之路，铺就了前人栽树后人乘凉的满眼绿色。

王玉普顺应时代发展的潮流，勤于思、敏于行的开拓性业绩，不仅体现在深度开发油气田的科技层面，还为百年之后的大庆油田保护了弥足珍贵的生态资源。他践行科学发展观、保护生态、建设绿色油田的行动方案不仅仅局限于植树种草、美化环境的简单层面，而是要从源头上根治石油天然气勘探开发生产中产生的"含油污水、燃烧烟气、机泵噪声、废弃泥浆"4类污染物对油田生态环境造成的影响。他坚定地发出："大庆油田是世界级大油田，代表着中国资源采掘型企业的形象，环保要向国际最高标准看齐"的动员令，带领干部员工展开了一场声势浩大的环境系统治理工程。

20世纪初的大庆油田已经有6万多口生产井，每年产生的含油污水高达4亿多吨。这些含油污水如果不经处理排入松花江，将会造成灾难性的生态后果，是对中下游流域威胁最大的污染源。"十五"期间，王玉普在油田勘探开发资金严重不足的情况下，硬生生挤出20亿元专项用于环保建设项目，新建扩建了一批含油污水净化处理站，要求各采油厂尽可能多地将净化后的污水回注到地层中驱油，循环利用。然而，由于油田生产产生的含油污水数量巨大，全部回收利用，需要突破一道道障碍。

大庆油田的三次采油，每年要消耗大量的清水配制聚合物，注入地下驱替剩余油。如何利用净化过后少量含油的污水配制聚合物，是一个十分棘手的世界性难题。为了攻破这道关口，王玉普提出："生产原油是为国家作贡献，节能减排也是为祖国作贡献"的创新思路，亲自组织利用含油污水配制聚合物的科学研究，历经数年的反复探索实验，终于使这项没有先例的重大科研成果取得了独占鳌头的显著成就。2007年实现了三次采油聚合物全部用净化处理后的含油污水配制，每年重复利用5400万吨污水，节约清水费2.2亿元，核减排污费1.76亿元，产生的经济效益、社会效益和生态环保效益尤为亮眼，使大庆油田成为世界上规模最大的污水治理示范区。

2007年11月16日，又一座投资1.7亿元、日处理污水能力达到3万立方米的生化处理站在大庆油田采油一厂竣工投产。前来参加剪彩仪式的黑龙江省环保局副局长富亚峰，亲眼目睹了大庆油田创建百年油田、走绿色发展之路的大手笔，深受感染，发出了由衷赞叹："大庆长垣含油污水生化处理站的建设，是大庆油田深入贯彻科学发展观、构建和谐社会的具体行动，是大庆油田推进创建绿色油田、'百年油田'的具体实践，是大庆油田为保护松花江水环境、促进全省环保工作再上新台阶的新贡献"。

王玉普在任期间，为保证原油和天然气产量稳中有升、不断做加法的同时还适度做减法。2006年痛下决心，接连关停了113口对松花江水质有可能造成污染的生产井，虽然给油田生产带来了一些损失，却为生态环境保护作出了降低风险的贡献。邻近大庆油田的扎龙湿地生态保护区，是候鸟迁徙的乐园、丹顶鹤的故乡，列入联合国生态保护名录。这片浩瀚的沼泽之下极有可能蕴藏着数目可观的油气资源，是大庆油田着眼增加后备储量的勘探区域。为了保护好扎龙湿地的生态环境，在大庆油田保持4000万吨稳产日益艰难的情况下，王玉普毅然否决了进入扎龙湿地钻探油气的动议，决心之大，气魄之伟，体现了创建百年油田绝不与生态保护发生冲突的主人翁责任感。海拉尔油田的开发、草原环境的保护是王玉普尤为关注的重中之重。为了使必须进行的勘探和建设施工不对牧区造成严重破坏，他一再督促进入草原的油田队伍严格自律，把土方作业和车辆碾压过的草原设法恢复，不许以成本为借口削弱对草原环境的保护力度。

　　在王玉普创建百年油田、绿色发展的具体部署下，大庆油田的生态环境步入良性循环的健康发展期。截至2008年，已有163座污水站相继发挥作用，使大庆油田产生的污水一滴也不会流进松花江；同时还固化了废弃钻井液40万立方米，用于植树造林；井下作业施工一律采取覆盖措施，防止油渍污水渗入地面；对油田排放的590亿立方米的烟气一律净化处理；降低各类噪声源4900余处；累计植树910万株，种植草坪83万平方米、花卉82万平方米，新增绿地1435公顷，建成了20余座生态园，使油田的绿化覆盖率接近20%。

　　王玉普以博大的胸襟，在带领大庆油田在面向百年的奋进中既要石油滚滚流，又要着力保护好绿色家园，正如他所言："大庆人将求真务实探索一条资源与环境相和谐的石油天然气开发模式，将环境友好型企业的建设推向新的阶段。"五年的实践已经证明，他是一位奉献能源并营造人与自然环境和谐的智者。

2007年11月16日，大庆油田长垣含油污水生化处理站投产

生态环境没有替代品，用之不觉，失之难存，保护环境就是保护生产力，改善环境就是发展生产力，没有良好的生态环境作保障，就没有大庆油田的可持续发展，创建百年油田的构想便是空中楼阁。王玉普把生态环境的治理和保护放在百年规划的首要位置，优先考虑，优先制订措施，宁可企业利益受损失，也不给子孙后代留下后患，不遗余力从源头上根除污染源。他站位高、看得远，为大庆油田可持续发展、创建百年油田确立了生态文明的基线，堪称功在当代、利在千秋，在大庆油田的发展史上留下了绿荫永驻的绚烂华彩。

第七章
布局海外，勇越雄关漫道

不负韶华的学术钻研，连创油气勘探开发佳绩，当选中国工程院院士，获首届中国工业大奖，出席中国共产党第十七次全国代表大会，当选中央候补委员。

高举旗帜建设百年油田

大庆油田开发最为艰难的时段，莫过于 5000 万吨连续稳产 27 年之后的 4000 万吨再稳产。

王玉普主持工作之际，正值大庆油田面临油气储采比严重失衡、老油区全面特高含水、外围"三低"（低渗透、低压力、低丰度）油田有效益开采异常吃力的三大难题。他没有丝毫气馁，鼓足勇气带领干部员工迎难而上，按照持续有效发展、创建百年油田的战略规划，把主要精力放在组织科技创新的攻关上，成为领军科技兴油的主帅。

王玉普在职进修取得博士学位后，在石油工程学术界的知名度和影响力进一步提升。他先后被石油大学（北京）[现中国石油大学（北京）]、大庆石油学院（现东北石油大学）、西南石油大学聘为兼职教授，被中国石油勘探开发研究院聘为博士研究生指导教师，还受聘《世界石油工业》《Petroleum Forum》理事会副理事长、中国石油学会《石油学报》第六届编委会副主任。分内分外的忙碌应顾不暇，王玉普没有分身术，只能高效利用有限的时间，他主持了 30 多项高难度科研项目攻关，获得了 5 项国家级奖励，在国内外学术刊物累计发表了 20 余篇论文，与人合作出版了 3 部技术专著。最显著的成果是组织领导了纳入国家"973 计划"的提高油田采收率研究，研究取得的重大突破，成为国际石油界公认的前沿创新成果，获得国际石油工程师学会（SPE）授予的亚太地区生产运营奖，被聘为 SPE 大庆分部主席。

SPE 是国际石油行业的学术组织，会员遍布一百多个国家和地区，每年召开技术年会和若干次专业会议、地区会议、应用技术研讨会议，通过举办系列论坛、工程技术展览等形式，收集传播正在研发的新技术、新方法以及开发油气田的实际经验，是影响力最大、最广泛的国际性石油工程技术交流平台。能够登上SPE的讲坛发表最新研究成果，本身就是莫大的殊荣。获得的奖项证明王玉普代表大庆油田公布的新技术、新方法具备了世界领先的高端水平。

王玉普在SPE亚太地区取得的声望，来自组织领导并具体参

2005年10月，王玉普荣获SPE亚太地区生产运营奖

与的国家重点基础科学研究项目。1997年3月，党中央、国务院为解决中国经济发展和科技自身发展中的重大科学问题，提升中国基础研究的自主创新能力，采纳众多科学家的建议，颁布了"国家重点基础研究发展计划"，简称"973计划"。该计划确立了"面向战略需求、聚焦科学目标、造就将帅人才、攀登科学高峰、实现重点突破、服务长远发展"的指导思想，以"择需、择重、择优、公平、公正、公开"的原则立项、选人、确定研究基地。

王玉普带领大庆油田的科研团队争取到了"老油田持续提高采收率"的重大研究课题，依托大庆油田老油区全面进入特高含水期的现状和难点，研究更为复杂的多元化学驱提高采收率机理，试制筛选具有自主知识产权的表面活性剂、新型抗盐抗硫型聚合物以及新型高效破乳剂和清水剂，为"十一五"期间保持4000万吨稳产，提供了进一步深度挖掘剩余油生产潜力的三次采油新技术。

历经数年的室内机理实验研究和小规模工业化现场应用试验，

大庆油田承担的"三元复合驱""微生物驱""外围'三低'油田有效开发"等重点子课题取得了突破性进展，迎来了国家科委阶段性验收的节点。

2006年7月下旬，国家"973计划"专家顾问组组长周光召等一行9人，来到大庆油田实地考察，就大幅度提高石油采收率的基础研究和试验应用的效果进行调研认证。

曾担任过第九届全国人大常委会副委员长、中国科学院院长、党组书记的周光召，是世界著名的理论物理学家、中国科学院院士，此刻以中国科学技术协会名誉主席的身份率团莅临大庆油田。王玉普盛情接待并陪同，首先到大庆油田勘探开发研究院采收率实验室，观看了"三元复合驱"岩心模拟实验，翔实汇报了聚合物驱、三元复合驱、微生物驱实验测得的提高采收率数据，然后到投入工业化应用的聚合物驱试验站、三元复合驱试验站、自主研发的年产2万吨级表面活性剂生产装置和三次采油新技术培训基地进行现场视察。

王玉普汇报了已完成的阶段性研究成果，非常有把握地预言，这些日渐成熟的三次采油新技术，能够使大庆油田在水驱采收率达到40%的基础上，至少再提高10个百分点，目前聚合物驱的年产油量已经达到了1000万吨的生产规模，并且可以保持几年不下降。聚合物驱过的油层还滞留大量高度分散的油珠油膜，加入碱和表面活性剂的聚合物形成三元复合的驱油剂，还可以使采收率再提高15~20个百分点。这些在水驱、聚合物驱基础上的科研成果正在逐步转化成生产力，在大庆油田大规模工业化应用的条件已经成熟，能够保证4000万吨以上的稳产期不少于10年。

国家"973计划"顾问组组长周光召、副组长林泉、国家科技部副部长程津培、科技部基础研究司司长张先恩、科技部基础研究管理中心副主任刘燕美等人，通过耳闻目睹的亲身感受，分别对王玉普领导的科研团队取得的超越权威、超越前人、超越自我的系列科研成就给予了高度评价，称赞大庆油田通过技术创新找准了自己的位置，在企业发展和科研开发方面都不愧是我国最耀眼的一面旗帜。顾问组组长周光召尤为动情地感慨："'973计划'项目不同于一般的基础研究项目，要更多地与企业结合；同时，也希望国内的大企业能更多地承担国家科技计划，更多地投入科研开发，实现以企业为核心的产学研结合，提升我国的创新能力。中石油股份公司和大庆油田公司为我们在'973计划'中如何实现企业承担项目做出了很好的探索，创造了很好的经验，他们从基础研究开始，很快形成技术基础，并迅速在产业上应用，经验值得总结推广。"[1]

2006年秋冬交替之际，王玉普收到一份来自西半球的邀请函，加拿大滑铁卢大学理学院请他去做三次采油方面的学术交流。

2006年7月23日，王玉普（左）向国家"973计划"顾问组组长周光召（右）汇报三次采油工艺研究试验方案

王玉普如约抵达，与加拿大滑铁卢大学理学院的专家学者进行了广泛的学术探讨，宣讲了大庆油田自1996年开始三次采油矿场试验到目前连年获得聚合物驱油增产1000万吨的实际应用效果，介绍了大庆油田科研团队总结的"聚合物驱油藏工程理论"，以及相关的采油工程、地面集输工程配套技术，宣讲了大庆油田编制的48项三次采油技术标准和11项技术指标检测方法，让加拿大的学者们叹为观止。盛赞中国的大庆油田不愧

---

[1] 讲话内容来自中华人民共和国科学技术部网站，2006年8月29日。

是三次采油技术应用规模最大、提升采收率最高、经济效益最好的企业，具有国际领先水平。

王玉普的这次学术交流使加拿大滑铁卢大学理学院的学者们对大庆油田加深了了解，促进了双方在学术交流方面的互信与合作。鉴于王玉普的渊博学识，加拿大滑铁卢大学理学院特聘他为客座教授。

学术交流期间，王玉普考察了加拿大的部分油田和石油装备制造企业，深感世界之大，先进技术层出不穷，就三次采油而言，大庆油田虽然走在了世界前列，但是其他方面还有许多明显的差距。现代化程度发达的加拿大，油气资源丰富，用人极少的油田信息化管理尤为值得学习。考察中王玉普萌生了在创建百年油田的进程中建设数字化大庆油田的初步设想，带着交流的学术成果和受到的深刻启发乘兴而归。

王玉普作为承担国家"973计划"科研项目的学科带头人海纳百川，从国内国外两方面汲取学术研究的新动能，在探索老油田实施三次采油新技术的持续攻关中，不断丰富学识，厚积薄发，成为石油工程界提名中国工程院院士的候选人。

引领发展荣获工业大奖

2007年2月27日，国家科学技术奖励大会在北京人民大会堂隆重开幕。王玉普出席了这届盛会，代表大庆油田有限责任公司受领了"大庆外围油田年产500万吨有效开发技术研究与应用"项目荣获的国家科学技术进步奖二等奖。

这项荣誉，是对王玉普领导大庆油田知难而进的再度表彰。颁授奖牌的那一刻，大庆外围油田的年产油已经攀升到了550万吨的新高程，正在向年产600万吨的目标持续发力。

回到大庆油田的王玉普，满怀出席国家科学技术奖励大会受到的激励和鼓舞，正在考虑对原有生产科研部署做出适度调整之际，接到了来自中共中央组织部的培训通知。

51岁的王玉普，成为中共中央党校第23期中青年干部培训班的一名学员。按照中共中央组织部的培训计划，要求他暂时脱离工作岗位，参加为期一年的党史党规、政治理论、方针政策、法律法规、经济金融等方面的系统学习。个人必须无条件服从组织安排的党性素养，敦促王玉普立即向领导班子成员做工作上的嘱咐交代。3月初启程，按时赶往设在北京西郊的中共中央党校报到。

参加中共中央党校中青年干部培训班的学员，均是来自国家机关各部委的司局级、行政区地市级、国有大型企业担任党组书记、董事长、总经理的"50后"或"60后"高层干部，人才济济，高手云集。这次培训可谓是理想信仰、精神境界、思想情操、学习态度、执行能力的一次综合考评。中共中央党校是中国共产党培养共产主义事业后继人才的最高学府，以毛泽东主席亲笔题写的"实事求是"四个大字作为校训，始终保持延安时期"团结、紧张、严肃、活泼"的抗大作风，对学员实行半军事化管理。无论入学前是哪一级别的领导干部，跨进中共中央党校的门槛都是普通学员，必须遵守纪律，完成规定的学习任务。

王玉普第一次到中共中央党校参加培训，一入学便感受到了与普通高校完全不同的政治氛围。第23期中青年干部培训班学员到齐后成立了临时党支部，王玉普的年龄最长，又有管理国有大企业的经历，于是担任了临时党支部的生活委员。

开学后，王玉普固有的朴实、谦虚、平和、勤快、好学的品行逐一显露出来。处处以身作则、事事严格自律的模范行动，得到老师和同学们的一致夸赞，尊称他为班中的老大哥。

王玉普对各年龄段的授课教师，一律持尊敬态度虚心学习，坚决不搞特殊化，骨子里忠厚随和。

每当进行讨论交流时，王玉普总是精心准备，认真撰写发言稿，从他嘴里说出的感受都是有切身体验的大实话，并且旗帜鲜明、立场坚定、认识深刻，敢于就国家的方针政策、发展战略联系实际谈论民心所向的敏感问题，对国有骨干企业在深化改革中面临的困惑有独到的思考和见解。他的发言质量很高，受到了中共中央党校的表扬。培训期间，中共中央党校推荐王玉普到北京市政府、北京大学、全国政协机关做《关于大庆油田的形势和任务》报告，他撰写的结业论文以《依托自主创新　创造百年辉煌》为总标题，概括了他对大庆油田实施创建百年油田战略的实践与思考，从政治理论的高度阐述了思想认识上的新飞跃，紧紧围绕保障国家能源安全的主题谈观点：

> 大庆油田的可持续发展，关乎国家能源战略安全和国民经济发展两个大局。大庆油田的可持续发展，具有重大的政治影响力。作为全国最大的原油生产基地、中央企业的中坚和骨干，大庆油田的可持续发展，对中国石油工业乃至国有企业的整体改革与发展，都具有深远意义。

为了实现这个宏伟的发展目标，王玉普结合在中共中央党校的理论收获，深度思考了要处理好的几个关系：

> 一要处理好当前与长远的关系；
> 二要处理好本土发展与对外合作的关系；
> 三要处理好做强主业与多元发展的关系；
> 四要处理好弘扬传统与不断创新的关系；
> 五要处理好企业发展与社会进步的关系。

王玉普集思广益完成的这篇论文，成为中共中央党校第23期中青年干部培训班学员经典的代表作，收录到中国共产党最高级别的政治理论刊物《求是》杂志，在 2007 年 8 月第 15 期上全文发表。

卸去沉重的工作压力，每天专心研读的学习生活既有政治理论的润泽，又有接触社会实践的体验。一晃到了炎热的盛夏，知了鸣叫，暑热难耐。中共中央党校为了考察中青年干部培训班学员的意志力，安排了重温党史和革命斗争史的校外培训。

高天流云、骄阳似火的 6 月底，王玉普和同学们一起来到燃起星星之火的江西省井冈山。在茅坪村，瞻仰了伟大领袖毛泽东主席的旧居，在红太阳升起的地方，汲取全心全意为人民服务的精神力量。

2007 年 7 月 1 日，王玉普在中共中央党校学习期间，到井冈山茅坪村参观八角楼毛泽东同志旧居

在毛泽东主席领导秋收起义队伍创建的第一个革命根据地，穿上工农红军时期的灰色军装，头戴八角帽，扎绑腿、束红带，追寻红军战斗的足迹跋山涉水，回顾腥风血雨的艰难困苦，缅怀牺牲的无数先烈，感受共产党人革命理想高于天的浩然之气。

王玉普和同学们一同登上了威震敌胆的黄洋界哨口，领略了毛泽东、朱德挑粮走过的小路，瞻仰了毛泽东主席雄才大略指挥红军以少胜多取得反"围剿"胜利的战斗遗址，参观了井冈山革命斗争史纪念馆，祭扫了革命先烈安息的陵园，吃一顿红米饭南瓜汤，喝一瓢爱民井里边的清凉水……一程接一程汗流浃背的徒步行军，一处接一处坚定理想信念的庄严洗礼，使纳入中国共产党精神谱系的井冈山精神深深嵌入了王玉普的骨髓。

2007年7月2日，王玉普在中共中央党校学习期间，到井冈山体验毛泽东、朱德挑粮走过的小路

  这次体验教学的时间虽短，但收获极大，令王玉普对中国共产党领导人民翻身闹革命的艰辛历程有了更加深刻的切身体会。共产党为什么能够立于不败之地，建设中国特色的社会主义道路为什么行得通？根本原因来自人民至上的建党宗旨，不忘初心，方能始终，他坚信这条真理矢志不渝。

  这次暑期亲临革命圣地学习体验，令王玉普心潮澎湃，思绪万千，联想半个世纪前的松辽石油大会战，以及眼下的4000万吨再度稳产，乃至分步实施的创建百年油田规划，责任和使命的力量在胸中激荡。

  这一年的仲夏，天气特别炎热，喜讯如潮，接二连三。

  2007年7月7日，中国企业联合会、中国企业家协会、中国企

第七章 布局海外，勇越雄关漫道

业管理科学基金会联合评选，授予王玉普"第六届全国优秀创业企业家"荣誉称号。

7月中旬，中共中央党校放暑假，王玉普急匆匆赶回大庆油田，一天也没有休息，立即履行职责主持工作。查阅《大庆油田报》刊载的通讯报道，王玉普忙而有序的工作日程跃然呈现：

7月18—20日，中国石油天然气集团公司在大庆油田召开下属企业领导干部会议，王玉普出席并陪同与会的300余名领导，到铁人王进喜纪念馆、大庆油田历史陈列馆、1205钻井队、西水源、油建十一中队等八处爱国主义教育基地，回顾会战传统，传承铁人精神。

7月23日，王玉普主持召开大庆油田有限责任公司生产运行会议，部署下半年加足马力生产原油的主要任务，要求各部门履行好大企业的经济责任、政治责任、社会责任，为迎接党的十七大胜利召开作贡献。

7月30日，王玉普主持召开大庆油田有限责任公司总经理办公会议，做了"落实科学发展观、牢固树立节约意识"的主旨讲话，就投资不足问题，做了精打细算、压缩非生产开支、加强经济分析、控制好成本的具体安排。

7月31日，赶往海拉尔石油勘探开发指挥部检查指导工作，慰问前线员工。听取汇报后，就进一步开创海塔石油会战新局面做了部署，要求各级指挥员要牢固树立安全第一、环保优先、以人为本的理念加大力度、扩大战果。特别强调："海塔石油勘探开发是大庆石油人在莽莽荒原上开展的一场波澜壮阔的大会战。面临艰苦的环境、困难的条件，指挥部各级领导和员工要继承发扬大庆精神铁人精神和会战优良传统，始终保持艰苦奋斗、顽强拼搏的工作作风，同心同德，奋力开拓，勇于肩负起时代赋予的重任，全面实现海塔石油会战目标。"

在海拉尔油田调研期间，王玉普拜访了呼伦贝尔市委、市政府的主要领导，感谢地方党委和政府给予油田开发建设的大力支持，就建立地企合作双赢的长效机制进行了磋商和交流。

8月13日,王玉普到大庆油田有限责任公司第一、第三、第六采油厂调研,就加快试验区科技攻关步伐,扎实推进绿色油田建设问题,提出了"百年油田、科技为先"的指导思想。

8月15日,王玉普到井下作业分公司调研,要求从创建百年油田大局出发,强化"三基"工作,提升核心竞争力。

8月20日,王玉普获悉被黑龙江省委省政府评为"优秀企业家"。

8月21日,王玉普带领大庆油田有限责任公司领导班子履行企业扶贫责任,驱车400公里来到齐齐哈尔市克山县发展乡民胜村,捐资100多万元协助抗旱救灾,还提出为这个贫困村无偿兴建道路、桥梁、小学校、公共厕所、兴办农机合作社,调整农业生产结构的扶贫意向,并确定为大庆油田有限责任公司长期的帮扶对象,携手共建社会主义新农村。

8月27日,由12名中国科学院院士组成的百年油田考察团莅临大庆。王玉普陪同院士们到油田的科研机构和主力生产部门参观,并主持召开了院士座谈会,汇报了大庆油田科技兴油、绿色环保、拓展海外业务、走可持续发展之路,全面实施百年规划的具体实践。来自中国科学院化学研究所、自动化研究所、地质与地球物理研究所的院士们对大庆油田创建百年油田的各项部署给予高度评价,纷纷从各自专业的角度建言献策,助力大庆油田的长远发展。

一个月的暑假,王玉普紧锣密鼓,日日繁忙,带着黑龙江省出席党的十七大代表的荣光返回中共中央党校复课。

2007年10月15日,王玉普出席在北京人民大会堂隆重开幕的中国共产党第十七次全国代表大会。10月21日,王玉普当选中共第十七届中央委员会候补委员。

接连获得的巨大荣誉,使王玉普心潮激荡,倍受鼓舞,正当他做培训结业总结的时候,又一项国家评选的大奖结果揭晓。

2007年12月26日，北京天安门广场洋溢着迎接元旦的喜庆氛围，一个盛大的颁奖仪式筹备就绪。在中共中央党校学习临近尾声的王玉普，再次走进人民大会堂主会场，代表大庆油田的全体员工，从国务院副总理曾培炎手里接过了中国工业经济联合会授予的首届"中国工业大奖"金色奖牌。

该奖项是中国企业界的最高荣誉，专项表彰对国家经济建设作出卓越贡献的工矿企业，大庆油田有限责任公司获得首届殊荣来之不易。在颁奖大会上，王玉普代表大庆油田发表了简短而诚挚的感言：

2007年12月26日，王玉普接受"中国工业大奖"奖牌

> 我们将以此为新的起点，认真贯彻落实胡锦涛总书记"珍惜大庆光荣史，再创大庆新辉煌"的嘱托，以及对石油工业的一系列指示精神，全面落实温家宝总理视察大庆时提出的"立足当前，着眼长远，加强勘探，合理开发，调整结构，多元发展，企地结合，共建和谐"的32字方针，大力推进创建百年油田实践，努力当好我国工业企业发展的排头兵。
>
> ……
>
> 请党中央放心，请全国人民放心，大庆从一次创业的辉煌中走来，也必将在二次创业的辉煌中前进！

2007年底，王玉普在中共中央党校的一年培训圆满结业，即将返回大庆油田之际，又一项荣誉肯定了王玉普多年的学术成就。

行业领军当选工程院士

中国工程院院士是国家设立的工程科学技术方面的最高学术称号，为终身荣誉。中国工程院遴选院士有明确标准，必须在工程科学技术方面有重大的、创造性的突出成就与贡献。

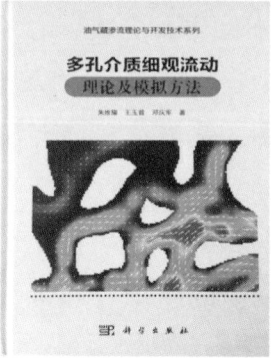

王玉普参与编写的部分学术专著和译著

2003年以来，王玉普组织领导的油田勘探开发方面的重大科研课题和工程技术试验有上百项之多，亲自参与组织研发的技术成果：

1项获国家技术发明奖二等奖、3项获国家科学技术进步奖二等奖、1项获国家管理现代化创新成果一等奖。累计发表高质量学术论文数十篇，出版学术专著、译著六部。这些日积月累的学术成就，是推荐他参选中国工程院院士的先决条件。

被提名之前，王玉普把亲身经历的生产科研实践做了系统总结，结合大庆油田40多年来运用《矛盾论》和《实践论》的哲学思想，认识油田、开发油田、壮大油田，创高产、保稳产的科学发展历程，执笔撰写了《运用矛盾辩证法指导和推进百年油田实践》的学术论文，提出了"资源有限、科技无限、任期有限、责任无限"的新理念，分析了大庆油田可持续发展面临的新矛盾，就资源接替、基础设施老化、安全环保、推进改革与保持稳定等方面制约发展的难点做了学术性的科学论述。

2007年8月，中国科学院组织院士考察团到大庆油田调研百年油田，王玉普向院士们详细介绍了大庆油田的新举措、新作为，陪同参观了油田勘探开发生产现场和三次采油实验室，展示了创建百年油田的科研实力。正如《经济日报》原总编辑冯并所言："不了解大庆油田的人，可能会认为百年油田是一个口号，亲临大庆才感受到百年油田是一次伟大实践。它不仅是能源型企业生死存亡的战略性思考，更是大庆油田可持续发展的正确战略选择，是中国能源战略安全的迫切需要，是继续履行大庆油田为祖国加油的光荣使命。"

2007年10月，王玉普被推荐为中国工程院院士候选人，他作为油气田勘探开发技术创新的组织者和带头人，作出的开拓性贡献主要体现在三个方面：

其一，应用系统工程学和集成创新理论做指导，组织实施三次采油工程化管理，建成了世界上独占鳌头的化学驱三次采油生产基地。

其二，组织创新勘探开发一体化管理模式，推动油气勘探取得重大发现。

其三，建立了大庆油田科技创新体系，规划了可持续发展的创建百年油田宏大战略。

2006年8月，温家宝总理在大庆视察期间，听取了"大庆油田可持续发展创建百年油田"的汇报，给予高度评价，并通报该规划已得到国务院正式批准。2006年底，王玉普主导的"基于百年油田建设的科技自主创新管理"研究项目获第13届国家级企业管理现代化创新成果一等奖，排名第一。

2007年12月，王玉普通过了中国工程院的评审。几天后，收到了中国工程院主席团执行主席、院长徐匡迪签发的院士当选通知书。

王玉普当选中国工程院院士的消息轰动了大庆油田乃至中国石油界，这项荣誉不仅是对他个人学术成就的认可，也是党和国家对大庆油田持续走独立自主创新发展道路，创造了世界上同类砂岩油田开发奇迹的高度肯定。

王玉普当选中国工程院院士后，有了更加强烈的责任感和紧迫感，他清醒地意识到，此后人们不会再用衡量大企业领导人的眼光看待自己，无论党务、政务工作多繁忙，都要在提升专业学识的道路上持续努力。

2007年12月，王玉普当选中国工程院院士

王玉普没有陶醉于如潮的喝彩声中，耳边鸣响起石油界老领导余秋里、康世恩告诫"夹着尾巴做人"的教诲，脑海里浮现出铁人王进喜警醒自己的座右铭："讲进步不要忘了党，讲本领不要忘了群众，讲成绩不要忘了大多数，讲缺点不要忘了自己，讲现在不要割断历史。"

作为一名新当选的中国工程院院士,参与国际性学术活动的机会少不了,为更加充分了解国际上最先进的前沿技术,王玉普挤时间强化、巩固和提高英语对话能力。

2008年1月,王玉普结束了在中共中央党校的培训学习,带着获国务院首届工业大奖和当选中国工程院院士的荣光回到大庆油田后,立即组织公司领导班子研究部署落实"十一五"规划,召集科研团队核心成员总结分析水驱和聚合物驱深度挖掘生产潜力面临的新问题,详细制订了创建百年油田分三步走的推进计划:

第一步是年产原油4000万吨以上保持到2010年;第二步是4000万吨油气当量保持到2020年;第三步是2021年以后还要可持续发展。

王玉普要求主力油区各采油厂把剩余的一类储量全部采用三元复合驱新技术,进一步提高可采储量的动用程度。2009年要把三元复合驱普遍推广到二类油层,在做好现场试验的泡沫驱、微生物驱基础上总结经验,适度向三类油层扩展。在科研方面加大泡沫驱、微生物驱等新技术的配套研发力度,为四次采油做储备;在油气勘探方面要求探究深层火山岩储气成藏机理,选择有利地区部署详探井,尽快拿下2000亿立方米的天然气探明储量,为大庆油田以气补油的后续发展提供资源。同时他还提出"要围绕创建绿色油田的目标,深入贯彻《环境保护法》和《集团公司关于落实科学发展观加强环境保护的意见》,加强环境风险管理,提升全方位监测水平,实施无污染作业,搞好油区内绿色植被恢复,努力保护好生态环境"的实施细则。

王玉普以当选中国工程院院士作为新的起点,立足当前、展望长远,带领大庆油田有限责任公司在2008年的晨曦中又谋划了一个勘探开发技术创新的大动作。

立足高新推动科技会战

创建百年油田分三步走的战略，需要油田勘探开发各专业部门同时发力，恰在此时，中国石油启动了新一轮的深化改革。

2008年2月，中国石油天然气集团公司依据分开分立后出现的新情况，再度整合上市企业和未上市企业的协作关系，对大庆油田上市与未上市企业进行重组整合，保留"大庆石油管理局"企业名称，并组建大庆钻探工程公司。

2008年2月26日，王玉普被任命为大庆油田有限责任公司董事长、总经理，大庆石油管理局局长，大庆油田有限责任公司（大庆石油管理局）党委副书记，成为统领大庆油田有限责任公司、大庆石油管理局两大企业集中统一管理、一体化协调发展的总责任人。

整合后的大庆油田步调一致，共同为实现创建百年油田的阶段目标集中起科研力量的优势，王玉普借助这股强劲的改革推动力，发起了一场突破瓶颈的高科技新会战。

以完成国家"973计划"重大科学基础研究项目"火山岩油气藏的形成机制与分布规律"课题必须攻克的难关为引导，列出了一批分解的子课题，确定了油藏工程、钻井工程、采油工程、基建工程四大版块联手发起总攻的战役目标。

2008年7月16日上午，容纳数千人的大庆油田体育中心座无虚席，与会的油田干部员工着装整齐，情绪激昂，共同高唱《踏着铁人脚步走》和王玉普等人作词的《百年油田铸辉煌》两首雄壮歌曲，像出征的部队一样隆重誓师。

由王玉普等人作词的大庆油田有限责任公司公司歌——《百年油田铸辉煌》

这次大会非比寻常，为落实刚刚颁布的《大庆油田高科技新会战总动员令》，召集各科研单位遴选精兵强将组成的迎战瓶颈技术特别攻关队，同时向10个"卡脖子"的科研项目下达了突击任务。这10个项目是实现创建百年油田第一步的铺路石，也是第二步的技术储备：

（1）松辽盆地北部中浅层精细勘探配套技术；

（2）海拉尔探区综合地质研究及勘探配套技术；

（3）喇嘛甸、萨尔图、杏树岗油田特高含水期控水挖潜配套技术；

（4）外围低渗透油田有效开发配套技术；

（5）深层天然气开发配套技术；

（6）强碱三元复合驱油配套技术；

（7）二类油层聚合物驱油进一步提高采收率配套技术；

（8）聚合物驱后提高采收率技术；

（9）喇嘛甸、萨尔图、杏树岗厚油层顶部挖潜工艺技术；

（10）超薄层水平井工艺技术。

王玉普带领全体班子成员，向科研攻关队的学科带头人授予突击队旗帜，激励他们向世界级的勘探开发难题发起果敢冲锋，为创建百年油田闯出一条通向胜利的道路。

庄严隆重的誓师大会鼓乐喧天、壮志铿锵，王玉普以高科技新会战总指挥的身姿走上讲坛，做了以《继承发扬大庆精神，打好高科技新会战，向原油4000万吨持续稳产目标进军》为总标题的动员讲话，他用激扬的语调满怀信心地指出：

> 实现4000万吨稳产，是党中央、国务院对大庆油田提出的殷切希望，是集团公司党组交给我们的政治任务。油田上下必须清醒地认识到，当前，随着我国全面建设小康社会进程的加快，石油供需紧张的矛盾日益突出，能源安全已经成为制约经济社会发展的瓶颈问题。"这困难，那困难，国家缺油是最大的困难；这矛盾，那矛盾，国家缺油是最大的矛盾"。大庆油田作为目前我国最大的石油生产基地，在责任和挑战面前，必须勇挑重担、为国分忧。这是大庆油田的光荣传统，是大庆精神的具体体现，是大庆红旗的责任使然。同时，我们也要看到，实现4000万吨持续稳产，不仅是在高油价下保障国家能源供给安全的需要，而且是创建百年油田的重要组成部分。4000万吨持续稳产规划，是油田可持续发展规划的阶段性计划，二者是统一的、一致的。稳产需要高科技，也必将催生高科技。

王玉普以洞察未来趋势的远见、企业家善于经营的头脑、科学家探求真知的学识,为这次高科技新会战设定了五个方面的达标意向:

一是以实现储采平衡为目标,打好油气勘探攻坚战。力争到2017年,在大庆外围提交探明石油地质储量5亿吨,在海塔盆地提交探明石油地质储量10亿吨。

二是以实现采收率达到60%为目标,力争到2017年,累计新增可采储量1.4亿吨,年采油量保持在2770万吨以上。

三是以加快低效难采储量动用为目标,力争到2017年,累计新增可采储量1.1亿吨,年产量达到730万吨。

四是以形成重要产量接替区为目标,力争到2017年,年产油量达到500万吨。

五是以打造一批名牌企业为目标,在国内外市场叫响大庆钻探、大庆建设、大庆制造的品牌,增强核心竞争力。

2008年7月16日,大庆油田召开高科技新会战誓师大会

2008年7月16日，王玉普在高科技新会战誓师大会上讲话

围绕五大目标，王玉普下达了9项配套技术研究、11项专项技术攻关、6项储备技术探索和22项重点现场试验的科研任务。要求各级领导干部全面组织动员，形成上下联动、推进落实的强大合力，带领员工勇闯开发极限的"禁区"、无人涉足的"盲区"、矛盾交织的"难区"，倾大庆油田全部科技力量，坚决打赢这场突破瓶颈的攻坚战役。

擂起战鼓、吹响号角、发起冲锋的高科技新会战，是大庆油田发现40多年来前所未有的重大举措。以10面战旗引导的攻关突击队，针对老区高度分散的剩余油识别、三元复合驱转向二类油层应用、深层火山岩复杂地层水平井钻探、外围及周边难采储量有效动用、压裂改造油层提高油气产能等"卡脖子"的瓶颈问题，联合开展多学科、多层面的科研协作，集中优势技术力量，争取短期内取得关键性突破。

1960年发起的大庆石油会战与2008年发起的大庆油田高科技新会战，不同历史时期的两大伟业有着相同的价值回响，都是为解决中国的能源问题吹响了向困难进军的集结号。

王玉普不仅善于组织油田内部的大兵团协同作战，还善于借助国家科研团队的力量助力大庆油田启动的高科技新会战。2008年7

月24日，王玉普亲自筹备了一次高规格的学术研讨盛宴。由中国工程院主办、大庆油田协办的"中国工程院管理学部工程哲学论坛"在大庆油田开幕。

工程哲学是21世纪以来国内外关注和研究的新领域，我国的"两弹一星"、航天探月工程、建成投产的三峡水利工程、西气东输油气管道工程、高速铁路和青藏铁路工程都是应用工程哲学研究成果取得的世界瞩目的伟大成就。王玉普邀请中国工程院院士宣讲团到大庆油田举办工程哲学论坛，旨在用工程哲学的精髓启发科研团队的智慧，为刚刚启动的高科技新会战增添科学思维的系统方法。在工程哲学论坛开幕式上，王玉普开宗明义：

> 当前，大庆油田正在围绕推进实施创建百年油田战略，以实现原油4000万吨持续稳产为目标，打响了继当年松辽盆地石油大会战以来的又一场高科技新会战。这场新会战面临许多新情况、新问题、新挑战，本身就是一个长期而复杂的系统工程，迫切需要工程哲学的有力指导。大庆油田将以这次讲座为契机，进一步加强对新理论、新知识的学习，特别是学习运用工程哲学的思想方法，指导和推进油田改革发展实践。

在普及工程哲学的促进下，蓬勃进行的高科技新会战，把大庆油田的科研力量拧成了一股绳，当年就取得了令人惊艳的重大进展。

2008年终盘点：大庆油田生产原油4020万吨，超额完成预定计划。其中，三次采油连续7年保持产油量1000万吨以上；外围油田的年产油量首次突破了600万吨；海拉尔地区的绿色环保开发迈向100万吨/年产能的新台阶；深层天然气勘探在提交探明储量2000亿立方米基础上，仍在持续扩大战果，有望再增加1000亿立方米的探明储量。大庆油田以气补油、油气并举的可持续发展格局初步形成。

2008年，大庆油田落实国际化运作的脚步迈出国门走向世界，以挺进蒙古国塔木察格区块为先导的"走出去"战略，不仅站稳了桥头堡，而且向俄罗斯远东地区辐射；工程技术服务队伍抓住国际局势动荡的机遇，迅速开赴苏丹、伊拉克两大产油国抢占钻探和基建市场。

这些立竿见影的业绩，均以王玉普主导发起的这次高科技新会战为后盾。在创建百年油田成功迈出第一步的凯歌声中，鉴于王玉普领导大庆油田取得的卓越成就，2008年，黑龙江省人民政府为他颁发了一枚"纪念改革开放三十周年——突出贡献企业家评选活动"纪念章。同年6月30日，中国企业联合会、中国企业家协会联合向王玉普颁发了"高级职业经理资格证书"。

王玉普的心里装着国家能源安全的忧患，敢于冒着风险组织领导科研团队涉足前人没有征服的激流险滩，在他身上体现的中国工程院院士风采，可谓知难而进，名不虚传。

2008年6月30日，王玉普获中国企业联合会、中国企业家协会联合颁发的"高级职业经理资格证书"

统筹谋划筑牢百年基业

王玉普主持大庆油田有限责任公司工作期间，多次向前来视察的党和国家领导人汇报工作、陪同视察。每一次寄予厚望的重托，都成为他深受鼓舞、坚定信心、不辱使命的重大激励。

2006年4月,国务院总理温家宝接到审计署呈送的一份报告,反映了大庆油田可持续发展过程中存在的一些矛盾和困难,希望国务院有关部门、地方政府能够就大庆油田的可持续发展问题给予支持和帮助。这份直达国务院总理办公室的报告,汇总了王玉普向上级领导汇报大庆油田面临诸多困难的多次请示,主要提出了五个方面的问题,恳请国务院给予政策性调节:

在老油田基础设施改造上给予支持。大庆油田开发了46年,历史欠账较多,虽然近几年来总部在老油田改造上加大了投入,但仍然满足不了生产和安全的需要。"十一五"期间,我们计划重点改造各类站、库、间1336座,更新腐蚀老化和不符合安全距离的各种管道8256公里,电力线路728公里,维修改造油田道路1973公里,平均每年需要增加投资24亿元。此外,套损井的治理也需要专项资金支持。

在外围油田新建产能投资上给予支持。外围油田储层条件差、单井产能低,按照新定额(涨价26%)计算,百万吨产能投资达到40亿元以上,如2006年建设的敖南油田,是外围地质条件相对较好的开发区块,通过油藏工程、钻井工程、采油工程和地面工程方案进行多次优化,百万吨产能建设投资虽然下降了3亿元,但仍达到44.9亿元。

在科技攻关投入上给予支持。"十五"后几年,总部对大庆油田的科技攻关给予了高度重视,但在"十一五"期间仍需给予大力支持,主要是:①二三类油层水、聚合物两驱提高采收率试验;②聚合物驱后进一步提高采收率的攻关试验;③扶杨油层注CO_2驱试验等,每年需要增加科研试验经费10亿元。

在加快深层天然气开发上给予支持。随着大庆深层气勘探开发的加快，目前急需压裂、试气、计量、作业、修井等设备，共需投资18.4亿元。同时"十一五"期间，天然气产量要达到50亿立方米，需要配套基础设施，气田集输主干网调整等工程，每年需增加投入3亿元。

在参与海外项目上给予政策性支持。

2006年8月10日，国务院总理温家宝带着需要解决的问题来到大庆油田视察，王玉普陪同参观了铁人王进喜纪念馆和第一采油厂聚南配制站之后，向温家宝总理做了详细的工作汇报。

温家宝总理听后，就大庆油田可持续发展的重大意义、基本思路和一些政策性问题发表意见，谆谆勉励王玉普和大庆市的主要领导：

> 实现大庆油田和大庆市的可持续发展，最根本的是要靠大庆广大干部群众自身的努力，坚持和发扬大庆精神铁人精神。无论过去、现在，还是将来，大庆精神铁人精神，都是鼓舞我们继续前进的巨大力量，任何时候都不能丢。当前，我们国家和民族正站在历史的新起点上，面对新的形势、新的任务，要更好地弘扬大庆精神铁人精神。我相信，在中国石油天然气集团公司，在黑龙江省委、省政府的领导下，在各方面的支持下，紧紧依靠大庆广大干部群众，团结拼搏，再接再厉，一定能够谱写大庆油田发展的新篇章，大庆的明天将会更加美好，大庆的名字将更加响亮。
>
> （摘自《大庆油田五十年文史资料汇编·第四卷》）

王玉普遵照温家宝总理的指示，眼睛向内挖潜力，组织领导了攻克油气田勘探开发难关的高科技新会战，经过近一年的努力，成果首先在一项引进俄罗斯原油的大工程上体现出来。

2009年5月，中俄两国谈判了十几年、历经多次反复的原油管道输送工程合同终于签订。这条拟建的钢铁巨龙承接黑龙江对岸俄罗斯的斯科沃罗季诺输油分站，在中国境内以素有北极之称的黑龙江省漠河县兴安镇为起点，穿越林海莽莽的大兴安岭冻土带，进入广袤的松嫩平原，途经黑龙江省和内蒙古自治区13个县市区，最终抵达大庆油田的南三油库。全程1030公里，设计年输油量1500万吨。这条逶迤上千公里的大口径输油管道，由大庆油田建设设计院承担主体选线设计，大庆石油管理局工程建设集团担负主力施工。

2009年5月18日，王玉普提前赶到中国最北端的漠河县兴安镇，迎接专程赶来出席开工仪式的国务院副总理王岐山和各界代表，并在露天布置的会场主持盛大的开工庆典。

王岐山副总理，代表国务院和温家宝总理对参加中俄输油管道设计建设任务的全体人员致以慰问和勉励：

> 中俄原油管道工程的开工建设，是中俄两国领导人亲自关心并直接推动的重大合作成果，是实施中俄关于修建原油管道、长期原油贸易、贷款等一揽子合作项目协议的重要内容，标志着中俄能源全面长期合作迈出了实质性步伐。这一工程的如期建成，必将成为连接中俄两国人民友好合作的桥梁和纽带。[①]

王岐山副总理特别强调：

> 中俄原油管道工程施工难度大、安全环保要求高，工期紧、任务重，各有关部门和全体参建干部员工要高度重视，科学组织，密切协作，精心施工，确保2010年底建成投产。

---

① 讲话内容来自中华人民共和国中央人民政府网，2009年5月18日《王岐山出席中俄原油管道工程中国境内段开工仪式》。

王玉普代表大庆油田有限责任公司、大庆石油管理局30万员工郑重承诺：

中俄原油管道工程作为中俄油气战略合作的重大项目，由大庆油田承担设计施工任务，深感责任重大，使命光荣。我们深刻认识到，我们所承建的不仅是一条石油管道，更是中俄两国人民友谊的桥梁和友好合作的纽带，我们为能够亲自参与和建设这一重大工程，为推进中俄两国能源合作尽绵薄之力倍感骄傲和自豪。我们有信心、有能力，高水平、高质量，如期建成中俄原油管道工程……请党中央、国务院放心，请全国人民放心，我们管道建设者一定会全力以赴建设好中俄原油管道工程，决不辜负党和国家的期望、全国人民的重托，以辉煌的业绩交上一份满意的答卷，为祖国争光，为中国石油争光，为大庆油田争光！

2009年5月18日，王玉普在中俄原油管道工程（中国境内段）开工庆典上发言

这项简称为"漠大线"的原油管道工程，在王岐山副总理的见证下，王玉普宣布全线开工。顿时，土方机械作业设备的轰鸣声震撼了山谷，第一道电弧闪闪的光芒拉开了日以继夜艰苦奋战的序幕，

数以万计的建设施工大军发扬大庆精神铁人精神，迎风雨、冒严寒，在高度重视生态保护和工程质量的严苛氛围中开赴各区段，决心一鼓作气，把引进俄罗斯原油的钢铁大动脉建成国际一流水平的优质工程。

中俄原油管道"漠大线"在大兴安岭冻土带施工

施工期间，王玉普遵照国务院的指示，多次亲临"漠大线"施工现场鼓舞士气，慰问破例冬季野外作业的员工，严格执行生态保护标准，全方位监督工程质量，使我国首条高寒地区穿越原始森林的输油管道如期完成了穿过11条大中型河流、15处铁路和26处公路的关键节点，为2010年底如期竣工扫除了障碍。

庆祝建党88周年前夕，中共中央总书记、国家主席、中央军委主席胡锦涛，于2009年6月26日下午莅临大庆油田视察。

王玉普陪同胡锦涛总书记首先到铁人王进喜生前带领的1205钢铁钻井队慰问员工，然后到大庆油田勘探开发研究院采收率实验室看望科技人员，随后参观了大庆油田历史陈列馆。

当日傍晚，在大庆油田历史陈列馆会议室，胡锦涛总书记亲切接见了大庆油田的劳动模范、优秀党员代表、铁人王进喜的亲属。

胡锦涛总书记代表党中央向大庆油田的干部员工致以崇高的敬意和诚挚的问候,并发表了催人奋进的即兴讲话:

> 50年来,以铁人王进喜同志为代表的一代又一代大庆创业者,怀着为国争光、为民族争气的远大胸怀,克服了重重困难,创造了极不平凡的业绩,油田生产了国家经济发展所需要的大量的宝贵石油产品,培育了"爱国、创业、求实、奉献"的大庆精神,锤炼了敢打硬仗、永创一流的英雄队伍,在我国石油工业发展史上,谱写了光辉的篇章!大庆油田为国家、为人民所做的历史贡献,党和人民永远不会忘记!同志们,当前,我们正在积极地应对国际金融危机的冲击,努力保持我国经济平稳较快发展。在这样的形势和任务面前,我们更需要弘扬大庆精神,坚定信心,顽强拼搏,努力做好保增长、保民生、保稳定的各项工作,把我国改革开放和现代化建设事业继续推向前进。

(摘自《大庆油田五十年文史资料汇编·第四卷》)

胡锦涛总书记心系大庆油田,对可持续发展创建百年油田的奋斗目标高度赞誉。陪同视察的王玉普,代表大庆油田的全体干部员工表达了不负总书记热望的心声:

> 作为"共和国长子",作为有着光荣传统的大庆油田,一定不会辜负总书记的重托,充分认清自身肩负的历史使命和神圣责任,进一步解放思想,抢抓机遇,锐意进取,奋力前行,扎实推进创建百年油田伟大实践,努力开创大庆油田可持续发展的新局面,让辉煌历史走向未来,让大庆红旗更加鲜艳!

(摘自《大庆油田五十年文史资料汇编·第四卷》)

胡锦涛总书记视察后的 7 月 23 日，王玉普主持召开大庆油田 2009 年科技工作会议，以"牢记胡总书记嘱托、发扬'三超'精神、加快自主创新、扎实推进新时期高科技新会战"为主旨发表讲话，他指出：

总书记在新中国成立 60 周年、油田发现 50 周年前夕来大庆油田视察，充分体现了党和国家对大庆油田的高度重视与亲切关怀，这是大庆的光荣与骄傲，也是激励我们奋勇前进的强大力量。公司上下一定要以总书记的指示要求为动力，发扬"三超"精神，加快自主创新，扎实推进新时期高科技新会战。

……

会战就是会战，会战不同于平常，必须打破常规，大力度、快节奏、强推进。各项重大科研项目攻关，只有站在会战的背景来考虑，按照会战的要求来组织，根据会战的部署来展开，才能在时间紧、任务重的情况下，尽快破解当前的一些重大瓶颈技术难题。

……

超越权威、超越前人、超越自我，核心是要解放思想、与时俱进，不唯史、不唯书、不唯上、只唯实。超越权威，就要不迷信、不盲从，在不懈探索中寻求真理。什么是权威？权威就是在一个领域里走在最前沿，水平高、影响力大的人。权威所代表的是一般人难以达到的高度和水准，但这种高度和水准也不是不可超越的。超越权威，要靠实力和水平，更要靠信心和勇气。我们既要向权威学习，以站得更高、看得更远，也要向权威看齐，自我加压，开拓进取，还要勇于超越权威，立足实践、刻苦钻研，努力创造一流业绩。

......

> 我们每名科技人员都要把战胜自我、超越自我，作为人生境界和事业追求。超越自我，首先要有一个好的心态，屏气凝神，专心致志，持之以恒，不求功利，不慕浮华，以平和的心态对待周围的一切；其次要勇于否定自我，坚持"两分法"前进，正视自己的差距和不足，在不断修正中完善自己；再就是要把个人融入集体之中，虚心向他人学习，努力拓展知识领域，始终保持谦虚谨慎、戒骄戒躁的务实作风。

王玉普的一席讲话掷地有声，他把党和国家领导人的勉励当作继续攀登科学技术高峰的动力，在担当使命、奋力追梦的双重鞭策下，引领大庆油田的干部员工和科技工作者砥砺前行，为实现创建百年油田的奋斗目标打下坚实基础。

创建百年油田分三步走的战略规划实施起来困难重重，如何在储采失衡日趋严重、剩余可采储量品位普遍变差、主力采油区全面高含水、地下矛盾日益恶化、开发难度进一步加大的情况下，实现油气当量4000万吨以上稳产到2010年，是王玉普带领大庆油田有限责任公司为保障国家能源安全作出的庄严承诺，也是创建百年油田战略必须如期完成的第一阶段任务。

借助中国科学院和中国工程院两院院士的指导和帮助，是王玉普践行科学发展观、促进大庆油田勘探开发技术水平持续提高、挑战一系列世界性难题的首要举措。他清醒地意识到：

> 实现油气当量分阶段持续稳产，既是创建百年油田的客观要求，也是新时期大庆人肩负的历史责任，更是大庆油田有限责任公司在新时期、新阶段继续发扬大庆精神，永葆大庆红旗本色的最直接、最根本的体现。

2006年8月，继全国政协副主席、中国工程院院长徐匡迪一行到大庆油田视察之后，王玉普连续邀请多位两院院士到大庆油田就油气勘探和开发的关键性技术问题进行学术研讨。

2007年6月27日，王玉普邀请翟光明等6位中国工程院院士来到大庆油田实地调研，针对油气资源深度勘探和环境保护措施等方面的技术难点倾听了院士们的分析和见解。

2007年8月中旬，借助松辽盆地深层科研探井筹备就绪即将开钻的机会，邀请中国科学院院士许志琴、殷鸿福做了《大陆科学钻探与中国》《地球生命学》的专题报告，邀请中国工程院院士童晓光做了"国家石油公司的国际化经营"的专题讲座。

2007年9月，王玉普带领大庆油田部分领导干部与中国科学院院士任纪舜，中国工程院院士翟光明、童晓光，就"盆地构造及相关领域的科学发展问题"进行了广泛而深入的学术交流。

2007年10月，中国工程院院士、中南大学教授何继善应邀来到大庆油田，以《频率域电法勘探》为题讲学，王玉普聆听后深受启发。

2008年8月，中国科学院常务副院长白春礼，应王玉普邀请做了《加强自主创新、建设创新型国家的思考》专题讲座。

2008年8月底，由12位中国科学院院士组成百年油田考察团，深入大庆油田调研。同年12月，中国工程院产业工程科技委员会20余位院士和专家组成考察团莅临大庆油田。借助两个考察团的实地调研，王玉普向两院院士们介绍情况，咨询了可持续发展的建设性意见。

2009年10月，中国工程院院士、西南石油大学原校长、油气藏及开发工程国家重点实验室原主任罗平亚来到大庆油田，分别以"对于发展化学驱技术的几点看法"和"关于解决我国钻井技术难题的探讨"为专题讲述了学术观点。

为汲取国际上先进的油气勘探开发经验，王玉普还邀请SPE的学者，针对"油藏构造对控水技术的影响""二氧化碳提高采收率技术"做学术报告。邀请加拿大滑铁卢大学马瑞斯·杜斯尔特教授，就"西方水平井开发中的新观念"进行讲演；美国圣荷西州立大学副校长马克·诺威教授做"自主创新是21世纪企业发展保障"的讲座；英国赫瑞瓦特大学帕特里克·科贝特教授主讲了"石油天然气工业的可持续发展"问题。此外，还有俄罗斯、德国、日本、新加坡等十几个国家的学者先后到大庆油田讲学。

王玉普与中国石油大学（北京）、北京大学、清华大学、浙江大学、中国地质大学、东南大学、西南石油大学、东北石油大学等院校的科研机构建立了产学研一体化的合作机制，充分利用多方面的科研力量协助大庆油田突破"卡脖子"的瓶颈关口，为大庆油田创建百年油田实现第一阶段油气当量保持4000万吨稳产到2010年的奋斗目标，起到了兼容并蓄、固本强基、补齐短板、加速推进的作用，科研计划如期取得了应用效果。

中国工程院副院长、两院院士王淀佐，在大庆油田调研期间，深刻感受到了以科技创新为先导的百年油田创建规划部署得科学合理，推进得扎实有序，探索出了一条老油田深度挖掘生产潜力、不断增加油气勘探储量的成功之路，盛赞王玉普引领大庆油田在极端困难的条件下，依旧取得了"原油产量第一、上缴利税第一、原油采收率第一"的辉煌业绩。大庆油田有限责任公司获首届"中国工业大奖"、王玉普当选中国工程院院士，均是当之无愧的必然结果。

2009年8月7日，中共中央政治局常委、国务院副总理李克强莅临大庆油田视察。王玉普陪同来到1205钻井队施工现场进行慰问，观看了水平井钻井和油田的部分生产设施，并做了大庆油田基本情况汇报。

建国60年来中华大地沧桑巨变，大庆油田发现50年来蒸蒸日上，改革开放30年来日新月异。融入这场划时代大变革之中的王玉普内心充满拔山扛鼎、不负韶华、不辱使命的拼搏之志。陪同李克强副总理视察之际，王玉普已经得到另有任用的通知，调离大庆油田之前，仍以高度负责的态度贯彻落实科学发展观，全身心工作到离任的最后一刻。

百年战略意义影响深远

王玉普在大庆油田披肝沥胆奋斗了27年，最为显著的工作成就，莫过于在计划经济步入市场经济的转折期，承担了知难而进的重大使命和风险，打下了面向百年愿景再创业的根基。他凝聚集体智慧创立的百年油田战略思想体系犹如一座灯塔，放射出继承传统、续写辉煌的光芒，引领新时代的大庆人冲破迷雾，看到希望，朝着走向胜利的航向开足马力劈波斩浪。

创建百年油田的科学规划，如同深耕细作的犁铧，翻开盛产石油的沃土，把老油区的采收率提升到没有先例的世界最高水平。百年油田的创新驱动还是劈开禁锢的利斧，从深层火山岩地层牵出了2000亿立方米储量的大气田，破解了海塔盆地无从下手的万人愁，为大庆油田的后续发展扩充了油气并举的后备资源。无论从哪个角度看，王玉普担任大庆油田主帅的6年，身后留下的都是彪炳史册的骄人业绩。

王玉普就任大庆油田有限责任公司董事长之时，经过40余年的高效高速开发，大庆油田的内外环境发生了很大变化，生产经营遇到的新问题、新情况可谓困难重重，历史积淀的社会矛盾尤为凸显，不仅勘探开发的难度前所未有，并且安全和环保的隐患进一步加大，企业负担日益加重，这些不容回避的现实问题，需要他审时度势，担当起政治责任,开辟可持续发展的新路径。大庆油田是几代党和国家领导人树立的工业战线标杆旗帜,是中国石油工业的顶梁柱,是全党全国人民寄予厚望并且备受关注的特大型国有企业。何去何从的困惑赋予了王玉普改革创新的艰巨使命,由他提出并组织实施的"可持续发展,创建百年油田"战略思想体系正当其时,既为保障国家能源安全作出了开拓性贡献,又为带动地方经济的繁荣,顺应油田职工家属热切期待的心愿,起到了凝聚人心、维护稳定、共谋发展的导向作用。

2005年3月,中共中央政治局常委、国家副主席曾庆红视察大庆时称赞:

> "希望大庆建成百年油田,并在建设社会主义和谐社会方面走在全国前列。"
>
> (摘自《大庆油田年鉴2006年》)

2006年8月10日,中共中央政治局常委、国务院总理温家宝,在大庆油田视察期间召开"大庆可持续发展现场办公会",王玉普做了关于大庆油田实施百年油田战略的详细汇报。温总理听了十分高兴,就可持续发展、创建百年油田的重大意义,给予了高度评价:

> 第一,大庆的可持续发展关系到国家的能源安全和国民经济发展的大局。大庆目前原油产量占全国的四分之一,在国民经济发展和保证国家能源安全中,具有举足轻重、不可替代的地位和作用。特别是在当前国际油价高位波动的形势下,大庆油田能多产一些原油,尽可能地稳产时间长一些,就能缓解我国石油供应紧张的矛盾,相对减少原油的进口,从而保障国内石油市场的稳定,促进国民经济持续较快发展。第二,大庆的可持续发展对资源型城市的可持续发展具有积极的示范和推动作用。大庆是一座典型

的资源型城市，发展基础好、潜力大，在全国的影响也很大，已被国家列为资源型城市经济转型的试点城市，应当也完全能够在实现可持续发展中走在前面。大庆实现可持续发展，也会为促进全国资源型城市可持续发展提供经验。第三，大庆的可持续发展必将有力地促进地区和区域经济社会发展。大庆发展不仅能直接带动哈大齐地区的发展，也能够促进整个黑龙江乃至东北地区老工业基地振兴和发展，还有利于扩大开放，使我国在东北亚经济圈中发挥更大作用。第四，大庆的可持续发展不仅具有重要的经济意义，而且具有重要的政治意义。大庆油田在国内外享有盛誉，地位重要，政治影响大。大庆实现可持续发展，说明通过深化改革，国有大中型企业是完全可以搞好的，从而使人们增强走中国特色社会主义道路的信心，也有利于维护我国在国际能源外交中的声望和地位。总之，我们一定要从全局和战略的高度，充分认识促进大庆油田可持续发展的重大作用，采取综合措施，妥善解决面对的各种问题和困难，使大庆油田在新时期有新的发展，作出新的贡献。

（摘自《大庆油田五十年文史资料汇编·第四卷》）

　　王玉普遵照温家宝总理为创建百年油田提出的32字方针，带领大庆油田干部员工在摸清资源潜力的基础上，科学制定了4000万吨再稳产10年以上的中长期规划，在王玉普执掌大庆油田6年中，连续实现这个目标。截至2009年3月22日上午8时，大庆油田累计生产原油突破20亿吨，温家宝总理闻讯作出重要批示："这个数字凝聚了几代大庆人的心血、智慧和奋斗精神，是石油工人和技术人员对国家和人民的贡献。谨致衷心的祝贺。"（摘自《大庆油田五十年文史资料汇编·第四卷》）再次肯定了王玉普领导大庆油田"可持续发展，创建百年油田"取得的阶段性成就。

2009年6月26日，胡锦涛总书记在庆祝建党88周年的前夕莅临大庆油田视察时，参观了大庆油田历史陈列馆，在百年油田展厅询问了海塔盆地开发情况，王玉普做了汇报。胡锦涛总书记听了非常满意，称赞创建百年油田的做法很好！要做"中国石油榜样"。

创建百年油田的宏大战略一经提出，就踏着全党践行科学发展观的节奏，展现了强大的生命力。2007年8月第15期《求是》杂志刊发了王玉普的署名文章《依托自主创新 创造百年辉煌》，从四个方面纵论了创建百年油田的重大现实意义和深远的历史影响：

> 大庆油田的可持续发展，关乎国家能源战略安全和国民经济发展两个大局；
>
> 大庆油田的可持续发展，对资源型城市持续繁荣具有示范效应；
>
> 大庆油田的可持续发展，对区域经济发展具有龙头带动作用；
>
> 大庆油田的可持续发展，具有重大的政治影响力。作为全国最大的原油生产基地、中央企业的中坚和骨干，大庆油田的可持续发展，对中国石油工业乃至国有企业的整体改革与发展，都具有深远影响。

中国石油天然气集团公司把大庆油田的百年油田建设作为整体发展的重中之重，成立了大庆油田可持续发展研究工作组，专门针对油气勘探、老区改造、科研攻关和环境保护等方面急需解决的问题进行指导协调，加大资金投入，为创建百年油田的战略规划分阶段落实创造条件。

黑龙江省委、省政府，全力支持大庆创建百年油田，把大庆油田有限责任公司的可持续发展纳入建设省内装备制造、能源、石化、食品、医药、森工六大基地的总体布局，营造地企和谐共建的社会环境。

大庆市委召开第七次党员代表大会，把"创建百年油田、构造战略新高地、共建和谐社会、推动大庆迈上科学发展新阶段。"作为今后一个时期的工作主线，"视创建百年油田为大庆发展的基石"，列为今后五年全市经济发展六大任务的首位。

王玉普在任大庆油田有限责任公司董事长的6年间，以胸怀祖国、放眼世界的超前谋划，成为大庆油田摆脱困惑、传承光荣史、续写新业绩的转折点，创建百年油田的第一阶段目标如期实现。依托高科技为先导的油气勘探开发取得了五项世界领先水平的技术，形成了水驱、聚合物驱、三元复合驱齐头并进的生产格局，使老油田的采收率突破50%，比国内外同类油田高出15个百分点。外围难采油田的年产量上升到600万吨，深层火山岩大气田勘探新增天然气储量2000亿立方米，海塔盆地油气勘探突破复杂地层难关，新增石油储量2亿吨，迎来大庆油田第三次油气储量的增长高峰。这些可圈可点的业绩实实在在，为王玉普的调岗离任画上了功勋卓著的句号。

创建百年油田的宏图大业，并没有因为王玉普的离去而停滞不前，在他开创基业的基础上，新时代的大庆石油人继续完善丰富百年油田的科学内涵，众志成城，扎实推进，迎来了辉煌60年的盛大庆典。

习近平总书记在致大庆油田发现60周年的贺信中强调"站在新的历史起点上，希望大庆油田全体干部职工不忘初心、牢记使命，大力弘扬大庆精神、铁人精神，不断改革创新，推动高质量发展，肩负起当好标杆旗帜、建设百年油田的重大责任，为实现'两个一百年'奋斗目标、实现中华民族伟大复兴的中国梦作出新的更大的贡献！"这段金声玉振的嘱托是对王玉普离任后的最高褒奖！

与大庆油田挥手告别的王玉普曾发出这样的感慨："虽然我们这一代人不能亲手建成百年油田，但我们的事业会一代代薪火相传。面对创建百年油田的重大责任，我们必须干当前、想长远，全面落实科学发展观，本着对历史、对未来、对事业、对群众高度负责的精神，切实肩负起承前启后的历史使命。"

后来的实践证明：为大庆油田奠定百年基业的王玉普无愧于"中国优秀企业家"、中国工程院院士、"全国劳动模范"的光荣称号，他为经济转型期的大庆油田保持长盛不衰的可持续发展所付出的心血，在中国石油工业的奋进之路上树立了一座里程碑！

创建百年油田，是大庆油田有限责任公司可持续发展战略的总目标，所有的后续工作都以这一目标为统领。2008年4月起，王玉普组织1000多名专家和科技骨干，历时三个多月编制形成了《大庆油田原油4000万吨持续稳产规划》。2009年3月，确立了全面打造"能源生产、工程技术、装备制造、石油化工、科技创新"五大基地的发展方向，形成一批具有国际竞争力的主导产品。2009年7月颁布了《大庆油田可持续发展纲要》，做出了具有指导性、前瞻性的部署，着力推进深入发展、科学发展、和谐发展的百年油田。

离任之时的王玉普殷殷嘱托继续在大庆油田承担创建百年油田的同志们落实好4000万吨稳产规划，特别强调："这个4000万吨，既要贡献大，又要效益好；既要少投入、多产出，又要低消耗、低排放；既要讲企业效益，又要讲社会效益。真正与安全环保节能，与油田整体协调发展，与地方经济社会繁荣稳定有机统一起来。"他还指出："实现稳产4000万吨只是一个阶段性目标，大庆油田将以科学发展观为指导，进一步谋划长期可持续发展的战略，实现资源的合理利用和矿区的和谐发展，从更长远处着眼，为国家的经济建设和社会发展作贡献。"

2009年8月中旬，王玉普满怀大庆油田原油4000万吨持续稳产首战告捷和总产量突破20亿吨的双重喜悦，踏上了履行新职务的漫漫征程。

第八章
执掌帅印，攻坚页岩油气

经历四年从政锻炼转岗中国工程院，担任党组副书记，被选为副院长。带领院士专家团队主攻保障国家能源安全的重大科研项目，躬身笃行、学术深耕，推动多学科多领域技术创新取得丰硕成果。

担当重任就职最高学术机构

王玉普院士在黑龙江省政府和中华全国总工会任职期间，遵照党中央的指示着力推进地方经济科学发展，构建和谐劳动关系，充分发挥了中国工程院院士的引领作用，修身立德，攻坚克难，工作业绩尤为突出，光荣出席中国共产党第十八次全国代表大会，当选中央委员会委员。四年的时光弹指一挥间，工作岗位又发生了变动。

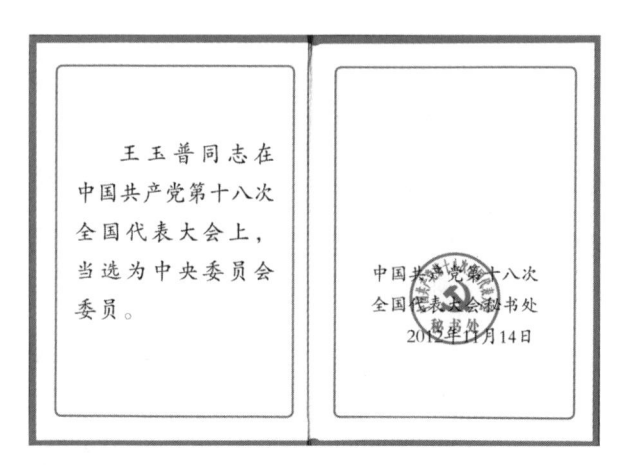

2012年11月14日，王玉普在中国共产党第十八次全国代表大会上，当选中央委员会委员

2013年，在以习近平总书记为核心的新一届党中央领导下，全国人民壮怀中华民族伟大复兴的中国梦迈向新征程。首都民众热烈庆祝党的十八大胜利闭幕的余音未竭，又开始了迎接新春佳节的装点，北京城里的大街小巷挂红灯、插国旗，到处溢彩纷呈，欣欣向荣。

春节过后的2月23日，王玉普接到中共中央组织部的通知，调岗到中国工程院任党组副书记（正部级），并作为副院长候选人参加院士大会选举。

王玉普既有多年领导国有大型企业的实践经验，又经过了黑龙江省政府和中华全国总工会政务工作的历练，并且还有承担国家级重大科技项目研究的真才实学，到中国工程院担负推进落实科技兴国战略是比较合适的人选。

王玉普接受任命之后立即交接工作，严格遵守中央规定的党员领导干部行为准则，婉言谢绝了所有人的盛情，只带了一名秘书和两袖清风，急速奔赴新的工作部门履行使命。

1994年成立的中国工程院，机关设在北京老城垣北面德胜门外的冰窖胡同，紧邻护城河北岸，抬眼望去便是高耸的箭楼。这座箭楼是明清时期北京城北面两座城门当中唯一幸存的明代建筑，青砖绿瓦的雄姿张扬了天子征伐得胜凯旋的气度。每每看到这座城楼，王玉普的心底都会涌起兴王师定天下的责任感。德胜与得胜异字同音，然而德胜的寓意更宽泛，赋有"兴德政，得人心"的深邃内涵。或许是一种机缘巧合，中国工程院坐落在德胜门的箭楼之下，这里虽然不再是武备防御的雄关，但是研发的许多重大工程技术事关国家安危和民生福祉，众所周知的探月航天、蛟龙潜海、高铁夺冠、西沙填岛、杂交水稻、港珠澳大桥……均是彰显国力日渐强大的利国重器。从护国利民的意义上说，中国工程院是一道荟萃国宝级专业人才的无形城垣，外御强敌，内护殿宇。

2013年3月，暖风拂绿了护城河两岸的垂柳，中国工程院里的玉兰花含苞待放，返青的草坪茵茵如毯，曲径通幽的静谧掩映着一座深灰色的小楼，王玉普走进了典雅而又书香气十足的办公室。

中国工程院机关虽然没有高大时尚的办公环境，却是贯彻科教兴国基本国策的重要部门，担负组织各行各业的院士研究重大而又关键的工程技术问题，为党和国家制定发展规划、实施计划的决策提供咨询性服务。由于绝大多数中国工程院的院士分散在各自的行业岗位任职或兼职，因此承办日常工作的院部机关机构十分精干，工作人员并不多。在德胜门箭楼遮挡下院落恬静清幽，非常适合做学问的院士们潜心研究。

王玉普自从 2007 年当选中国工程院院士以来，总要在繁忙的政务工作中挤出时间，兼顾参加中国工程院举办的各类院士活动。到任前的 2008 年 5 月，赴京参加工程管理学部院士会议；同年 7 月，在大庆油田举办"工程哲学"论坛；8 月在黑龙江省伊春林区出席院士暑期座谈会；9 月赴内蒙古鄂尔多斯市参加第二届中国工程管理论坛，做了《大庆创建"数字油田"的系统工程实践》报告。

2009 年 1 月，出席大型油气田及煤层气开发重大专项实施启动会，并参与了这个项目的研究。

2009 年 1 月 8 日，王玉普（第一排左 1）出席大型油气田及煤层气开发重大专项实施启动会

2009 年 11 月，出席在四川省成都市召开的西部开发与工程管理论坛。

2010 年 10 月，出席在北京举办的第四届中国工程管理论坛，做了题为《特高含水期油田的开发管理》报告。

2011年5月,出席在湖南省长沙市举办的中部崛起与工程管理论坛。

2012年9月,出席在安徽省合肥市举办的第六届中国工程管理论坛,主题为"加快转变经济发展方式与工程管理",做了《数字油田是两化融合的具体实践》《应用系统工程理论指导数字油田实践》和《数字油田的建设在实践中的应用效果》三个报告。

2012年9月23日,王玉普在第六届中国工程管理论坛上做报告

几年来,王玉普一刻没有因为工作繁忙按下履行院士职责的暂停键,始终高度关注科技前沿的学术动态,丝毫不放松油气田开发专业的技术创新探索。日积月累养成了习惯,然而到中国工程院就职,接受的第一项任务却似乎是与科研不搭界的军事培训。

2013年4月初,中国人民解放军国防大学举办第42期国防研究班。王玉普是其中的一名学员,奉命到军营中参加为期两个月的国防知识培训和战略研讨。

王玉普对军纪严整的部队生活早有体验,在大庆油田责任有限公司任董事长的时候,曾兼任预备役高炮师的大校军官,每年都到营地参加例行的备战训练，对部队的管理条例和指挥体系有一定程度的了解。这次到国防大学研究班学习是高级教程的军事培训，授课的内容以国防战略为主，涉及陆海空三军许多新装备、新战术、新编制的内容。高度保密的研讨教程打开了王玉普略感疑惑的心结，联想起前些年爆发的海湾战争、科索沃战争、阿富汗战争，均是拥有高科技武装力量的一方在战场上占据上风。现代化战争的最大特点不再由军队数量的多寡定胜负，而是以信息化、远程精确打击和充足后勤保障为前提的军队素质博弈。人虽然还是第一位的要素，但是不完全体现在战场上，而是科学技术在军事装备上的研发制造能力起关键作用。没有决胜千里的大杀器，缺少足够的能源供给，不掌握精准的情报信息，若想打赢一场局部的防御战争都十分困难。

这次国防研讨班的培训学习，让初到中国工程院履职的王玉普强化了科技兴国、科技强国的使命感和紧迫感。为了巩固国防，为了国家统一，为了长治久安，为了世界和平，我国必须时不我待抓住机遇发展科学技术，壮大国防实力。自己必须坚定不移贯彻科技兴国战略，切实担负起引领中国工程院完成好党中央寄予厚望的各项技术创新任务，走富国强兵之路，做到有备无患。

两个月的国防战略研讨，纵览硝烟不断的国际冲突，使王玉普对中国工程科技界所起的重要作用有了更高层次的认识，国家大而不够强的现实，激励起一腔许身报国的雄心壮志。

推进工程管理学术持续创新

王玉普在6月热浪袭来的时节回到中国工程院，除了担任中国工程院党组副书记的职务之外，还兼任咨询工作委员会的主任委员。

王玉普所在的中国工程院工程管理学部，首要任务是建设国家工程科技思想库，以战略性、宏观性、前瞻性咨询项目研究为中心，担负党和国家科学决策智囊团的重任。王玉普的丰富工作经历，使之成为举足轻重的管理学部主力成员，频繁的走访调查和理论研讨是最主要的日常工作。

2013年6月22日，由中国工程院主办、工程管理学部承办的第164场"中国工程科技论坛——工程管理理论体系建设"在北京会议中心举行。王玉普到会致辞，他对出席论坛的26位院士及来自著名高校及企业界的百余名人士发出倡议：

> 当前，我国正处在发展的关键时期，要依靠科技，加快提高自主创新能力，加快转变经济发展方式，实现科学发展、和谐发展。工程管理学术界要充分发挥工程管理的作用，以创新的理论指导工程实践，将工程管理创新与国家创新驱动发展战略同步推进，实现工程管理理论建设模式的创新发展，为转变经济发展方式和全面建设小康社会提供有力支撑。

王玉普是工程管理理论研究的带头人之一。当选院士的第二年，中国工程院将"二氧化碳地下储存及提高石油采收率发展战略研究"列入重点研究计划，王玉普担任该项目负责人，通过大量的国内外情报资料调研，确定了"油气藏是封闭条件良好的储气库，可以实现二氧化碳的长期埋存。同时二氧化碳作为驱油剂可以较大幅度提高油田采收率"的研究方向。鉴于我国二氧化碳地下储存及提高石油采收率技术还处于试验研究阶段、理论体系和配套技术尚未成熟、二氧化碳减排政策法规尚未健全的现状，他于2010年7月提出了"尽快形成符合中国国情的温室气体捕集、资源化利用和永久埋存理论和方法体系"的研究动议，获得国务院批准立项。

2012年12月，中国工程院将"中国油气供给与管道发展战略研究"列为重点咨询研究项目，由中国工程院能源与矿业工程学部、工程管理学部、机械与运载工程学部的院士联合调研，王玉普作为主要参加者承担了"国内常规油气可持续供给潜力与勘探开发战略"子课题研究。

2014年9月21—23日，王玉普（第一排右3）出席
中国油气供给与管道发展战略研究成果研讨会

2013年3月，王玉普为缓解国家能源紧缺的燃眉之急，针对国内原油总产量在2亿吨左右徘徊不前，进口依存度突破安全警戒线高居不下的困难局面，组织相关院士发起了中国陆相砂岩油田特高含水期提高采收率关键技术问题及有效开发对策研究，并担任项目组的组长。重点针对国内进入特高含水期的老油田控制产量递减速度、进一步提高采收率的综合性技术措施开展深度攻关。

2013年7月4日，王玉普（右2）出席专家评审会

　　王玉普不但高度重视国务院关切的重大咨询项目研究，对中国工程院本身的信息化、数字化建设也倾注了大量心血。21世纪以来，4G/5G高速率的无线信息传输技术成为竞争激烈的新高地。由于中国工程院绝大多数院士分散在全国各地的不同行业中，承担国家重大咨询项目的联系必须要做到速度快、信息准，并且还要严格保密，因此，他将"中国工程院咨询研究项目管理及信息化建设研究"列入中国工程院的研究课题提上日程。为尽快建立畅通无阻、快速交流、不泄露机密的信息平台，他亲力亲为，运用系统工程的方法指导编程建模。

　　分管党务工作的王玉普，高度重视中国工程院的党组织建设，为充分发挥院士称号的精神激励作用，弘扬科学家精神，加强科学道德建设，繁荣发展社会主义文化事业，促成了中国工程院科学道德办公室与人民出版社政治编辑部的通力协作，就联合编撰出版《中国工程院院士传记》系列丛书的具体事宜，于2013年6月达成了合作协议。这项工作量巨大的文化工程，2010年由周济院长决定启动该项工作，重点撰写为国家作出杰出贡献的资深院士的生平事迹，把他们矢志不渝的科学探索精神、艰难曲折的人生历程、无私奉献的高尚品德，转化成图文并茂的书籍流传于世，感召后人。在王玉普的持续推进下，院士传记的编撰得到了国家有关部门的多方支持，成为中国工程院思想道德和文化建设的新亮点。

王玉普承担国家战略咨询项目研究，尤为重视掌握第一手资料，深入企业走访调研，是他多年养成的一贯作风。2013年8月中旬，王玉普带着"制造强国战略研究"重大咨询项目研究课题回到曾经任职的黑龙江省，深入重点兵工企业哈尔滨飞机工业集团和素有"三大动力"之称的哈尔滨电机厂、汽轮机厂、锅炉厂调研考察，在哈尔滨花园邨宾馆出席第七届中国工程管理论坛，并发表了充分利用东北老工业基地的优势，提升我国制造能力的调研报告。

2013年8月16日，王玉普（前排右）调研哈尔滨汽轮机厂有限责任公司

学习吸收国外制造业的先进技术和管理方法，也是王玉普格外关注的方向。2013年10月下旬，应邀出席中国工程院与国务院国资委在北京共同举办的"德国工业4.0"学术报告会，与世界著名的西门子工业集团总裁鲁斯沃博士会谈，就制造业如何向智能化转型

的学术问题进行了面对面交流。

经过在中国工程院半年的履职锻炼，王玉普的学识、视野、志向、胸怀都得到广阔延展，为他迎来了接二连三的兼职受聘邀请：

2013年6月，中国安全生产协会聘王玉普担任第一届专家委员会名誉主任委员；

8月18日，中国科学院渗流流体力学研究所聘王玉普担任博士研究生指导教师；

8月26日，中国科学院聘王玉普担任发展咨询委员会委员；

9月9日，中国石油勘探开发研究院聘王玉普为高级顾问；

10月25日，中国石油勘探开发研究院聘王玉普为博士学位研究生指导教师。

2013年8月26日，中国科学院聘王玉普为发展咨询委员会委员

2013年9月9日，中国石油勘探开发研究院聘王玉普为高级顾问

这些兼职使王玉普涉猎的研究领域更加宽泛，在工程技术方面的真知灼见有了举足轻重的影响力。2013年8月，中国工程院受国

务院委托，针对国家民口10个科技重大专项研究进行中期评估，王玉普担任领导小组副组长、专项综合组组长、能源与环境保护板块组组长，参与了"工业行业空间布局与区域协调发展——重化工业与环境协调发展研究""加强中央企业技术创新体系建设研究"两大项目的阶段成果评价。组织院士们进行了"关于加强原油进口管理""关于开展我国载人登月前期综合论证""新疆煤炭工业健康发展需要高度关注的两个问题"等多个咨询项目的探讨，整理成院士建议书上报党中央、国务院。

2013年8月25日，王玉普和翟光明、黄维和等院士一同到中国石油大连液化天然气（LNG）接收站储备库进行调研，为我国从国外进口LNG的基础设施建设，提出了从需求看发展的宏观意见。

2013年8月25日，王玉普（第一排右3）一行在中国石油大连液化天然气接收储备库调研

王玉普依据在油气田勘探开发专业多年积累的学识和经验，注重传帮带。2014年2月26日，应邀在中国石油勘探开发研究院做

"中国陆相砂岩油田特高含水期开发技术战略思考"学术报告，他总结的理论在应用实践中得到印证。

2014年2月26日，王玉普在中国石油勘探开发研究院做学术报告

王玉普不负院士的荣誉，在中国工程院的岗位躬身笃行、学术深耕，经过一年来科研和管理工作两不误的实践检验，为参加院士大会选举积淀了必备条件。

带领院士承担能源重大课题

王玉普是中国工程院担任课题组长的一线领导人之一。2014年初，他依据习近平总书记访问东南亚友好国家时提出的"一带一路"外交思想，领衔申报了"丝绸之路油气资源合作开发战略研究"和"中国致密油发展战略研究"两大重点项目咨询研究，纳入了中国工程院跨年度科研计划。王玉普担任课题组组长，带领相关院士和学者随即启动了调研行动。

2014年6月24日，王玉普（左4）出席"中国致密油发展战略研究"阶段推进会

2014年4月下旬，中国工程院在江苏省常熟市举办第178场中国工程科技论坛，王玉普率领16位院士出席，与负责承办的宝钢集团有限公司领导人以及来自中国科学院、中国社会科学院等部门和单位的100余位专家学者，共同探讨"工程思维与工程方法论"。《工程哲学》一书的第一作者殷瑞钰，是著名的钢铁冶金专家、中国工程院的首批院士，他做的总结报告，给了王玉普醍醐灌顶式的启发，为后续在能源咨询项目研究中应用工程哲学思维的方法研究开拓了思路。

2014年4月23日，王玉普出席第178场中国工程科技论坛

2014年5月16日，王玉普出席由中国工程院周济院长主持召开的三峡工程建设第三方独立评估启动会议，与16位院士和30多位行业专家共同见证了这项跨世纪伟大工程，守护长江安澜、造福子孙的梦想成真。

2014年6月2日，一个重要的国际会议在北京开幕。由中国工程院与联合国教科文组织（UNESCO）、国际工程与技术科学院理事会（CAETS）共同举办的2014年国际工程科技大会，关于"工程科技与人类未来"的主题研讨，吸引了30多个国家的1500余位工程界、产业界和政府代表参加。国家主席习近平、国务院副总理刘延东出席大会，习近平主席做了"让工程科技造福人类创造未来"的主旨讲演。王玉普全程参加了这次大会，聆听了习近平总书记代表中国科技界发出的震撼世界强音。

2014年6月9日至12日，按《中国工程院章程》的规定召开第十二次全体院士大会，在换届选举中王玉普当选副院长。2014年6月23日，国务院向王玉普颁发了任中国工程院副院长的证书。从这一刻起，王玉普以中国工程院党组副书记、副院长的双重身份承担分管的日常工作和科研项目。

2014年6月9日，在北京召开的中国科学院第十七次院士大会、中国工程院第十二次院士大会上，习近平总书记发表重要讲话，着重强调："中国科学院院士、中国工程院院士是我国科学技术界、工程技术界的杰出代表，是国家的财富、人民的骄傲、民族的光荣。"（摘自《中国工程院年鉴2014》）这段赞誉给了王玉普巨大的精神鼓舞，为把院士队伍带出新水平、新高度，他开足马力竭尽全力组织领导中国工程院的科研工作。

中国工程院的行政管理与国有大型企业、省政府和中华全国总工会均有很大差别，接触的都是取得院士荣誉称号的泰斗级科学家、设计大师、工程界的行业专家、著名学者。德才超群、贡献突出的高层人才聚在一起，可谓精英荟萃，没有超凡的领导艺术和真才实学很难服众。

王玉普分工主管科研管理事务,涉及的专业知识五花八门,从浩瀚无垠的宇宙到肉眼看不见的微生物,凡是与人类命运相关的工程技术都要了解,需要不断扩充知识,学习压力排山倒海般涌来,促使他利用一切可以利用的时间读万卷书行万里路,努力使自己成为一专多能的跨学科院士。

2014年8月,王玉普出席黑龙江省与中国科学院、中国工程院三家联合举办的"引进前沿高端智力,助推绿色食品产业"发展咨询会。对不太熟悉的新领域、新知识,他潜心学习,虚心求教;对熟悉的油气田开发专业则努力推陈出新,深入扩展。

2014年9月1日,王玉普率领"中国致密油发展战略研究"项目组部分成员,飞往美国和加拿大两国实地考察调研页岩油气商业性开发前沿技术。

出发前王玉普了解到,美国人把自然产能极低的非常规页岩油气资源通过新技术转换成可供工业化商业开发的巨大财富,不仅没有使美国出现专家预言的能源危机,反而把美国本土的油气产量推向了新的高峰,开创了页岩油气革命的先河。据公开发布的数据透露,2012年美国从渗透性特低的页岩储层中开采出的石油高达0.97亿吨,占当年总产量的22%,从而使美国油气对外的依存度大幅度下降。

为了详尽了解美国开采页岩油气成功的本质原因,王玉普决定一探究竟。邀请了一位美籍华裔专家做向导,决定一路乘汽车去开采页岩油气的主要盆地查看实际情况。这次考察仅有一周多一点的时间,他却安排了5000多公里的路上行程。到美国后,王玉普不顾时差造成的疲劳,立即开展调研。每天16个小时行车赶路,昼夜兼程,一口气跑了Denver-Julesburg(DJ)、绿河、粉河、尤固塔、圣胡安5个盆地,亲眼目睹了美国在开采页岩油气方面采用的先进技术和管理措施。然后又连夜赶往加拿大,与中国石化驻加拿大公司的负责人见面，听取地质情况介绍，搜集了一批弥足珍贵的第一手技术资料。

这次来去匆匆的页岩油气考察，王玉普见识了美国页岩油气开发商用钻水平井和大型体积压裂改造致密地层技术取得的惊人效果，既有突破原有地质理论局限性的新认识，又有钻井、完井、采油、测试等多方面的新技术观摩。不看不知道，一看吓一跳，巨大差距使王玉普深受触动。美国在页岩油气革命浪潮的推动下，平均单井日产量由初期的 5.5 桶提高到 27 桶，每个盆地生产的油气当量都在 6000 万吨/年以上。相比之下，中国常规油气田的平均单井日产量只有 14 桶，仅是美国的二分之一。并且美国的页岩油气生产成本还较低，具有很强的商业竞争力。在与美国油气田开发商的座谈研讨中，美国人透露非常规油气开发的诀窍并非完全靠新技术的应用，资本家不干赔本的买卖，他们追求的是利润最大化，通过"三分技术、七分管理"的综合措施，居然做到了开采页岩油气的成本比常规油气平均降低 10%。

2014 年 9 月 4 日，王玉普（中）调研美国页岩油气开采现场

陪同王玉普一行考察的美籍华裔专家，见到如此高效率进行考察调研的领导，对王玉普的敬业精神发自内心的钦佩，称他为中国

页岩油气革命的领跑人。与王玉普一同赴美考察的随行人员，也受到了现实版的大庆精神铁人精神的感召，称赞王玉普有一股拼命也要把中国的页岩油气搞上去的韧性和狠劲。

王玉普日夜兼程的八天考察不虚此行，通过与美国对标看到了我国勘探开发页岩油气的光明前景，在旅途中就与项目组成员展开热烈讨论。决定把中国致密油气勘探开发战略研究的重点调整为含油气的页岩领域，首先搞清楚中国到底有多少页岩油气资源储量，其次研究用什么样适合国情的技术钻探开发。他坚信勤劳智慧的中国人绝不会比美国人差，只要按照习近平总书记的指示，"撸起袖子加油干，一张蓝图绘到底"，就一定能把中国的页岩油气产量提升到让世界瞩目的新高度。

回国后，王玉普伏案疾书系统整理出一份翔实的考察报告，提出我国勘探开发页岩油气的战略构想和需要政策性支持的院士建议。得到国务院的批复后，王玉普立即组织中国工程院的多位院士成立了跨专业的攻关队，联合中国石油咨询中心、中国石油勘探开发研究院、中国石油钻井研究院、中国石化勘探开发研究院、中国石油经济技术研究院、中国石化经济技术研究院、中国海洋石油研究总院、中国石油大学（北京）、东北石油大学以及国内各油田和海外项目部的技术专家，总计上百人，展开了为期三年的钻探开发页岩油气的理论研究和大范围的现场试验。

王玉普主导中国工程院两项重大咨询课题，致密油气战略研究立足国内，丝绸之路油气资源战略研究着眼国际，他以保证国家能源安全为己任，倾尽全力攀登油气勘探开发领域的学术高峰。出于专业的理性分析，他认为我国大面积分布的致密性油气资源具有不可小觑的开发潜力，就地质学家预测的总储量而言，我国页岩油气总储量可以排在世界第一位。但是由于地质条件的巨大差异，开采的技术难度远大于美国、加拿大和俄罗斯，充分认识地质条件是急需突破的重要关口。因此，王玉普格外重视石油地质学的理论创新，打破头脑里的禁区，探索适合我国国情的技术路线，力争以最快的速度、最少的投资、最现代的技术手段，推动中国的油气开采跨入非常规时代。

中国的油气资源很大一部分蕴藏在辽阔的海洋，向深蓝要储量、拿产量的念头在王玉普脑海里一直翻腾不息。从美国返回的第四天，他匆匆赶往海港城市大连，出席由中国工程院主办，机械与运载学部和中船重工集团公司承办的第190场中国工程科技论坛，探讨"深海装备技术与产业发展战略"问题。

我国的四大领海总面积470万平方公里，水生资源和矿产资源十分丰富，由于受装备和现有技术条件的限制，海上油气勘探开发还徘徊在浅海水域。急需提升深海装备制造和探测、环保技术的研发能力，为油气勘探的脚步迈向深蓝提供硬件支持。这是王玉普无论多么疲劳，都要坚持与会的重要原因。

王玉普自从当选中国工程院副院长后，还兼任中国工程院第五届咨询工作委员会主任委员，工作日程排得满满当当，但无论怎么繁忙，凡是与能源相关的院士活动他都设法参加，从中汲取可供借鉴的学术成果，为研究致密油气开发战略拓展思路。

2014年11月20日，王玉普出席由能源与矿业工程学部在京主办的"二氧化碳高效捕集、储存及利用"工程前沿技术交流会。同年12月5日，赶赴浙江省杭州市，出席第197场中国工程科技论坛，探讨"煤炭清洁高效发电"的技术难点，并在开幕式上致辞。12月18日，中国工程院召开的重大咨询项目"中国煤炭清洁高效可持续发展战略"和"中国非常规气可持续发展战略"研究成果发布会又见到他的身影。马不停蹄的奔波、跨学科的频繁切换，历练了他博采众长的学术风格。

王玉普还是协助国务院制定跨国开发能源战略智囊团的核心成员。2015年1月，被国务院聘为国家能源致密油气研发中心学术委员会主任，负责召集中国石油、中国石化、中国海油等国有企业集团领导人碰头磋商,邀请"一带一路"沿线国家负责能源的政府首脑、学者、企业家来华访问,定期召开油气合作圆桌会议,为解决中国油气资源长期稳定的供给问题,商讨与合作国家互利互惠的方针大计。

2017年5月16日,王玉普(第一排左5)出席"一带一路"油气合作圆桌会议

王玉普身兼多重职务,不仅是中国工程院领导核心的成员之一,还是承担前沿科学技术研究项目最多的院士。有限的精力承载了超负荷的工作量,他把铁人王进喜"宁肯少活二十年,拼命也要拿下大油田"的拼搏精神,带到了从事科研的领导岗位。

助推海洋油气挺进深蓝禁区

中国是有数千公里海岸线的海洋大国,却不是海洋强国,近代饱受帝国主义列强欺凌的屈辱历史,均是因为丧失制海权所致。

2012年11月8日,王玉普出席中国共产党第十八次全国代表大会，聆听了习近平总书记展望中国复兴梦的鸿篇报告，其中讲道："提高海洋资源开发能力，发展海洋经济，保护海洋生态环境，坚决维护国家海洋权益，建设海洋强国。"这段激动人心的海权宣言，如同"直挂云帆济沧海"的长风，鼓起了石油人渴望走向深蓝，勘探开发油气宝藏的雄心壮志。王玉普到中国工程院任职时已经掀起了勇闯惊涛骇浪的探海热潮，中国海油相继在渤海、黄海、东海、南海探明了一批油气田，形成了海上建"大庆"的新格局。

王玉普虽然是石油"陆军"出身，但是对石油"海军"的发展壮大同样关心。改革开放以来，勘探油气的热血男儿在装备和技术严重匮乏的情况下，由陆上的"旱鸭子"派生出一条挺进海洋钻探的"蛟龙"，从近岸的浅海到大陆架的深海摆开了迎狂风、斗恶浪的阵列，尽管付出了沉船牺牲的沉重代价，但仍以顽强的战斗意志向远海水域进军，奏响了我国海上钻探油气可歌可泣的雄浑乐章。由于缺乏走向深蓝的大国重器，30余年的海上拼搏始终没有在水深超过千米的海域取得突破，被国外具有深海作业能力的大牌石油公司鄙视为望洋兴叹的"黄水海军"。

王玉普到中国工程院任职的时候，中国的海洋油气勘探开发事业取得了长足进步，历经多年的国际合作、装备引进，海上作业技术和管理经验的积累已经可以和世界上实力最强的竞争对手比武打擂。21世纪以来，中国制造的深海钻井平台相继下水，独领风骚的先进水平令国际同行刮目相看，"黄水海军"的旧帽子已被甩进了浩瀚的太平洋。中国海洋油气勘探冲破了500米浅水区之后，把钻头插向了水更深、浪更高的中国南海。2000年公布的数据震惊了世界，短短十几年间，在蔚蓝色的中国深海海域累计探明了20多亿吨新增油气储量。

2012年5月，一个激动人心的好消息对外公布。中国邀请国外专家参与设计、自主建造的"海洋石油981"钻井平台光鲜亮相。这座集成先进装备的海上巨无霸，能够在水深3000米的海域精准定位，承载的特种钻机最大钻井深度可达 10000 米。

王玉普当选中国工程院副院长之际，"海洋石油 981"钻井平台依靠自身的动力航行到南海北部预定的水域精准定位，在水深超过 1500 米的海况伸出了叩问地层的钻头，经受住了热带气旋掀起滔天巨浪的严酷检验。飘扬五星红旗的"海洋石油 981"钻井平台不负众望，2014 年 5 月传来了钻探成功的喜讯，宣告我国第一个深海大气田被发现，命名为陵水 17-2。

王玉普获悉"海洋石油 981"钻井平台旗开得胜的好消息，万分激动。因为他知道南海海域是最具油气勘探前景的重点地区，根据世界多名石油地质专家的预测，南海 1000 米深水之下的大陆架，蕴藏的油气储量可以和波斯湾媲美。但是远离陆地，海况极其复杂，加之热带风暴频发，没有能够抵御狂风恶浪的高端装备休想在南海立足。多年来，南海周边国家觊觎中国领海的油气资源，雇佣外国石油公司的深海钻探平台，不断蚕食盗采中国南海的油气，每年造成的损失相当于一个大庆油田的年产量。"海洋石油 981"钻井平台的首钻成功，令中国人民扬眉吐气，更令关注海洋石油事业发展的王玉普院士欢欣鼓舞。

2014 年 9 月中旬，中国工程院在大连召开的深海装备技术与产业发展战略研讨会尚未结束，由中国工程院能源与矿业学部主办、中国海油南海西部石油管理局承办的走向深蓝——南海天然气勘探专家咨询会又向王玉普发出了与会邀请。

2014 年 11 月 19 日，王玉普赶到风景如画的海南省三亚市，准备了一份代表中国工程院致辞的讲话稿，盛赞中国海洋石油集团公司借助"海洋石油 981"钻井平台展现的神威，发现深海"陵水 17-2"大气田的旷世之功。

出席咨询会议的中国工程院院士、船舶设计建造的工程师、深海探测研究人员和石油地质专家 40 余人聚集一堂，分别从各自专业的视角评价了"海洋石油 981"钻井平台具有的先进性，总结了深海钻探取得的初步经验。王玉普全程参加会议,听取了院士和行业专家们各抒己见的热烈发言。

2014年11月19日,走向深蓝——南海天然气勘探专家咨询会

中国海油总地质师朱伟林做了《南海北部深水天然气勘探理论与实践》的报告,根据实际钻探获取的地质资料,十分肯定地预言,我国南海深水区是一个油气蕴藏量十分丰富的"聚宝盆",陵水17-2大气田的发现仅仅是开始,未来的勘探前景十分广阔,随着海洋地震、钻井平台和水下装备的持续进步,相信建成"海上大庆"的目标一定能实现。听了这篇激动人心的报告,王玉普带头鼓掌。

紧接着,中国海油南海西部石油管理局局长谢玉洪做了《莺琼盆地高温高压天然气成藏研究新进展》的报告,阐述了南海油气藏的地质特征,指出深水之下的高温高压天然气藏开发难度很大,要想做到安全环保万无一失,还需要进一步研制适应深海环境的水下井口自动控制装备,并且还要有俗称"水下机器人"的潜水器进行维修保养和日常监测,否则极易造成灾难性的重大事故。王玉普把急需组织研发的深海油气开发装备一一记录到笔记本上,他深知刚刚加入世界深海钻探俱乐部的中国还有很长的路要走。一些关键性的海洋石油装备技术花再多的钱也不一定买得到,要想建成"海上大庆",必须着力研发拥有自主知识产权的核心技术。

中国工程院负责设计建造深海钻井平台的周守为院士最后做"海洋石油981"钻井平台研制历程和应用情况介绍。百闻不如一见,会议期间王玉普与出席会议的院士和专家们一同迎风踏浪,登上了屹立在南海深处作业的庞然大物,亲眼目睹了国之重器的伟岸与神奇。

这是王玉普第二次参观这座海上"巨无霸"。第一次是在2013年11月30日。"海洋石油981"钻井平台是漂浮在大洋上的流动国土,总造价60多亿元,由中国海洋石油集团公司出资设计建造,集中了中国工程院、中国海油研究总院、大连理工大学、上海交通大学、西南石油大学、中国石油大学(北京)、中国船舶工业集团708研究所、中国科学院力学研究所、上海外高桥造船有限公司等部门的科研力量联合攻关了数年,以九个"首次"的最新成果荣获"世界之最"的美誉。这座大型现代化的钻井平台下水,开启了我国石油工业由黄水走向深蓝的超深水钻探新时代。

2013年11月30日,王玉普(右)与马永生院士(左)
登上"海洋石油981"钻井平台考察调研

见多识广的王玉普登上"海洋石油981"深水半潜式钻井平台，再次被巨大的体量和先进程度所震撼。137米的总高度相当于45层楼，作业排水量高达5万吨，不亚于一艘中型航空母舰，船身由8台推进器控制，每台都能输出5个火车头的动力，整个平台安装了一万多个传感器，自动化操控令人瞠目结舌，完全由计算机根据海况实时校正，可以保证在波涛汹涌的海面实现厘米级定位，堪称是中国"智造"的定海神针。王玉普越看越激动，力主以中国工程院的名义向国务院推荐这项划时代的工程杰作，最终获得了2014年度国家科学技术进步奖特等奖。

参观后的学术研讨，王玉普全神贯注，认真听取了每一位院士、专家的发言，在脑海里形成了一幅海洋矿产资源开发的系统工程图，清醒地意识到深海装备技术的研发作为国家科技进步的重要组成部分，应尽快做好顶层战略设计，统一规划，提出明确的产业发展目标和实施路线，集中科研力量加速推进核心技术的联合攻关，使我国在21世纪中叶跨入海洋强国的行列。因此，在咨询会结束时做了鼓舞人心的激情讲话：

> 近年来，我国快速增长的能源消费对我国油气资源保障能力提出更高要求，立足国内取得资源突破是保障我国能源供应的重要基础。中国工程院高度重视同中国海油的合作，同中国海油一起组织开展了多项咨询研究和调研活动，取得了良好的效果，为国家重大战略需求提供了咨询意见和建议。今后中国工程院将继续发挥院士及其团队的多学科、跨部门、跨行业的综合性优势，围绕我国海洋石油发展的重大问题，进一步加强战略研究和咨询服务，为我国海洋能源科技的发展和国家海洋战略的实施作出更大的贡献。

2014年11月19日，王玉普在走向深蓝——南海天然气勘探专家咨询会上讲话

通过出席这次咨询会议，王玉普对我国海洋油气勘探开发事业的新进展有了更清晰、更宏观的了解和认知，深感中国石油工业未来的希望在远海。然而，海上的油气勘探和开发历来是高风险、高投入、高回报的国力博弈，没有高度发达的科学技术做支撑，建设海洋强国就是一句空话。为实现建设"海上大庆"的夙愿，王玉普竭尽全力支持海洋装备的制造和配套技术的研发，并表示今后中国工程院还将围绕海洋石油工业发展的关键性难题与海洋船舶设计院所、建造企业等相关单位继续深化合作，打造性能更先进、更安全、更适合深海作业的系列装备，为我国海上油气田的勘探开发以及对外开展技术服务，提供百分之百中国设计、中国制造的利器重器，彰显国家实力和尊严。

弘扬科学精神提出八项建议

转瞬而至的2015年第一天，是王玉普在中国工程院任职度过的第二个元旦。面对"十二五"收官、"十三五"开局的节点，王玉普与周守为院士、潘云鹤院士、翟光明院士联手提出了三项事关我国

能源产业转型发展的新建议：

关于加强我国海域天然气水合物试采技术研发；
关于加强"丝绸之路经济带"建设人才培养；
关于对世界油气形势的基本判断及我国油气供给战略。

同时，王玉普还申报了"我国能源技术革命的技术方向和体系研究"项目，列入中国工程院重大咨询计划，于2015年1月29日立项，王玉普担任项目负责人。

又是一个迎春花绽放的时节，天高气爽的北京城桃红柳绿，湖光潋滟，回归的雨燕在苍穹中盘旋。3月初的春风，携带玉兰花的香气传来一个好消息，让忙于项目开题的王玉普，换上西装、打好领带，出席一个隆重的庆祝仪式。

在此前不久，中国科学院、中国工程院、何梁何利基金组织联合发布了一份国际公报，将一颗由中国科学院紫金山天文台发现的国际编号为210210号的小行星命名为"宋健星"。

宋健是中国科学院和中国工程院的两院院士，著名的控制论、系统工程和航空航天科学家，曾任国务委员兼国家科委主任、全国政协副主席、中国工程院院长。

王玉普对老院长分外敬重，早在1996年，大庆油田高含水期"稳油控水"系统工程项目获得国家科学技术进步奖特等奖的时候，就对宋健的名字耳熟能详，奖励证书是由时任国家科委主任的宋健亲笔签名颁发的。老院长在科学技术方面的贡献令他十分钦佩。王玉普反复阅读学习的《工程控制论》一书，就是宋健扩充了钱学森系统工程学的经典著作。耄耋之年的老院长再获殊荣，成为闪烁太空的一颗小行星命名得主，王玉普当然要到场祝贺！

王玉普出席"宋健星"命名仪式及学术活动深受教育和感动，宋健院长宝刀不老，至今仍在孜孜不倦从事科学研究，还为国家科技事业后继有人培育了一批学业精英。老院长一生爱国敬业，高尚的情操和严谨的治学态度是所有院士学习的楷模,是王玉普借鉴系统工程控制论的指导思想,也是我国能源技术革命体系研究方向的引路人。航天工程和探地工程都是当今世界激烈竞争的高端领域。老一辈科学家已经把卫星和飞船发射到外太空,为找油找气的能源探查提供了观测地形地貌的"千里眼",这份功绩对地球科学的整体研究提供了极大的帮助。王玉普为"宋健星"揭牌的同时,早已把攻克致密油气和可燃冰开采难题作为毕生的奋斗目标,矢志不渝,倾尽全力。

2015年3月16日,王玉普(左)与中国科学院副院长李静海(右)共同为"宋健星"揭牌

中国工程院不仅是人才荟萃的科研机构,也是对外进行学术交流的窗口。2015年3月24日,王玉普会见了来访的沙特阿美石油公司总裁法利赫先生,双方针对加强在石油工程技术领域的深度合作交换了意见,就石油炼化技术创新问题进行了广泛交流与探讨。王玉普代表中国工程院向法利赫总裁介绍了中国政府提出的"一带一路"合作愿景,表达了互利双赢的诚挚意向。

2015年3月24日，王玉普（右）在中国工程院会见来访的沙特阿美石油公司总裁法利赫（左）

这次会谈的圆满成功，为王玉普在中国工程院的任职陡然画上了句号，带着尚未完成的课题去能源化工企业履行新职务。2015年4月28日，王玉普最后一次以中国工程院副院长身份，出席在京召开的"矿产资源强国战略研究"项目启动会。

在中国工程院的任期转瞬即逝，王玉普遵照习近平总书记的指示，团结带领工程技术界的院士们出色完成了党交办的任务，以博学、慎思、明辨、笃行的科研成就和道德风范，不仅充分发挥了油气田勘探开发方面的专业专长，还向党中央、国务院提交了八项高质量的院士建议书。

院士建议是党和国家赋予中国科学院、中国工程院院士建言献策的特殊权力，每一名院士都有义务结合各自专业的调查研究，针对战略性的重大事项向国家最高领导核心提出建设性意见。习近平总书记非常重视战略研究，多次强调：

"战略问题是一个政党、一个国家的根本性问题。战略上判断得准确，战略上谋划得科学，战略上赢得主动，党和人民事业就大有希望。"①

王玉普在中国工程院任职期间，先后就我国自主建设第三代核电示范工程、试采的海域天然气水合物（可燃冰）技术研发、建立高危物质管控与应急体系、"一带一路"信息走廊、培养人才、对外开展油气合作、推动炼油化工技术装备走出国门等重大战略问题，提交了慎思可行的院士建议书。其中有四项国务院领导作出了重要批示，采纳实施后取得重大工程建设成就的"华龙一号"核电站，"蓝鲸一号"钻井平台在南海试采可燃冰打破世界纪录，以及我国与"一带一路"沿线国家合作开发油气资源、建设千万吨级炼油基地、敷设跨国长输油气管道等彰显中国智慧、中国方案、中国标准的成功实践，均与他提出的院士建议相关。

两年多的任期虽然很短，但是王玉普贡献可谓卓越非凡，赢得了院士们的尊敬和信赖。离任之时，中国工程院上下一致称颂他是脚踏实地弘扬科学精神成果显著的科学家、坚定不移贯彻科技兴国战略的杰出领导者。

---

① 出自习近平总书记在省部级主要领导干部学习贯彻党的十九届六中全会精神专题研讨班上的讲话《更好把握和运用党的百年奋斗历史经验》。

第九章
统领国企，尽展院士风采

"十二五"收官、"十三五"开局之际，担任中国石油化工集团公司主帅。以中国工程院院士的才学励精图治，深谋远虑，带领干部员工提质、增效、升级，战胜生产经营寒冬，开创了满园春色的新局面。

面对行业变局应对新挑战

2013年,党中央作出了我国经济进入增长速度换挡期、结构调整阵痛期、前期刺激政策消化期"三期叠加"阶段的重大判断。

从国内看,我国经济增长速度从高速增长转向中高速增长,石油石化产品需求增长放缓,国内成品油消费增速已连续四年下降,加上替代能源和新能源快速发展,过剩矛盾日益突出。

从国际看,新一轮科技革命和产业变革正在形成历史性交会,全球产业分工和经济结构再调整迹象日益明显,特别是美国页岩革命深刻改变全球能源版图,一系列因素导致油价断崖式下跌,上游进入寒冬。

在这样一个复杂变局中,根据中央决定,2015年5月,王玉普回归石油石化行业,任中国石油化工集团公司董事长、党组书记。

王玉普从1982年参加工作起,就躬耕于石油行业。早在大庆油田任职时,他内心就有一种信念:中国的强大,要靠中国人自己的民族企业;只有中国人自己的民族企业强大了,中国的国际地位才能巩固提升。当时王玉普或许还没有想到,在2009年调离大庆油田的6年之后,一个更大的舞台将为他施展抱负拉开帷幕,历史机遇注定了在中国能源化工持续发展的进程中烙下他奉献才华的闪光足迹。

总部位于北京市朝阳区朝阳门外的中国石化,是我国特大型石油石化企业集团,也是世界第一大炼油公司、第二大化工公司,业务横跨上中下游,资产规模庞大,员工一度达百万人之多,说是一家公司,其实本身就是一个行业。自1983年中国石油化工总公司成立以来，历经 1998 年公司重组等重大改革，中国石化实现了跨越式发展，成为我国国民经济的顶梁柱之一。

这样一家关系国计民生、关乎国家安全的特大型骨干能源化工央企，正经受着严峻挑战，特别是国际油价断崖式下跌，给中国石化生产经营造成巨大冲击，上游严重亏损，凛冬已至，寒意逼人。关键时刻，党中央通盘考虑、慎重研究，决定由中央委员、正部级干部、中国工程院副院长、党组副书记王玉普到中国石化执掌帅旗。他坚决服从党中央决定，把习近平总书记对能源行业的亲切关怀与重托，化为拔山扛鼎的政治责任，欣然履职。

2015 年 5 月 4 日，中国石化召开中层以上管理人员大会。中央组织部副部长王京清宣读了党中央、国务院关于中国石化主要领导人员变动的决定。在任职发言中，王玉普讲道：

> 我对中国石化的改革发展充满信心，这个信心来自党中央、国务院的正确领导和有关方面的大力支持，来自中国石化有非常好的工作基础，特别是有一个好的领导班子和干部员工队伍，形成了许多好传统、好作风，积累了许多好经验。我将在今后的工作中认真学习，继承和发扬中国石化的好传统、好作风、好经验，与各位党组成员一道，团结带领百万中国石化人，围绕建设人民满意、世界一流能源化工公司的发展目标，牢记为美好生活加油的企业使命，增强改革意识，创新发展思路，直面矛盾和问题，敢于啃硬骨头，敢于涉险滩，认真贯彻落实中央关于深化国有企业改革的方针政策，抓住并用好经济发展新常态下的新机遇，以坚定的信心、饱满的热情，鼓足干劲，奋发进取，继续把中国石化改革发展稳定的各项事业推向前进。

这些话没有豪言壮语，朴实至极，字里行间饱含坚定信念、忧患意识以及壮士断腕的勇气。王玉普的表态是对党中央作出的政治承诺，也是他的任职宣言。今天回过头来看，王玉普做到了他所说的每一句话。

王玉普来到中国石化，不仅要挑起董事长、党组书记的重担，并且总经理暂时空缺，这副担子也得挑起来。后来，王玉普向采访的媒体坦言："自从接过这副担子的那天起，我就时刻感受着肩负的重大责任和承担的巨大压力。"同时他也坚定地表示，中国石化党组一定能够带领干部员工保持生产稳定、队伍稳定和企业稳定，继续把中国石化改革发展稳定各项事业推向前进，让党中央放心，让人民满意。

如何化压力为动力，王玉普心里是有底的。他在大庆油田任职期间积累了丰富的企业管理经验，在中国工程院从事的战略研究及科研项目都与石油石化企业可持续发展密切相关。因此，王玉普有十足的信心发挥院士的作用，引领中国石化战胜寒冬，迎来满园春色。

运用"两论起家"传统抓关键

中国石化所辖企业，有些已经有半个多世纪的历史，有的甚至能追溯到"中华民国"时期，历史遗留问题和新情况新问题交织叠加，情况异常复杂。王玉普到中国石化之前，对这家企业集团了解得并不多，只是在中国工程院工作期间，与中国石化系统的几名院士有过联系和接触。

没有调查研究就没有发言权。作为一名从石油系统基层历练成长起来的党员领导干部，王玉普把"两论起家"基本功这一法宝运用得炉火纯青。

上任伊始，王玉普就马不停蹄地展开调查研究。燕山石化、石油化工科学研究院、石油勘探开发研究院……一口气用20天的时间，走遍了中国石化在京单位。深入生产科研一线，察看企业运行现状，倾听干部员工心声，看望慰问老同志，收集各方对中国石化发展的意见建议。为摸清制约企业发展的主要症结，王玉普专门到一些问题多、困难大的老企业蹲点，十天半个月吃住在企业，节假日不休息，直至找到存在问题的根源才罢休。

2015年5月11日，王玉普赴中国石化燕山石化调研

2015年5月27日，王玉普（正面右1）探望中国石化离退休老干部

王玉普精通上游油气勘探开发，炼油化工并不是很内行，他在调研期间抓住一切机会补课充电，利用院士休假机会举办院士恳谈会，咨询促进石油化工产业提升竞争力的建设性意见。与会院士被王玉普"开门问计"的诚意所感动，敞开思想，畅所欲言，纷纷从

各自专业的角度为中国石化打赢转方式调结构攻坚战建言献策、诊脉开方,提出一批提质升级的金点子。

王玉普还把一些炼化技术行家请到身边当教员,请他们到现场讲流程、举办技术讲座。王玉普认真做学习笔记,在员工群众面前甘当"小学生",不懂就问,不怕露怯,虚怀若谷,一点"官架子"都没有。企业干部员工被王玉普这种接地气、实打实的作风深深感染。虚心学习与深入实际调研,使王玉普很快补齐了专业上的短板,对中国石化的情况更清楚了。

2015年5月18日,王玉普(右)赴中国石化石油化工科学研究院调研

在一次次边学习边调研的过程中,中国石化干部员工的思想状况、生产经营组织、产业布局特点、优势与劣势、发展瓶颈等现状在王玉普头脑中逐渐清晰起来。掌握基本情况之后,他把调查了解到的实情做了梳理汇总,形成书面报告,向中央和国家有关部委做了专项汇报,为中国石化推进改革发展创造良好的外部环境;同时召集领导班子成员研究制定措施,逐项抓落实。

万事开头难,先抓什么?有着大企业丰富管理经验的王玉普一下子就把准了脉搏,运用《矛盾论》《实践论》的哲学思想,首先抓主要矛盾,抓"关键少数"。他说,干部的问题解决了,其他问题就会迎刃而解。

2014年3月9日,习近平总书记在参加第十二届全国人民代表

大会第二次会议安徽代表团审议时指出，各级领导干部都要做到严以修身、严以用权、严以律己，谋事要实、创业要实、做人要实。"三严三实"阐述了党员领导干部的为官之道和行为准则，为加强新形势下干部队伍建设提供了重要遵循。

　　王玉普感到习近平总书记的重要讲话说到了自己的心坎里，他和党组同志按照党中央统一部署，以开展"三严三实"专题教育为契机，聚焦把"关键少数"管好建强、净化公司政治生态和管理生态，通过查摆和整改思想、工作和作风上的"不严不实"问题，让"领头雁"归位、有为，为推进事业发展创造良好的内部环境。这就是王玉普对中央精神的深刻领悟和创造性落实，"三严三实"真正在中国石化落地了！

2015年5月29日，王玉普在中国石化"三严三实"专题教育工作动员部署会上讲话

　　王玉普基于抓主要矛盾的哲学思维走上讲台，以《认真践行"三严三实"，着力营造从严从实、风清气正的政治生态和企业管理生态》为题，结合自身工作经历和学习体会，用朴实的语言，给党员干部讲了一堂"三严三实"专题党课。

　　王玉普说："'三严三实'体现了我们党的鲜明特质和政治品格，

蕴含着石油石化优良传统的精髓，是新时期领导干部修身立德的根本遵循。石油石化优良传统的精髓与'三严三实'的核心要义是一致的，'严'和'实'就是这些优良传统的灵魂，就是我们石油石化人的基因。"他要求全系统将主题教育与发扬石油石化优良传统结合起来，与中央巡视整改工作结合起来，与深刻吸取"11·22"东黄输油管道泄漏爆炸重大事故教训、狠抓从严管理结合起来，与各级班子和干部队伍干事创业的精神状态结合起来，认真查找和整改在思想、工作、作风上的"不严不实"问题。

"三严三实"不是坐而论道，王玉普紧扣"如何增强党组和各级班子合力""如何整改个别领导干部亲属做中国石化生意不收敛不收手问题""如何增强干部队伍的责任担当""如何规范权力运行"四个核心问题，部署开展了一系列专题教育。

比如，在反腐败上，2014年11月24日至12月24日，中央第六巡视组对中国石化进行了专项巡视，这是党的十八大以来，中央首次巡视中国石化党组，揭示出一些比较严重的问题。王玉普到任后，立即找来相关反馈文件，主动担起"第一责任人"责任，强调"新官理旧账"，确保整改工作事事有回音、件件抓落实。

王玉普执掌中国石化不到半年的时间里，以"零容忍"的政治担当，以中央巡视发现问题为线索，依规依纪依法查办一批案件，一批犯罪分子被移交司法机关，一些违纪干部受到不同程度的党纪政纪处分。并从治本出发，推动制定《领导人员亲属投资入股、经商办企业与中国石化业务往来行为处理办法（暂行）》，堵塞领导人员亲属做中国石化生意的管理漏洞；推动出台以《中国石化领导人员选拔任用暂行办法》为核心的"1+6"制度[①]体系，落实"十二

---

① "1+6"制度：《中国石化领导人员选拔任用暂行办法》及《中国石化推进领导人员能上能下暂行办法》《中国石化加强和改进优秀年轻干部培养选拔工作实施办法（试行）》《中国石化直属领导班子职数设置及管理意见》《中国石化领导人员选拔任用工作监督检查办法》《中国石化领导人员选拔任用工作责任追究办法（试行）》《中国石化领导班子后备干部工作规定》。

不准"①纪律要求，坚决反对用人上的"小圈子"和不正之风，树立了清风正气。

王玉普教育党员干部："我们党就是靠着严明的纪律和规矩，坚不可摧、无坚不摧，不断从胜利走向胜利。""党员只有一个上级，那就是组织。干部只有一个靠山，那就是群众。""队伍行不行关键看前两名。"

王玉普在惩治腐败的同时，准确把握"惩前毖后、治病救人"方针，给犯过错误、尚可挽救的同志以机会，鼓励相关人员放下包袱、知过改错、重建忠诚，有力稳定了干部队伍，展现了强烈的政治担当。

中国石化干部评价说，王玉普同志临危受命、以身作则，坚决贯彻党中央、中央纪委决策部署，把全面从严治党放在重中之重来抓，提出把中国石化打造成为贯彻和实践习近平总书记治国理政新理念新思想新战略重要阵地，推动了党中央决策部署在公司落地生根。他持续深化中央巡视反馈问题整改，严肃处理违反中央八项规定精神问题，以"零容忍"的态度查处一批腐败分子，推动整改领导干部亲属做中国石化生意不收敛不收手问题，促进了公司政治生态持续好转。这一评价客观公正，道出了百万员工的心声。

在团结上，王玉普高度注重党组班子和各级领导班子建设，一再强调领导班子团结的重要性，要求各级领导班子像爱护眼睛一样维护团结，像珍视生命一样珍视团结。

王玉普对班子同志讲，"只要我们从公司整体和团结的大局出发，大事讲原则、小事讲风格，互相之间多谅解、多包容，遇事求

---

① "十二不准"：党员不准散布违背党的理论和路线方针政策的言论；不准公开发表违背党中央决定的言论；不准泄露党和国家秘密；不准参与非法组织和非法活动；不准制造、传播政治谣言及丑化党和国家形象的言论；党员、干部特别是高级干部不准在党内搞小山头、小圈子、小团伙；党员不准搞封建迷信；不准信仰宗教；不准参与邪教；不准纵容和支持宗教极端势力、民族分裂势力、恐怖势力及其活动；领导机关和领导干部不准以任何理由和名义纵容、唆使、暗示或强迫下级说假话；党内不准搞拉拉扯扯、吹吹拍拍、阿谀奉承。

大同、存小异，就不会闹不团结，即便在一些具体问题上有分歧，也不难解决。"

"我是维护班子团结、增强班子合力的第一责任人，我向大家郑重承诺：要求别人做到的自己首先做到，要求别人不做的自己首先不做，当好讲团结、强合力的表率。"

"发现我有做得不好的地方，请同志们及时指出来，帮我改进提高。"

深厚的党性修养、卓越的领导艺术、崇高的道德风范、鞠躬尽瘁的敬业精神，在王玉普身上体现得淋漓尽致。他对战友推心置腹、对同志以诚相待、对群众朴实随和，从不装腔作势，有时还开几句东北人常开的玩笑，引得大家哈哈大笑。

王玉普善于调动班子每名同志的积极性，放手让党组同志在分管领域施展拳脚，结果是，他越是放权，在班子中的威信就越高，大家就越不敢放松懈怠，各项工作井井有条。就连那些被他严厉批评过的同志，也对他心悦诚服，感到了深切的爱护。王玉普带领各级班子用共同的理想信念、共同的事业追求、共同的使命责任来维护团结、促进团结，实现了思想上合心、工作上合力、步调上合拍，增强了班子整体功能，汇聚起了推动中国石化改革发展的强大领导力。

各级领导干部要做到"三严三实"，全体干部员工要追求"严细实"。党的领袖的要求与石油系统的红色基因穿越时空，交会在一起，成为改变中国石化面貌的强大推动力。

从大庆油田走出来的王玉普，身体力行倡导"严细实"作风，在中国石化干部员工队伍中产生巨大影响。在中国石化，王玉普听汇报，会随时喊停，不停追问，解释不清不行，有时问得汇报人面红耳赤、浑身冒汗。有时王玉普想起一些重要的事情，马上就问、马上开会、马上研究、马上落实，雷厉风行推动落实。王玉普并没有说什么是高标准严要求，但他做到了高标准严要求，示范了高标准严要求。他常讲的"严从细中来，实在严中求""宁要一个过得硬,不要九十九个过得去"等,成为全系统耳熟能详的话语,至今仍然深深扎根在干部员工心里。

王玉普一系列卓有成效的工作,抓住了关键点,有力回应了干部员工的关注点,解决了突出问题,激发了全系统干部员工拼搏奋进、干事创业的斗志和激情。王玉普很快在中国石化打开了工作局面,也推动中国石化在"十二五"画上了圆满的句号。可以说,王玉普向党中央交出了一份高分答卷。

2016年1月24日,中国石化召开年度工作会议,王玉普做主题报告,吹响了"转变观念,改革创新,聚焦提质增效升级,全力打赢转方式调结构攻坚战"的奋进号角。

发挥院士优势助力增油气

美国前国务卿基辛格有一句名言,"谁控制了石油,谁就控制了所有国家。"没有能源,经济的车轮就跑不起来,轻则社会动荡,重则社稷倾覆。历次石油危机都对西方工业国造成重创,历史反复表明能源安全在国家战略安全中的极端重要性。

2014年6月13日,习近平总书记在中央财经领导小组第六次会议上,站在国家发展和安全的战略高度,准确把握国内外能源发展大势和规律,提出"四个革命、一个合作"[①]能源安全新战略,标志着我国进入能源生产和消费革命的新时代,为我国能源事业发展提供了根本遵循。

2000年前后,我国所处国际环境相对稳定,全球原油贸易供需

---

① "四个革命"是指推动能源消费革命,抑制不合理能源消费;推动能源供给革命,建立多元供应体系;推动能源技术革命,带动产业升级;推动能源体制革命,打通能源发展快车道。"一个合作"是指全方位加强国际合作,实现开放条件下能源安全。

两旺，很多人觉得国内勘探开发成本太高，"买油"更合算。有人认为，应该优先用外国的油，我国的原油可以在地底下先放着不动，以备将来不时之需。还有人主张，中国的潜力已经不大了，要抓紧多买海外区块。各种观点众说纷纭、莫衷一是。

王玉普学习了习近平总书记关于能源安全的新战略，对连年快速攀升的油气对外依存度深感忧虑，他认为，中国的油气产能如果不能满足国内需求的一半，将会陷入被动甚至危险境地；我国的石油和天然气生产必须力争满足需求的50%，概括来说，就是追求"自产油气保半"，才能有效缓解能源安全风险，防止敌对势力砸掉我国能源饭碗。

2014年以来，王玉普意识到我们国家油气如果再不抓储采比就非常危险了，而出路就在非常规油气上，一定要下决心推动技术革命。为了寻找解决能源安全的保障之道，当时还在中国工程院任职的王玉普赴美考察，实地看看美国人究竟是怎么干的，探寻为什么美国人仅用6年时间，就把页岩油产量从400万吨提升到6000万吨的答案。他与华人科学家一道，在北美的旷野中风餐露宿，考察油气生产现场，获得了大量第一手资料和直观认识。那些日子，王玉普看到了中国在技术上、管理模式上的差距，时常眉头紧锁。

农田和油田，粮食和能源，是强国建设民族复兴最重要的两大物资保障，也是习近平总书记念兹在兹的"国之大者"，王玉普为此牵肠挂肚，在内心深处的家国情怀不断升腾，立志要把中国的油气储量搞上去。

赴美国考察结束后，王玉普将了解到的情况写成书面报告呈送党中央，对加快我国致密油、页岩气发展提出了一系列政策建议，得到中央领导同志的高度重视。有学者认为，这次赴美是对我国致密油、页岩油气认识提升程度最大、影响力最大、推动力最大的一次考察。时至今日，我国油气领域的很多研究仍建立在2014年王玉普出具的这份报告基础之上。

王玉普担任中国石化一把手之后，始终把能源安全放在突出位置，他在总部主持的第一次专业性会议就是听取关于天然气业务发展的汇报。王玉普掰着手指讲为什么天然气要大上，基础、条件、前景如何，大家备受鼓舞。后来，中国石化党组向勘探开发领域发出"推动天然气大发展""助力气化长江经济带"等号召，都是基于此作出的决策。

在中国石化内部，他经常讲，如果只在常规油气上找，一年可以找个几亿吨储量，但往往都是零零碎碎的东西，要考虑今后该怎么办，并勉励大家："以前找不到，不代表今天找不到，别人找不到，不能说我们也一定找不到，就看谁的认识更加符合客观实际。""只要有好的目标，前期研究到位、认识到位、论证到位，经济评价可行，就要大胆部署、大胆勘探，不能贻误战机。"

在王玉普的激励下，中国石化上游板块以"不靠油价靠作为"的精气神和"困难面前有我们，我们面前无困难"的高昂斗志，面向东部断陷盆地、塔里木盆地、四川盆地、鄂尔多斯盆地、准噶尔盆地、银额盆地，发起新一轮油气勘探攻坚战。功夫不负有心人。在此后几年，中国石化新增天然气探明储量连续大幅度提升，重庆涪陵国家级页岩气示范区成为北美以外首家实现大规模商业开采的页岩气田。"涪陵大型海相页岩气田高效勘探开发"项目，部分技术填补了国内空白，打破了国外封锁，达到国际领先水平，荣获国家科学技术进步奖一等奖。在塔里木盆地，实现了"塔河之外找塔河"的长久夙愿；在四川盆地，建成世界首个7000余米超深层高含硫生物礁大气田。经过努力，中国石化天然气产量从2015年的207亿立方米上产到2022年的353亿立方米。同期，天然气经营量从210亿立方米增至623亿立方米，市场占有率从11%增至16%。可以说，王玉普为保障我国能源安全、优化能源结构作出了突出贡献。

2017年上半年，中共中央、国务院印发了《关于深化石油天然气体制改革的若干意见》，明确了指导思想、基本原则、总体思路和主要任务。王玉普在接受《瞭望》新闻周刊记者采访时表示："'十三五'时期，国际环境越来越错综复杂，我国发展重要战略机遇期的内涵发生深刻变化，中国石化改革发展面临新的机遇和挑战。能否自觉运用习近平总书记治国理政新理念新思想新战略武装头脑，指导实践，决定着中国石油化工集团公司的改革发展成效和前途命运。"为把中央的改革精神在中国石化落到实处，王玉普对当前国际国内的形势作出了准确判断，提出了突破转型发展关、打通创新发展关、优化共享发展的三项举措，推进供给侧结构性改革，突破体制机制障碍，重塑企业治理模式，组织制订了9项油气勘探开发科研攻关计划。据中国石化科技部提供的资料证实，这9项研究相继在2019年见到显著效果：

（1）元坝天然气净化技术开发与工业应用。开发出适用于高含H_2S、CO_2及有机硫的天然气净化工艺，建成两套300万米^3/天的天然气净化联合装置，实现装置长周期安全稳定运行，产出合格一类天然气。

（2）河南油田高温油藏化学驱提高采收率技术。首创超高界面活性阴—阳离子表面活性剂及三元复合驱技术，开发绿色环保表面活性剂生产工艺，提高油藏采收率12.1个百分点，采收率高达65%；开发适用于80~105℃的新型聚合物，提高采收率5.1个百分点。

（3）龙门山前雷口坡组气藏勘探开发关键技术研究。形成潮坪相碳酸盐岩成藏理论和高效勘探开发技术，在四川盆地探明中国石化第三个超千亿立方米海相大气田，新增2000亿立方米天然气地质储量，新建30亿立方米天然气产能。

（4）胜利整装油田特高含水期深度堵调技术。攻克适用于胜利整装油田特高含水期的新型高效堵调剂与深度堵调技术，形成聚合物驱后油藏非均相复合驱等技术，覆盖地质储量13.7亿吨，增加可采储量3041亿吨，规模化应用效益显著。

（5）东部探区油气聚集规律与精细评价关键技术。丰富和发展陆相盆地油气成藏理论，形成涵盖东部探区主要油藏类型的一体化勘探技术。研究成果在东部探区进行推广应用，探明11个千万吨级以上规模储量区带，新增4.5亿吨石油储量、613.6亿立方米天然气储量。

（6）塔河碳酸盐岩缝洞型油藏降低自然递减技术。形成缝洞型油藏控制递减的关键技术，建成3个高质量示范区，降低塔河油田成本3.75美元/桶，产生10.4亿元直接经济效益，增加230万吨经济可采储量，提升30亿元储量价值。

（7）特高含水油田水驱提高采收率技术。开发特高含水期整装油藏、断块油藏、中深层油藏、高盐油藏水驱、水平井流场调整提高采收率技术，在胜利、中原、河南、江苏、江汉等油田现场应用2661井次，解决储量严重失控、水驱效益低、油水井利用率低等技术难题。

（8）四川盆地海相大型气田目标评价与勘探关键技术。揭示深层—超深层碳酸盐岩储层发育机理与分布规律，明确不同类型油气藏主控因素及成藏富集规律，形成茅口组台缘浅滩、热液白云岩、灰泥灰岩及灯影组台缘丘滩等评价技术，落实8个千亿立方米大型勘探目标，实现茅口组勘探重大突破。

（9）特深层油气勘探开发工程关键技术与装备。建立7000~8000米特深层开发配套工程技术体系，形成井深8000~9000米特深层勘探工程关键技术，完成两台

7000 米加强型钻机、三台 9000 米钻机设计制造，支撑顺北 5-12H 井（完钻井深 8424 米）、顺北鹰 1 井（完钻井深 8588 米）等一批重点井施工，为顺北油田 100 万吨 / 年产能建设及勘探开发提供重要保障。

这些由王玉普主导立项的重大科研课题，为中国石化油气勘探开发产业的可持续发展提供了强有力的技术保证。

2018 年 7 月，习近平总书记作出加大国内油气勘探开发力度的重要批示，"四个革命、一个合作"能源安全新战略继续走深走实。此后，国家相关部委出台了增储上产七年行动计划，鼓励国内油气勘探开发再上新台阶。同年 9 月，中国石化依据王玉普开辟的技术路径制定了具体措施，扭住增储量、上产量、降成本的核心任务，持续加大投入，储量产量保持箭头向上、稳中有升。

在中国石化任职的 28 个月里，王玉普充分发挥了院士科学家的引领作用，建立了推动中国石化上游产业大发展的开拓之功。

擘画提质增效描绘新蓝图

王玉普到中国石化任职时，正值"十二五"收官之年。中国石化"十三五"怎么办？向什么方向前进？竞争力和增长点在哪里？如何成为党和人民最可信赖的依靠力量？上任伊始，王玉普站在党和国家全局高度深入思考，夙兴夜寐地谋划中国石化"十三五"发展。

王玉普明确提出，"十三五"时期是中国石化转方式调结构、提质增效升级的重要窗口期和机遇期。经过调查研究、深入思考、汇聚众智，他认为中国石化在"十三五"时期要以新发展理念为引领，以服务国家战略为使命，牢牢把握新一轮科技革命、产业革命和能源革命发展趋势，真正把推动发展的立足点转到提高发展质量和效益上来，加快打造国际竞争力，努力建设世界一流能源化工公司。

2016年1月24日，在中国石化年度工作会议上，王玉普从经济发展大势出发，深入分析石油石化产业发展趋势和当前市场竞争态势，前瞻性地指出需要全力应对低油价、淘汰落后产能、市场竞争加剧、资源环境约束的"四大挑战"，明确"十三五"时期提质增效升级是核心目标、转方式调结构是核心任务，大力实施价值引领、创新驱动、资源统筹、开放合作、绿色低碳的五大发展战略，为中国石化"十三五"发展谋划了一幅升级版的美好蓝图。后来的事实证明，中国石化按照这条路走下来稳健发展，抵御了经济新常态下国际低油价等风险，积蓄了转型升级的强大势能，开辟了高质量跃升的广阔前景。

为实现"十三五"发展目标，王玉普斩钉截铁提出了"三个彻底"，即彻底摒弃规模速度情结和等靠高油价的幻想、彻底摆脱铺摊子上项目的路径依赖、彻底改变粗放型外延式的发展方式。这"三个彻底"道出了王玉普的决心，并变成了实实在在的行动。

面对持续低油价，上游如何"越冬"？

长期以来，石油工人"我为祖国献石油，头戴铝盔走天涯"，充满了骄傲与自豪。但在低油价冲击下，上游越干越亏、不干也亏，这是为祖国献"亏损"吗？国家需不需要我们搞油了？很多人感到，如果油价不涨，怎么干也是亏，干部员工的士气受到很大影响。

王玉普坚定地告诉大家，"不靠油价靠作为"。他推动油田企业与工程企业抱团取暖，着力发挥好一体化优势，推动打造低油价下的成本竞争力，一时之间"过紧日子"成为中国石化的常态。干部员工"战寒冬、求生存、谋发展"，把成本管得再严一点，与研究院结合得再紧一点，工作抠得再细一点，大家越干越有底气。有的企业坚持"自己的活自己干，自己的工资自己挣"，降本增效成效明显；有的石油工程企业外闯市场，外部收入占比达到九成以上。总之，想尽一切办法，挺过了寒冬，中国石化应对低油价的竞争力稳步增强。

面对激烈竞争，炼化产业如何突围？

炼油化工是中国石化的特色优势和核心业务，王玉普认真落实党中央、国务院关于调整优化重大生产力布局的要求，着眼于提高集中度和竞争力，综合考虑资源获取、市场空间、环境容量、产业基础等因素，提出在宁波镇海、上海漕泾、广东茂湛、江苏南京打造四个世界级炼化一体化基地，推动炼化产业转型升级整体迈向中高端。

最先破题的，是南海之滨的茂名。2016年7月，茂名石化率先启动茂湛炼化一体化基地建设项目，历史性地将茂名石化、湛江东兴乃至广东以及北部湾区域的资源配置及炼化发展进行"大统筹"，在人员、装置和产品升级中打破传统，重塑产业结构竞争优势，实现优势互补叠加、要素顺畅流动、整体效益最佳。

在管理与技术的双轮驱动下，茂名石化迅速崛起，与镇海炼化一道成为中国石化炼化产业的"双子星"。很多人认为，如果再有几家茂名石化或镇海炼化这样的企业，中国石化就不用发愁了。

茂名石化的嬗变仅仅是中国石化实施供给侧结构性改革的一个缩影，珠三角、长三角、京津冀、沿长江的炼化企业积极推进改造升级，大力调整产品结构，很多高端产品成功用于"上九天""下五洋"的国之重器。

王玉普曾在页岩油气勘探开发上提出过"七分管理三分技术"的论断，很多人说他是"技术派"，但其实他不仅是"技术派"，也是"管理派"，对企业战略管理有着深入的思考研究。

面对群雄逐鹿的市场格局，如何巩固主导地位？

在中国石化炼化企业规模化发展的同时，全国炼化市场也发生了剧烈变化，民营企业异军突起、国外资本抢滩登陆，掀起了一波汹涌的炼化扩能潮。挑战从中游向下传导至销售终端，王玉普意识到"一家独大的时代将一去不复返"，要想稳住成品油市场份额，必须要突破固有思维。

在中国石化的多次会议上，王玉普反复强调，要增强市场意识、竞争意识，树立"市场就是战场"理念，紧盯市场，奋力打拼，踢好全产业链创效的"临门一脚"。在他的推动下，销售企业大力解放思想、转变观念，坚持市场和客户导向，全力做强营销网络、创新商业模式、改进客户服务，充分发挥中国石化一体化优势，大力推动产销研用密切配合，稳住了成品油市场份额，提升了市场竞争力。

面对安全上的心腹大患，如何确保本质安全？

为夯实中国石化安全生产根基，王玉普要求坚守红线意识，深刻吸取"11·22"东黄输油管道泄漏爆炸重大事故教训，提出并践行"识别大风险，消除大隐患，杜绝大事故"，抓实抓严抓细"三基"①工作，狠反"低老坏"和"三违"，推动油气管道和罐区隐患整治攻坚战取得决定性胜利。截至2016年底，中国石化对查出的油气管道隐患提前一年完成整治，消除了管道长期以来积累的占压、安全间距不足、相互交叉等风险隐患。

王玉普履职不久，就让全系统见识到了他在安全管理上"不好惹"的性格。有一段时间，企业安全事故一度频发，王玉普责令相关责任人在全系统大会上做检查，并点名安全监管部门负责人"站起来"，引起很大震动。管得不好，干得不力，就要承受压力，在安全这个底线问题上，王玉普不当老好人。随着从严管理的推进，有效落实了管理责任，提升生产必须安全的责任意识。

面对新一轮科技革命和产业变革，如何打通创新链条上的梗阻？

科技工作是王玉普的老本行，他一针见血地指出中国石化科技创新中存在的不足，坚持问题和目标导向，组织召开全系统科技创

---

① "三基"即基层建设、基础工作和基本功训练，是大庆油田1964年提出的基层工作方法。

新大会作出全面部署。他积极改进对直属研究院的科研经费管理，强调科研项目经费要通过竞争立项取得，营造了风清气正、干事创业的氛围，激活了一池春水。他坚持开放创新，推动建设中国石化UOP联合研发中心、中东研发中心，推动设立科技孵化器，做了很多开创性工作。

"十条龙"是中国石化的独创，通过把科研、设计、装备制造、工程建设、生产和销售力量组织起来，无缝链接，合力攻坚，打通创新链产业链上的一切卡点瓶颈，以"破竹之势"推进成套技术工业应用。1991年，中国石化第一次组织一条龙联合攻关时共有10个项目，因此这一机制被命名为"十条龙"。王玉普高度重视，大力推动"十条龙"攻关，一批关键技术取得突破，页岩气勘探开发技术初步形成完整技术系列、复杂断块油田大幅度提高采收率技术获得突破、3000型压裂机组亮相国家"十二五"科技成就展、客机首次应用生物航煤试飞成功、自主研发的"高效环保芳烃成套技术开发及应用"获国家科学技术进步奖特等奖，清洁油品、合成树脂、合成橡胶等领域一批技术取得重要突破，中国石化获得授权的专利质量连年位居央企前列。

面对深层次问题和矛盾，如何深化改革？

一个世界级大公司，会有很多共性的难题和独有的难关等待有魄力的改革者、实干家去破解。王玉普将中国石化与世界同等规模企业的一流水平相比较，劳动生产率不高、创新活力不足、激励约束不够、低效无效资产难以盘活等问题突显出来。王玉普指出要用改革的办法来解决，推动出台了《深化改革实施指导意见》及配套制度，初步形成政策框架体系。他强调改革从实际出发，"领跑不抢跑"。为了解决低油价下老油田的生存发展问题，他选择体量较小的东北油气分公司做承包经营试点，下放自主权给企业，想方设法推动难动用储量经济开发，蹚出了一条盘活存量资产的路子。在王玉普的谋划中，扩大企业经营自主权不是权宜之计，而是与总部简政放权联系在一起的整体长远考虑，充分展示了他注重科学管理的远见卓识。

王玉普高度重视扭亏脱困，推荐各级干部认真学习习近平总书记《摆脱贫困》一书，强调企业不消灭亏损，亏损就会消灭企业，主张从强班子、强管理、促改革、调结构等方面协同发力，"一企一策"推进专项治理。2016年，中国石化有9家企业被列为"僵尸企业"，30家企业被列为特困企业，治理压力很大。他深入企业调查研究，特别重视给老企业加油鼓劲。当时有的困难企业因为亏损被总部的一些同志视为落后的代表，挨了很多批评，从上到下灰头土脸。王玉普实地调研后，肯定亏损企业的贡献和进步，指明了努力方向，亲切表示等扭亏脱困后再来企业看望大家。企业干部员工极为感动。王玉普鼓舞了士气，激发了活力。当年亏损的企业现在发展得很好，但是王玉普却无法履行他"再来企业看望大家"的诺言了。

在王玉普的设想中，到2020年，中国石化要实现资产创效能力明显改善，资产负债率控制在50%左右；国际化程度大幅提高，海外营业收入等占比达到30%以上；科技创新能力显著增强，科技进步贡献率达到65%以上；万元产值综合能耗下降6%……这些指标都在其后的实践中得以高质量完成，中国石化由此迈上了新台阶。

回头再看当年的那些决策部署，充分展现了王玉普的战略眼光和规划执行能力，正是他在关键时期找准坐标点、定好路线图、大力抓落实，才有力推动中国石化迎来了高质量发展的广阔前景。

坚定夯实党的建设铸根魂

务实重效抓党建是王玉普的鲜明主张。在他的带领下，中国石化党建工作不搞大水漫灌式的大而化之，而是一年确定一个主题，一年突出几项重点，一年一个台阶扎实推进。这样的做法一直延续至今，有效确保了中国石化党建工作真见效、真提升。

2016年10月10日，习近平总书记在全国国有企业党的建设工作会议上发表重要讲话。总书记高度肯定国有企业作为中国特色社会主义的重要物质基础和政治基础、我们党执政兴国的重要支柱和依靠力量的定位，强调"坚持党的领导、加强党的建设，是我国国有企业的光荣传统，是国有企业的'根'和'魂'，是我国国有企业的独特优势。①"剑指国有企业存在的党的领导和党的建设弱化、虚化、淡化、边缘化问题，作出一系列重大战略部署，廓清了思想迷雾，为加强新时代国有企业党的建设提供了根本遵循。

王玉普倍感总书记的重要讲话来得及时。中国石化有2.2万个党组织、48万多名党员，这是多么巨大的优势、多么磅礴的力量！结合学习领悟习近平总书记提出的"六个力量"②的定位，一项要毫不动摇坚持党的领导、从严从实加强党的基层组织建设、把中国石化打造成为践行习近平总书记治国理政新理念新思想新战略的行动方案酝酿成熟。

2016年11月，王玉普组织中国石化历史上第一次直属单位党委书记集中述职。胜利油田、镇海炼化、石家庄炼化等11个企业党委的主要负责人与中国石化党组领导面对面，做党建工作汇报，党组领导当场点评。

王玉普抛出一个个犀利问题，把基层党建工作是否有成效摆在了探照灯下曝光。"你们领导班子和中层干部这些'关键少数'有没有对深化改革达成共识？有没有彻底丢掉幻想、彻底转变观念？""你们领导干部'一岗双责'是怎么落实的？""你们怎么解决队伍管理中人情味过浓原则性不强的问题？""你们领导班子成员在严肃组织生活上有没有做到以上率下？""怎么开展海外项目党建工作？"……

---

① 出自2016年10月10日，习近平总书记在全国国企党建会上的重要讲话。
② "六个力量"：是指国有企业必须具备的6种力量。即成为党和国家最可信赖的依靠力量；成为坚决贯彻执行党中央决策部署的重要力量；成为贯彻新发展理念全面深化改革的重要力量；成为实施"走出去"战略、"一带一路"建设等重大战略的重要力量；成为壮大综合国力，促进经济社会发展保障和改善民生的重要力量；成为我们党赢得许多新的历史特点的伟大斗争胜利的重要力量。

王玉普还特别强调，这项工作应在中国石化全面推开，党组听取直属单位党委书记抓党建工作述职要成为一项制度，各级党组织书记应向上级党组织述职。自此之后，述职会年年如期召开，"红脸出汗"成为常态，党建工作实效得到有力彰显。

在大庆精神熏陶下成长起来的王玉普，牢记"抓思想从生产出发"这项政治工作经验，强调扎实开展石油石化优良传统教育，引导干部员工深入开展讨论，充分认识石油石化优良传统的深刻内涵和现实意义，大力弘扬"爱我中华、振兴石化""苦干实干、三老四严"等石油石化精神和"严细实""精细严谨"等优良作风，帮助广大干部员工把爬坡过坎的思想观念树立起来，把攻坚啃硬的精气神凝聚起来，锐意进取、力破难关。

2017年6月，在中国石化掀起"转观念、勇担当、创效益"专题讨论热潮之时，王玉普组织召开中国石化基层党支部建设工作会议，动员各级党组织和广大党员干部进一步提高认识，落实责任，坚持大抓基层，建强支部堡垒，筑牢中国石化持续健康发展的根基。他要求把建强基层组织与全面夯实"三基"工作结合起来，通过不断加强基层党支部建设，推动"三基"工作不断提升；要求各级党委每年对基层党支部摸底、分类、排队，一个支部一个支部提升，一个阵地一个阵地巩固，促进基层党支部建设全面进步、全面过硬。王玉普这些关于党建工作的观点，切中要害，切实可行，提升了党的建设质量。

习近平总书记指出，国有企业领导人员是党在经济领域的执政骨干，是治国理政复合型人才的重要来源，肩负着经营管理国有资产、实现保值增值的重要责任，必须做到对党忠诚、勇于创新、治企有方、兴企有为、清正廉洁。王玉普深刻领悟习近平总书记重要指示精神，大力推进干部轮训，多次登台授课，倾注很多心力，进一步提升了干部队伍政治能力和素质水平，为中国石化持续健康发展提供了坚强保障。

2021年10月9日,中国石化在京举办贯彻落实全国国企党建会精神五周年成果发布暨党建创新论坛,发布了《强根铸魂勇担当——中国石化贯彻落实全国国企党建会精神五周年成果报告》,集中展示了五年来中国石化坚持党的领导、加强党的建设取得的显著成效。这些成绩的取得,无不浸润着王玉普当年在中国石化狠抓党建、强化"三基"所付出的心血。

融入"一带一路"布局创共赢

2013年秋,习近平主席出访中亚和东南亚,发出共建"丝绸之路经济带"和"21世纪海上丝绸之路"的倡议,得到"一带一路"沿线国家的普遍赞同和广泛响应。

王玉普颇具国际视野,早在中华全国总工会、中国工程院任职期间,就与国际能源署、国际石油工程师学会及众多国家石油公司的负责人有过深入交流。有一次,他和一位学者聊天,请他站在能源的角度谈谈共建"一带一路"的想法。这位专家认为,"一带一路"不能只是有头有尾的线段,而要连起来形成圆。王玉普敏锐察觉到这个观点的价值,迅速以院士建议的方式向中央做了汇报。

王玉普在内部会议上多次讲,中国石化业务与"一带一路"沿线国家产业具有大量互补点,一定要积极参与共建"一带一路"能源化工项目合作。陆路上可以往俄罗斯、中亚甚至更西的地方进行上游勘探开发,或者合资合作建炼油厂,推动中国石化的炼油化工技术装备、工程技术服务队伍走出去。海路上中国石化每年进出口大量原油、LNG和化工产品,因此需要探索布局物流、仓储、港口、码头建设,这不仅能够服务公司海上发展战略实施,而且将对沿线国家经济社会发展起到较好拉动作用。在中国石化2015年中期业绩发布会上，他提出了共建"一带一路"，油气先行，无论海路还是陆路，中国石化都大有可为的构想。

王玉普紧紧抓住与"一带一路"沿线国家开展能源合作的机遇，亲力亲为筹划开拓境外市场。到任不久，便赴哈萨克斯坦调研中国石化设计承建的炼油化工项目。2015年9月下旬，再赴哈萨克斯坦，出席在阿斯塔纳举办的第十届欧亚能源论坛，并在"丝绸之路"油气合作专题会上畅谈合作方向和重点。11月又出席国际能源变革论坛。

2016年元旦过后，王玉普随国家代表团访问石油生产第一大国——沙特阿拉伯，在习近平主席和沙特国王的见证下，代表中国石化与沙特阿美公司签署了战略合作框架协议，并到中国石化与沙特阿美公司合资的延布炼油厂调研。同年8月，在北京又与沙特阿拉伯能源、工业和矿产资源大臣兼沙特阿美公司董事长法利赫就深入合作的问题展开会谈。

2016年8月31日，王玉普（右）在京会见沙特阿拉伯能源、工业和矿产资源大臣兼沙特阿美公司董事长法利赫（左）

面对瞬息万变的国际能源市场，王玉普审慎研判，瞄准规模化、高端化的大项目集中发力。他要求中国石化对外合作部门建立国际化经营统筹发展机制，形成投资、工程、贸易相互协同，生产、仓储、贸易相互支持的一条龙格局，敦促各部门拧成一股绳，努力争取更大更多的国际市场份额。

王玉普要求中国石化驻外企业严格遵守合同规定，推进本地化用工、本地化采购，尽可能为合作项目所在国提供就业和培训机会，筑牢长期合作根基。在他的倡议和督导下，中国石化驻外企业相继在非洲经济欠发达地区的发展中国家协助改善民生，先后在加蓬、苏丹、赞比亚、坦桑尼亚、摩洛哥等国投资，开展力所能及的农业、医疗、教育、交通等方面的援助合作项目，惠及当地民众，"一带一路"沿线国家切实感受到了中国致力和平发展、绿色发展的真心诚意。

在王玉普紧锣密鼓的接触交流和筹划部署下，2016年中国石化与"一带一路"沿线国家合作项目非常多。中国石化与"一带一路"沿线多个国家签订了几百项商务合同，累计贸易额达到数千亿美元。其中有18个油气合作开发项目，为保障国家能源安全作出了积极探索和实质性贡献。

2017年，王玉普以更宽广的战略视野谋划中国石化"走出去"路径，提出融入"一带一路"建设的"4322"[①]合作构想，并以《落实"一带一路"发展倡议，努力建设世界一流能源化工公司》为题，向中国石化全体管理层进行宣讲解读，旨在加快打造油气、炼化、工程服务、国际贸易四大业务链条，构建中亚—俄罗斯—东欧、中东（西亚）—北非、东南亚—南亚三大战略合作区，做强传统进出口、易派客两大贸易平台，打造北美和中东两个创新中心。

[①] "4322"：打造四大业务链条，构建三大战略合作区，做强两大贸易平台，打造两个创新中心。

2017年2月15日，王玉普（左3）赴科威特考察中国石化钻井施工现场

两年多时间，王玉普始终以服从服务国家战略大局为己任，在推进中国石化与"一带一路"沿线国家能源合作方面取得显著成绩。中国石化海外原油贸易运筹能力、上中下游协同走出去能力持续增强，负责任的国际化大公司形象全面彰显。尤其值得一提的是，在王玉普推动下，2016年4月中国石化易派客工业品电商平台正式上线运行。在"让采购更专业"理念的指引下，一个阳光、诚信、可信赖、负责任的工业品电商平台迅速崛起。2022年4月，平台注册企业超过10万家，在线商品289万种，累计交易金额突破数万亿元，品牌价值突破百亿元。与"一带一路"沿线59个国家共计169家供应商、156家采购商建立合作，国际影响力不断扩大，被金砖国家工商理事会确定为服务金砖国家唯一的工业品电商平台。

2020年，在习近平总书记提出构建新发展格局后，中国石化随即提出要成为国内国际双循环的战略节点。中国石化之所以有底气提出这一战略目标，与王玉普当年确立的合作项目、拓展的国际化发展之路是分不开的。

学而不厌诲人不倦高品格

位于长江之滨、庐山之侧的九江石化，是中国石化的骨干企业之一，与国内五大高校联手研究的六项科研课题被纳入国家自然科学基金支持项目，其中有三项和炼油全流程优化相关："面向全流程优化的数字化炼厂虚拟现实与增强应用""数字化炼厂全流程优化的在线诊断与闭环管理""基于数字化炼厂工艺管理的炼油装置实时运算和知识库构建"，是我国石化流程型工业信息化和工业化深度融合的发展方向，因此九江石化成为智能工厂建设的试点。

2016年4月16日，王玉普带队到九江石化调研指导，提出"良性循环、独特优势、走出新路、争当示范"的16字要求。希望九江石化大胆地往前走，深入贯彻落实中国石化"十三五"发展规划，把石化流程型工业的智能制造推向原创、高端和引领，努力打造国家级石化流程型企业智能制造示范企业，为我国石化行业转型发展、提质、增效、升级提供借鉴。

2016年8月9日，王玉普组织中国石化系统的17位中国科学院、中国工程院的两院院士，再度来到九江石化进行调研指导。两院院士一行深入质量管理中心、生产管理中心、污水总排口、油品分析室、综合分析室、党建活动室，仔细了解智能化建设对提质、增效、升级所起的关键作用，对以自动化、数字化、可视化、模型化、集成化为主要特征的智能化应用成果进行了评估。

89岁高龄的徐承恩院士是炼油工艺设计专家，盛赞集中管控模式非常先进，监测的外排指标远低于国家标准。

陈俊武院士是我国炼油催化裂化工程技术的奠基人，对九江石化努力创新、向智能工厂一步步迈进的成就表示祝贺。

汪燮卿院士是有机化工专家，杨启业院士是炼油工艺专家，他们共同对九江石化智能化建设取得的提高催化汽油收率、职业卫生健康防护等方面的成果高度满意。

关兴亚院士是石油化工专家，对九江石化污水处理达到的指标、氨氮控制指标大加赞赏。

胡永康院士是石油炼制专家，对物料平衡进一步优化、加氢裂化装置挖潜增效等方面提出了建议。

曹湘洪院士是石油化工专家，对九江石化调整产品结构、提升效益提出建议，希望进一步发挥现有硬件条件，优化、深化信息技术应用，把好产品出厂质量控制关。

马永生院士是油气田勘探开发地质专家，到九江石化调研后，大开眼界，提出打造智能工厂升级版、树立更高的标准、走在世界同行业前列的希望。

各位院士各有所长、各抒己见，王玉普综合大家的意见和建议，鼓励九江石化按照信息化和工业化融合标准，通过信息化实现数据实时在线监控，促进工艺水平、管理水平、优化水平进一步提升，建设成低碳、环保、绿色、智能的国际一流炼化企业。

这次中国石化系统的两院院士集体调研指导，是在公司抓改革、调结构的关键期，从做大到做优、做强的转折期，不再简单做加法搞扩张，彻底抛弃高油价幻想，摆脱"速度"情结和"换挡"忧虑，切实把促进发展的行动统一到党中央重大判断和决策部署中，是一项提升内生动力的重大举措，也是王玉普院士带领两院院士团队为打造中国石化发展新优势、谋划"十三五"开篇布局的大手笔。指导九江石化在初步建成智能化工厂框架的基础上继续探索，通过信息化的高科技手段进一步完善生产、安全、环保三大系统在线实时监测，发现问题及时预警，为石油化工行业识别大风险、消除大隐患、杜绝大事故、安全生产、清洁生产，持续提升操作水平、管理水平、经济效益，先试先行，为石油炼制和石油化工行业提质、增效、升级，树立了一个打通创新发展关的智能化样板。

2023年10月10日，习近平总书记视察九江石化，他走进公司生产管控中心控制大厅和检验计量中心实验室，详细了解企业转型升级打造绿色智能工厂、推动节能减污降碳等情况，对企业开展科学检测、严格排放标准等做法表示肯定。总书记强调，破解"化工围江"，是推进长江生态环境治理的重点。要再接再厉，坚持源头管控、全过程减污降碳，大力推进数智化改造、绿色化转型，打造世界领先的绿色智能炼化企业。总书记亲切地对大家说，石化产业是国民经济的重要支柱产业，希望你们按照党中央对新型工业化的部署要求，坚持绿色、智能方向，扎扎实实、奋发进取，为保障国家能源安全、推动石化工业高质量发展作出新贡献。"这是一个好企业"，凝结着总书记对无数建设者的肯定。

王玉普的工作日程表从来都是满满的，没有节假日和周末的闲暇休息，每天除了工作还是工作，恨不得一秒钟当两秒钟用，惜时如金的勤奋是他一贯的品质。

王玉普身上仿佛有使不完的能量，给人精力充沛日理万机的铁人印象，是什么力量支撑他不辞辛劳？答案来自对党绝对忠诚的坚定信念，一心搞好中国石化事业的强烈责任感和使命感。王玉普无论走到哪里，牵挂的都是党的石油化工事业，想的都是企业的改革发展。到了城市型炼化企业，他嘱咐干部员工要狠抓安全环保；到了科研单位，他勉励科技工作者以创新驱动引领未来发展；到了销售企业，他鼓励大家踢好全产业链创效的"临门一脚"；到了困难企业，他强调党委和党员干部要站出来，成为改革发展的主心骨。作为兼任多所大学和科研院所的博士研究生导师，他始终保持院士的荣誉不褪色，长年坚持项目研究和教书育人。2014年2月，王玉普院士受中国石油勘探开发研究院聘请，担任博士研究生导师，自2011年8月起，培养了吕洲、甘俊奇、王强、桑国强和莫爱国五位博士研究生。无论工作多么繁忙，都会挤出时间指导学生完成博士论文，在身体抱恙的情况下还对学生的毕业论文进行指导把关，尽到了院士学而不厌、甘为人梯的职责。

2014年2月26日，王玉普（讲台上）受聘为中国石油勘探开发研究院博士研究生导师

王玉普酷爱学习，为了更好地工作他博览群书，外出期间总要带几本书抽空研读，比如《欧洲史》《再读马克思》《金融经济学》等大部头著作熟读数遍，还特意将自己看完的《再读马克思》送给秘书，勉励他多了解这位创立共产主义信仰的伟大先驱。王玉普在即席讲话中，很多中外典故娓娓道来。到了贵州调研，给大家讲王阳明"龙场悟道"的故事；到了湖南岳阳，给大家讲范仲淹"先忧后乐"的情怀。开卷有益，天道酬勤，造就了王玉普"腹有诗书气自华"的儒将之风。他依靠持之以恒的刻苦学习，将自然科学与社会科学两大类学问融会贯通，从庞杂的专业知识中掌握了管理哲学的"秘籍"，使他在作重大决策的时候能够保持头脑清醒，干一件成一

件，并且经得起历史的检验，赢得了中国石化干部员工一致的拥护和好评。

2017年的仲夏，在中国石化万众一心战"寒冬"、撸起袖子加油干的奋进热潮中，一个令人意想不到的坏消息让少数几个知道内情的人锁紧了眉头。由于常年超负荷高强度工作，王玉普时常感到食欲不振、浑身乏力，他以为是疲劳引起的消化不良所致，没太在意，依然呕心沥血工作，却不知疾病正在悄然吞噬他的健康。

7月下旬，在一次例行身体检查中，同事们很快接到了医院反馈的体检报告，而王玉普的检查结果却迟迟没有音讯。一丝不祥的预感涌上心头，他隐约意识到可能查出了某种隐性疾病。随后，经过北京协和医院复查、病理检验和多名医学专家会诊，院方给出了初步的诊断结果，怀疑王玉普患上了十分罕见且病因不明的疾病。这种疾病是一种具有潜在转移能力的局部侵袭性肿瘤，目前的医疗水平尚无有效的治愈手段。医生建议尽早住院进行最后的确诊和介入治疗，就在王玉普犹豫如何工作治疗两不误时，中央一项转岗任命，又将他召唤到新的工作岗位任职。

获悉王玉普调离中国石化另有任用的消息，领导班子成员都感到出乎意料，大家怀着恋恋不舍的心情表达了肺腑之言。时任中国石油化工集团公司总经理，现任中国石油天然气集团有限公司董事长、党组书记的戴厚良院士由衷感念朝夕相处亲如手足的同志情，称赞"王玉普同志是一位名副其实的石油石化战线的杰出工作者，是一位造诣很深、令人尊敬的院士专家，是一位优秀的党员领导干部。"

时任中国石油化工集团公司党组成员、副总经理，现任中国石油化工集团有限公司董事长、党组书记的马永生院士深有感触地评价："玉普同志是石油石化战线的杰出工作者，也是一位贡献突出、广受尊敬的工程院院士，他立场坚定、眼光高远、胸怀宽大、学识厚重、作风务实、清正廉洁，为党的石油石化事业、科技事业发展呕心沥血、鞠躬尽瘁，深受大家的信赖和敬重。"

政声人去后。中国石化上下一致认为，王玉普的28个月任期，高擎党旗，披肝沥胆，认真贯彻党中央、国务院决策部署，团结带领广大干部员工攻坚克难、奋勇开拓，战胜了一个又一个困难，取得了一个又一个令人瞩目的成就，为今后的高质量发展奠定了坚实基础。王玉普身为中国石化一任卓越的董事长、党组书记，带着一丝欣慰、一身疲惫和忧心疾病影响工作的忐忑匆匆离任。

第十章

竭忠受命，
赤胆鞠躬尽瘁

承接全国安全生产监督管理的重任。再次当选中共中央委员。带病坚持工作,舍身许国,组建国家应急管理部,任部长、党组副书记,授总监消防救援衔。忠心赤胆,鞠躬尽瘁。

国庆前夕承接安监重任

暑热的余威还没有完全消退，徐来的秋风携带着一则引起震动的消息，吹进了北京朝阳门外的中国石化办公大楼。

2017年9月19日，王玉普的工作岗位再次发生变动，被任命为国家安全生产监督管理总局局长、党组书记。

王玉普接到中央组织部的调令心潮翻滚，感慨颇多，回顾在中国石化28个月的任期，既有披荆斩棘的欣慰，又有事业未竟的遗憾。临别之际，他严格遵照党中央颁布的八项规定，谢绝了所有人的盛情送别，怀着无愧的坦然之心，向党政领导班子交代完工作，带着两袖清风悄然赴任。

王玉普衣着朴素，轻装简行，来到坐落于北京市东城区和平里北街21号的国家安全生产监督管理总局办公楼，担任第六任党政一把手，抱病履行新职务。

国家安全生产监督管理总局（简称国家安监总局），是国务院安全生产综合监督管理和煤矿安全监察的正部级直属机构，同时还是国务院安全生产委员会（简称国务院安委会）的办公室，两块牌子并立，一套人员办公。虽然办公楼的体量不算宏大气派，但却是监管全国各行各业落实安全责任的最高政府机关，业务范围涵盖海陆空领域的每一条神经末梢，是维系国家财产、保障人民群众生命安全的总防线，责任重于泰山。

谁都知道，管安全这一行最操心、最得罪人，宁听骂声、不听哭声的话好说事难办，没有铁面无私、秉公执法的硬心肠干不好这一行。王玉普深知，贯彻习近平总书记治国理政思想的核心要义就在于"人民至上"四个字，没有防患于未然的安全保障，所有的改革开放成果都会付诸东流。到国家安监总局任职，是党中央的高度信任，担负着赴汤蹈火、蹚雷排险的艰巨任务。因为艰难而光荣，又因光荣而神圣，自己诊疗疾病的事情必须先放下，以服从党的需要为最高准则，舍身许国，义不容辞。

监督安全保障的队伍过硬不过硬，关键就看把关定向的一把手行不行。就职后的第二天，王玉普不顾医生和家人的劝阻，取消了到医院查明病情的预定安排，毅然挑起了履行安全监察责任的重担，首选最易发生重大事故的高危企业开始例行的巡视督查。

2017年9月21日，秋风乍起，天气转凉，几辆小汽车鱼贯驶出了北京东城区小黄庄国家安监总局的大门。王玉普带领随行人员前往中国近代工业的发祥地、工矿企业密集的唐山市，督查安全生产责任的落实情况。在河北省委、唐山市委、市政府相关领导陪同下，王玉普来到了河北钢铁公司唐山分公司（简称唐钢），听取了负责人关于当前生产经营和安全管理工作的汇报。

王玉普首次以国家安监总局局长的身份来到唐钢，对这家企业加快结构调整、转型升级、新产品研发、开拓市场取得的成就给予了充分肯定。然后到气体公司查看，与现场操作人员进行了交流和询问，就气体生产过程中危险源辨识、安全事故防范问题，对企业负责人谈道："工业气体生产事故危害极大、后果严重，因此，安全管理工作极为重要，钢铁企业工艺链条长、危险因素多，一定要加强对重点单位和关键环节的检查，严格落实安全管理制度，从小处抓起、从细节抓起，严防各类事故发生，全面做好安全工作，确保安全生产万无一失。"

王玉普在唐山市奔波了四天，先后巡视了炼铁厂四号高炉、气体公司炼钢制氧作业区、冷轧薄板厂镀锌生产线。每到一处不仅听汇报，更注重眼见为实的洞悉观察，从细微处详细了解生产一线安全措施落实得到不到位。虽然没有在钢铁行业工作的亲身经历，但

2017年9月21日，王玉普（中）在河北省钢铁企业调研

是机械制造专业的学识与黑色金属的冶炼轧制有着天然联系，触类旁通的敏感使他能够在繁杂的生产链条中看出哪里是保证安全生产的关键。

王玉普一丝不苟的严细作风，让国家安监总局的随行人员深感这位新局长的履职能力超强，不愧是既懂专业又善管理的中国工程院院士。

2017年9月25日，王玉普回到国家安监总局，看到办公桌上厚厚一摞尚待批复的文件，不顾旅途疲劳立即审阅，把来自浙江、上海、陕西、内蒙古、四川、广东、宁夏等地反映安全问题的群众来信，作为安排工作的重点，分别指示相关部门调查核实妥善处理。

9月29日，王玉普主持召开本年度第13次局长办公会议，听取全国安全生产大检查综合督查情况汇报后，作出督查部署，要求国家安监总局各路巡视组即刻启程奔赴全国各地，为了确保人民群众欢度国庆节，严查潜在的事故隐患。

初到国家安监总局任职的十来天，王玉普完全没有把体检查出的重症放在心上，依然像正常人一样脚下生风、气度如虹，不顾个人安危，以做党和人民忠诚卫士的身姿扛起了一座山。

中秋之夜组织塌方救援

2017年的国庆节前夕，天安门广场装饰一新，象征56个民族团结一心、举国同庆的巨大花篮矗立中央，寓意改革开放的美好愿景。10月1日清晨，喷薄欲出的旭日渐渐染红了天际，在武警战士护卫下，一面鲜艳的五星红旗伴随着雄壮的国歌冉冉升起。

当人们享受长假的惬意，欢天喜地庆祝建国68周年的时候，王玉普却没有休息，为履行保护人民生命财产安全的神圣使命身体力行，亲自带领一路安全监察小组，前往张家口矿业集团有限公司宣东矿督导检查。随行的国家安监总局人员除了秘书之外，没人知道他是一个重病在身的患者。

王玉普似睡非睡，闭目回想八年前发生在黑龙江省鹤岗新兴煤矿那场惨烈的瓦斯大爆炸事故，由于领导者的玩忽职守，造成了108名矿工罹难的沉痛教训令他刻骨铭心，矿工家属撕心裂肺的哭声犹如长鸣的警钟，时刻回响在耳边。那时他就下决心狠查违章作业，坚决不允许再出现带血增长的GDP。如今担任了国家安监总局局长，他必须思考如何从事故发生的源头采取预防性措施，运用现代化科技手段防微杜渐，为矿山生产安全作出院士的贡献。

王玉普一路浮想联翩，从院士的角度构思了一幅加强技术性预防事故的系统工程蓝图，打算提交中国工程院立项组织相关专家研究。这次到瓦斯含量高的宣东煤矿督查，既有熟悉防范重点部位的意图，又有实地调查收集数据的目的。

穿山而行的高速公路直达张家口，来到太行山东麓的宣东煤矿，王玉普执意换上矿工作业服下到幽深的矿井里，察看瓦斯含量监控预警系统的灵敏度和通风系统是否正常运行。凡是人命关天的每一个细节都是他关注的对象。在漆黑、潮湿、阴冷、嘈杂、狭窄的巷道里，王玉普不仅慧眼如炬，还不时向遇见的专职瓦斯监督员询问监测数据，提问安全操作规程，一直深入采煤作业面，与当班作业的矿工亲切交谈，倾听最有发言权的人的真实感受。

数百米深处的矿井，没有置身其中的切身体验，再有学问的行业专家也设计不出高水平的安防仪器，正所谓"不入虎穴，焉得虎子"。王玉普带着人防不如技防的设计思路，察看了老矿井安防设施需要升级改造的真实情况。

升井后，王玉普安防督查并没有止步，又率队直奔地面上的中央变电所和排水主泵房，查看保障安全生产的动力系统、排水系统是否存在隐患。这一举动，令陪同检查的宣东矿领导意识到这位新上任的国家安监总局局长非常熟悉矿山采掘业务，不但高度重视井下的安全生产，而且知晓一旦发生事故所有救援措施的关键之处。

2017年10月1日，王玉普（左2）深入宣东矿下井检查安全工作

前不久，国务院安委会督查组曾到宣东矿巡视检查，就发现的瓦斯抽采工艺、治理方法、预防手段等方面存在的问题，指出16条需要立即整改的安全隐患。王玉普带队杀的这个"回马枪"，就是要逐条对照检查，直逼要害，看看这个矿是不是真正把安全第一的责任落实到位，是不是做了彻底整改。

在矿机关召开的讲评会上，王玉普毫不客气，一针见血地指出："安全是企业管理的综合反映，也是检验企业管理水平高低的重要标尺，仅靠开会、喊口号管不好安全，要让懂技术、懂工艺的人管安全，让敢担当、能负责的人查现场，不断强化安全管理专业性和有效性。"

这段义正词严的讲话，明显带有批评的意味，颇有切中软肋、一剑封喉的威慑力。抓安全工作就是不能讲情面、看脸色、照顾情绪，刮骨疗伤哪有不疼的，任何放一马的宽容都可能养虎为患，都是藐视国法、对人民生命财产不负责任的犯罪行为。

有着十几年基层工作经历的王玉普，对抓好安全工作有着切肤的体验，深知问题出在下面，根子肯定在上面，流于形式的安全管理隔靴搔痒，严重脱离生产实际，是漠视国家财产和人民生命安全的犯罪。他根据两次巡视督查发现的问题，回到北京深思熟虑后，草拟了抓安全监管的五项新举措：

一是要从治标为主向标本兼治、重在治本转变；
二是要从事后调查处理向事前预防、源头治理转变；
三是要从行政手段为主向依法治理转变；
四是要从单一安全监管向综合治理转变；
五是要从传统监管方式向运用信息化、数字化、智能化等现代方式转变。

这五个安全监管方式的转变，正是王玉普运用系统工程的科学方法付诸实践提出的新观念。严查死守仅是预防事故的权宜之计，从人防向技防发展才是解决本质安全的必由之路。以道路交通管理为例，电子警察的实时抓拍，对驾驶人员的违法违章行为起到了震慑作用。工矿企业也要在易发生事故的施工作业场所大力普及无人值守的电子监控系统，运用高科技手段监控预警，避免小隐患酿成大事故。

通过两次明查实访发现的问题，王玉普意识到自上而下的安全监管，还有许多深入细致的工作要做，做到有备无患非一朝一夕，但又深感迫在眉睫，抓安全就要和时间赛跑，防范措施晚一天都有发生不测的风险。

2017年9月30日下午4时许，国家重点工程"四纵三横"高速公路网之一的荣乌（山东荣成—内蒙古乌海）新线，营尔岭隧道右洞施工中发生塌方事故。落石造成隧道断面全部封堵，9名施工人员被困在洞内急需组织救援。

王玉普接到发生事故的报告，立即指派国家安全监管二司、国家安全生产应急救援指挥中心负责人从速赶赴现场指导救援，他还用电话征调中铁十七局太原隧道救援队、国家矿山应急救援大同队和涞源县建投公司非煤矿山应急救援队马上组织人力，携带相关救援设备前去支援。隧道救援专家也在第一时间接到通知，即刻动身，赶往涞源事故现场。

河北省涞源县地处太行山的峰峦之中，抗日战争时期曾是八路军115师开辟的晋察冀根据地，当年浴血奋战的抗日纪念地比比皆是，毛泽东主席亲笔撰文追悼的国际友人白求恩、舍身把敌人引进埋伏圈的抗日小英雄王二小，以及无数革命先烈流血牺牲染红的山川沟壑，地形险要、交通不便，给隧道救援带来很大的困难。王玉普心急火燎，一遍遍打电话询问支援队伍什么时候到达，现场救援有多大的难度，被困人员的安全是否能够保障？不断嘱咐必须争取在救援的黄金时段采取措施，救援队伍早一分钟到达，就多一分希望，少一分伤亡。

巍峨的群山，迂回穿行的公路弯多坡陡，给携带重型设备疾驰而来的支援队伍造成了阻碍。时间拖延，事故现场发生再次塌方的风险极高，救援会更加困难。经过四天四夜多方多部门奋力协作，异常艰难的营救终于有了突破性进展。10月4日上午，王玉普到达事故现场的时候，已经贯通了一根穿过塌方区的小直径钢管，通过喊话确认，9名被困人员全部安然无恙，身体状况良好。维系生命所需的食品、药品、饮用水及急需的物资，通过碗口粗的管道输送到被困人员手中。

王玉普略微松了一口气，立即到隧道里的通话口，喊话安慰被困的9名人员，鼓励他们坚定信心，不要恐慌，相信党、相信国家，一定会在最短的时间内打通救援通道。嘱咐他们保持体力，全力配合营救，随时报告里面发生的情况。说这段话的时候，王玉普有一个最大的担忧横亘心头，别看被困人员眼下无恙，隧道里随时还有再次塌方的风险。唯有抓紧时间，争分夺秒凿开脱险的生命通道，才是救援成功的根本之策。

王玉普马上在现场召开救援方案讨论会，听取救援指挥部各位领导的汇报，根据各路专家们磋商拟定的措施，果断下达了发起救援总攻的突击令。从中午到黄昏，由略见星辰到皓月当空，王玉普始终在隧道口最靠前的位置指挥，期待生命通道早一点凿通，让被困人员能在八月十五的中秋夜成功脱险，阖家团圆。

惊心动魄的9个小时王玉普滴水未进，在体力严重透支的情况下镇定指挥。10月4日21时许，机器隆隆作响的轰鸣声戛然而止，生命救援管道打通的欢呼声顿时沸腾了营尔岭直冲山脊。王玉普悬着的心瞬间落地，三步并作两步奔向管道出口，迎接被困一百多个小时的9名施工人员脱离危险，与从生命之门出来的每个人热烈握手，紧紧拥抱，满脸热泪，一腔深情令所有在场的人为之感动。

2017年的中秋夜，在涞源山谷里王玉普指挥的隧道塌方救援措施得当，以最快的速度挽回了9名被困人员的生命，体现了临危不惧、大智大勇的组织领导能力。第一时间向党中央、国务院报告营救成功消息的时候，王玉普万分激动，声音近乎哽咽。

2017年10月4日，王玉普（中）在营尔岭隧道塌方事故现场组织救援

2017年的国庆节和中秋节，王玉普过得极不寻常。共产党人奉行"人民至上、以人为本"的执政宗旨，把十四亿人民的安危一个不落地纳入国家安全体系。王玉普是代表党和国家践行执政为民理念的高层指挥员，为了让每一个人的生命都得到保护和尊重，他把自己的身体健康看得无足轻重。营尔岭隧道塌方事故的救援成功，堪比一场花好月圆的中秋盛宴，在王玉普的记忆里留下了终生不灭的印记。

回程中的王玉普喜悦与疲惫交织在一起，思绪却没有在庆祝救援成功的热议中陶醉，他从技术进步的角度构思化险为夷的利器。今后难免还会有类似的事故发生，救援装备打开生命通道的速度如果再快一些，被困人员就不会在塌方区的恐怖中饱受煎熬。设身处地的感受使他意识到，针对复杂地形研发先进、高效、成系列的现代化救援技术和特种装备时不我待，为此拟写了院士建议向中国工

第十章 竭忠受命，赤胆鞠躬尽瘁

程院申报立项研究意见书。

国庆节中秋连在一起的 7 天长假，享受幸福生活的人们寄情山水休闲娱乐，很少有人知道王玉普是在带病履责的紧张救援中度过，披星戴月的焦急劳神使他的身体越来越虚弱。本该去医院复查病情的安排，又因一个重要会议的召开向后推迟。

盛会期间指挥矿难救援

中国共产党第十九次全国代表大会出席证和中央委员会委员当选证

2017 年 10 月 11 日，庆祝建国 68 周年喜庆的余温尚存，习近平总书记在北京主持召开中国共产党第十八届中央委员会第七次全体会议。王玉普没有因病请假，全程出席为期四天的中共中央全会。

十八届七中全会全面总结了党和国家五年来各项事业取得的成就，确认当今的中国在持续开放、深化改革的进程中发生了历史性变革，实现中华民族伟大复兴的中国梦有了坚实基础。十八届中央委员会完成了率领全党全国人民走向新时代的光荣使命，按照《中国共产党章程》的规定，第十九次全国代表大会已经准备就绪。

2017年10月18日上午，天安门广场红旗猎猎，人流涌动，来自全国各地各界的党员代表齐聚庄严的人民大会堂，放开喉咙齐唱激昂的国歌，中国共产党第十九次全国代表大会在承前启后的热烈氛围中隆重开幕。

王玉普怀着无比豪迈的心情，以中央国家机关代表团成员的身份出席盛会。从第十七次、第十八次到第十九次，由中央委员会候补委员选为中央委员会委员，连续十五年历经三届党代会的春风沐雨，使他对这次党代会的胜利召开充满了迈向新时代、开启新征程的憧憬和期待。然而，世事难料。上午听完习近平总书记的工作报告，中午休息期间王玉普打开手机，收到了一个意想不到的坏消息。

位于辽宁省阜新市清河门区的民营万达矿业有限公司（简称万达矿业公司），10月18日中午11时50分许，目无法纪，公然抗拒政府安全监察部门下达的停产指令，蓄意超层越界盗采煤炭资源，导致发生严重的透水事故，当班的99名矿工仅有14人自行脱险，其余的被困在井下，情况不明。

党的十九大召开期间，发生这种性质恶劣的生产责任事故，王玉普非常焦急，压抑着升腾的怒火，立即向党中央、国务院的主管领导人做了口头汇报，打算请假赶赴事故现场组织抢险救援。由于大会的主要议程尚在进行，王玉普不能缺席。只好电话指示国家安监总局副局长、国家安全生产应急救援中心孙华山主任、国家煤矿安全监察局（简称国家煤监局）宋元明副局长，率领工作组立即赶往阜新事故现场，实地查看险情，指导当地政府和企业组织救援。

10月19日晚上，一架民航客机滑出北京首都机场的跑道，凌空而起冲上漆黑的夜空。获准暂离党代会的王玉普，带领国家安监总局副局长、国家煤监局局长黄玉治等一行人员，乘坐当夜飞往沈阳的最晚航班匆匆启程，一个小时后降落在桃仙机场，立即换乘汽车向阜新矿难现场疾驰而去。

10月下旬节气临近霜降，东北的夜晚冷风习习，让没来得及换保暖衣服的王玉普和随行人员感到寒气逼人。午夜23时20分左右，王玉普出现在事故现场，立即召开各路救援队伍负责人参加的联席会议听取情况汇报，得知目前困在井下的矿工还没有一人被救出，但是已经查清了矿难发生地的水淹现状，专业救援队正在采取措施与被困矿工取得联系。王玉普心急火燎，情绪却十分镇定，气如雷霆地下达指令，要求在保证绝对安全的条件下尽可能加速救援行动，时间就是生命，一定要做到能救尽救，绝不能让阜新矿难干扰党的十九大的会议进程。

在王玉普的协调指挥下，各路救援队伍科学制定方案，紧密协作配合，训练有素的矿山专业救护队涉水进入被水淹没的巷道，一边设置救生索一边搜寻幸存者，救援异常艰难却紧张有序。从19日午夜持续到20日凌晨，王玉普始终在坑口守着电话，焦急地期待井下传来好消息。饥肠辘辘，风冷衣单，凝露成霜的五更寒，冻得直打战，让他感觉患病的身躯有些体力不支，但仍然以顽强的毅力鼓舞救援队向被困的矿工一步步接近。

黎明前最黑暗的4时10分，报话机里传来救援人员呼叫指挥部的声音，并报告大部分受困矿工已被找到。4时48分第一批脱险的矿工开始陆续升井，对照当班下井作业的人数清点，已有83名被困了两天两夜的矿工成功获救，还有2名矿工失联下落不明。王玉普指示救援队继续排水搜救，有一线希望就要付出百分之百的努力，绝不轻言放弃。

阜新矿难经过40多小时的紧急营救，由于违章作业发生的透水事故过于严重，有毒气体涌出，险情持续加剧，威胁到了救护队员的生命安全，继续搜救越来越困难。还有2名矿工没有找到，王玉普悲痛的心情无法平静。

两天一夜不眠不休的王玉普，带病支撑虚弱的身体坐镇指挥救援，用缩短自己生命的代价，换来了83名矿工的劫后余生、83个家庭的和美安宁。那些九死一生的矿工和家属们或许不知道,组织营救他们的最高指挥员竟是一个一再推迟就医的重病患者,王玉普代表党和国家亲民、爱民、护民的一腔真情感动了所有在场的人。他返回北京继续参加党的十九大,临行时人们蜂拥相送,紧紧握手,洒泪相拥,千言万语汇成了民心所向的暖流,王玉普怀着重任在肩使命如磐的心情踏上归途。

按照王玉普临行的指示,后续的阜新矿难搜救持续了一个月,鉴于失踪矿工已无生还的可能性,经救援专家建议,阜新市人民政府做出决定,于11月21日终止了救援。

王玉普拖着疲惫虚弱的身躯,回到仍在进行中的党的十九大会场。2017年10月24日,王玉普当选中共第十九届中央委员会委员。年过花甲的王玉普以忠诚、担当、干练、廉洁的品行与能力,深受党中央的信任和器重。

党的十九大闭幕后,王玉普满怀倍受鼓舞的壮志豪情回到国家安监总局,10月26日,主持召开党组扩大会议,宣讲十九大盛况,传达习近平总书记做的工作报告、中央纪委工作报告和一中全会精

2017年10月26日,王玉普(中)主持召开国家安监总局党组扩大会议

神。组织领导班子学习修改后的《中国共产党章程》，对深入贯彻十九大的各项决议做了具体的安排部署。要求各级党员干部深刻领会习近平新时代中国特色社会主义思想，武装头脑、指导实践，全力推进安全生产监督工作上水平，营造不断创新的科技成果、管理方法，切实维护好人民群众的生命财产安全，努力为全面建成小康社会、实现中华民族伟大复兴的中国梦，作出无愧于时代的新贡献。

抱病坚持工作刚强铁汉

王玉普到国家安监总局任职前两个月，每天像一台动力强劲的发动机开足马力高速运转。除了主持本部门工作之外，还要出席党中央、国务院召开的各种会议，参加中国工程院组织的学术交流活动，指导科研项目组成员进行攻关，辅导博士研究生撰写论文。时间分分秒秒，对他来说都是最稀缺、最宝贵的资源，除了必要的睡眠之外几乎没有空闲，就连吃饭的时候也顺便和同志们商谈工作。妻子为他的病情着急，女儿为他的健康担忧，秘书随时提醒他放慢一下工作节奏，所有知情的人都催促他赶紧去医院诊疗。

党的十九大闭幕后的10月末，妻子实在等不下去了，强行为他做了治疗安排。11月初，王玉普住进医院，再次做了系统性的病情复查。检查结果不容乐观，可王玉普十分坦然，还安慰妻子和家人不要着急上火，要相信医生，相信科学。他接受医生建议，做了手术。

手术后，体力刚有所恢复，他就在医院批阅文件，时刻盼望能够早点出院，再三要求返回国家安监总局继续工作。两周后，医生勉强同意他回家休养，叮嘱每天必须按时服药，短期内以休息为主不要去上班，还要按时到医院复查。

回到北京万寿路的家中，突然改变了数年如一日的生活工作节奏，王玉普安闲得受不了，犹如怀里揣了条百爪挠心的蜈蚣，天天查看手术刀口的愈合程度，掰着手指头数日子。自打进京后，王玉普第一次在家里安安稳稳过了一个没有工作纷扰的元旦。为了宽慰妻子和女儿，也是排解压抑在心里的愁云，借助电视机播放的喜庆节拍，王玉普在客厅里扭起了东北大秧歌，美其名曰活动筋骨，锻炼身体。意在向亲人们展示术后恢复的体力，希望妻子放宽监督约束的尺度。

2017年12月4日，王玉普在医院治疗期间批阅文件

好不容易熬到去医院复查的日子，主治医生给出了手术非常成功，可以适度恢复工作的诊断。王玉普高兴得眉飞色舞，像一只破笼而出的鹰隼，舒展开禁锢多日的翅膀，仰望苍穹跃跃欲试。

2018年元旦过后不久，王玉普回到国家安监总局上班，办公室仿佛有镇痛疗伤的气场，投入繁忙的工作犹如服了兴奋剂，精气神完全不像是一个刚做完大手术的重症患者，给人们的印象仍然是行如风、声如钟的健康人。

秘书送来一份2017年全国安全生产形势总结，王玉普阅后心情特别舒爽，仙丹妙药不如一份喜报，全年的安全生产指标与前期相比总体呈现出"三下降两好转"的良好态势。为了巩固已经取得的安全

第十章 竭忠受命，赤胆鞠躬尽瘁

成果，王玉普决意着力推进人防加技防、重在技防的本质安全计划，半个月内连续签批了三道国家安全生产监督管理总局令，包括《冶金企业和有色金属企业安全生产规定》《煤矿安全培训规定》《烟花爆竹生产经营安全规定》，发布到全国31个省（自治区、直瞎市）敦促执行。

2018年1月29日，为保证全国人民过一个欢乐祥和的春节，王玉普主持召开全国安全生产工作会议，面对各省（自治区、直辖市）的主管领导，他语重心长地强调：

> 要坚持以习近平新时代中国特色社会主义思想为指导，全面贯彻落实党的十九大精神，认真贯彻落实党中央、国务院关于安全生产工作的各项决策部署，以贯彻落实《中共中央国务院关于推进安全生产领域改革发展的意见》为抓手，以有效防范和坚决遏制重特大事故为重点，全面提升安全生产水平，推动事故死亡人数、较大事故和重特大事故进一步下降，为决胜全面建成小康社会提供有力的安全生产保障。

要求各级安全生产监督管理部门：

> 要始终保持清醒头脑，深刻认识进入新时代对安全生产工作的要求更高更严，目前全国的安全生产形势依然严峻，安全生产基础依然薄弱，安全监管执法能力还有很大的差距和不足，要抓重点、补短板、强弱项，不断提高安全监管监察能力。

激励各级安全监管干部：

> 新时代要有新气象，更要有新作为。不忘初心、牢记使命，全面贯彻落实习近平总书记关于安全生产的重要指示批示精神，坚持以人民为中心，以真抓的实劲、敢抓的狠劲、善

抓的巧劲、常抓的韧劲，奋发有为，扎实工作，切实担负起党和人民赋予我们维护人民群众生命财产安全的神圣职责。

同日，根据《国家安全监管总局系统任命的国家工作人员宪法宣誓组织实施办法》的规定，王玉普身着正装，左手按住《中华人民共和国宪法》文本，右手握成拳头举过肩膀，庄严领誓：不负党和人民的信任，肩负起全国安全生产监督管理工作的重任，为突飞猛进的全民奔小康保驾护航。

还有半个月过春节，手术后恢复工作的王玉普丝毫不敢懈怠，时刻保持高度警觉，逐项部署了节前安全大检查的启动工作。由于身体原因，无法再带领安全督查组深入厂矿企业巡视，嘱托领导班子成员和各部门负责人，一定要尽心尽力，履责到位，保证全国人民过一个祥和平安的佳节，让党中央、习近平总书记放心、安心。

2018年2月15日除夕夜，无数盏彩灯阑珊璀璨，一面面五星红旗迎风招展，从首都北京到边陲各地，十几亿人民和港澳台同胞、海外侨胞共同沉浸在中华民族传统节日喜庆之中。吃年夜饭的时候，王玉普格外开心，没有事故报告的大年三十，胜过了摆满餐桌的美味。

春节休假后上班的第一天，王玉普接到中共中央办公厅的通知，2月28日出席十九届三中全会，参与制定深化党和国家机构改革的方案。会议期间，习近平总书记在中南海勤政殿约见了王玉普，对他的病情和治疗情况分外关心，嘱咐他一定注意休息，适当工作，以治病为主，争取尽快恢复健康。

王玉普万分感激习近平总书记百忙之中的亲切关怀，敏锐地觉察到一定有重要的任务需要担负。坚定地表示还能带病坚持工作，一切服从党组织的决定，请习总书记放心。听到这誓如钢铁的表态，习总书记紧紧地握住了王玉普的双手。习近平总书记的当面关怀，犹如一股巨大的热源点燃了王玉普满腔热血，怀着"苟利国家生死以，岂因祸福避趋之"的舍身许国之志，无视步步逼近的病魔，做足了为完成党和国家交办的任务再搏一回的心理准备。

组建国家应急管理机构

2018年3月初，明媚的春光融尽了残存在角落里的冰晶，北京城的植被茵茵返青，树木挂翠，燕舞鸽飞，玉兰花含苞待放。

2018年3月19日，十三届全国人大一次会议举行第七次全体会议，决定国务院其他组成人员，王玉普接到由国家主席习近平签署的主席任命令，担任应急管理部首任部长。

根据我国经济快速发展的新形势，国务院体系的调整势在必行，为强化依法治国的方针落地，按照避免交叉、职责明晰的原则，整合重组国家行政机关。人大会议批准设立自然资源部、农业农村部、国家卫生健康委员会、生态环境部、退役军人事务部、应急管理部、文化和旅游部七个新部门。

王玉普深知我国是一个地域辽阔、人口众多的大国，自然灾害和人为事故多发频发。组建应急管理部就是为了进一步健全公共安全体系，防范化解重特大安全风险，整合优化全国的应急救援力量和资源，形成统一指挥、专常兼备、反应灵敏、上下联动的应急管理体制，是确保人民群众生命财产安全和社会稳定的迫切需要。这项改革，是落实习近平总书记治国理政新思想的英明决策，深得民心，意义重大，影响深远。

按照党中央的战略部署，应运而生的应急管理部，整合了原国家安全生产监督管理总局、国务院办公厅的应急管理、公安部的消防管理、民政部的救灾、原国土资源部的地质灾害防治、原水利部的水旱灾害防治、原农业部的草原防火、国家林业局的森林防火、中国地震局的震灾应急救援，以及国家防汛抗旱总指挥部、国家减灾委员会、国务院抗震救灾指挥部、国家森林防火指挥部的职责，简而言之，就是把以往分散在13个部门的指挥权汇集到一个部门，统一归口。

应急管理部是国务院的组成部门，在发生特别重大灾害时承担组织、救援、抗灾总指挥部的职责。按照分级管理的组织体制，一般性灾害由地方政府负责处置，应急管理部代表中央统一响应支援；发生区域性重特大灾害时，协助中央指定的负责人，指挥调动全国的应急救援队伍快速反应。

组建新中国历史上前所未有的应急管理部，单是接管公安消防部队、武警森林部队的退役转制，就足够忙得脚打后脑勺，更何况随时有可能发生的天灾人祸，灾情就是命令，决不能因为组建工作没有就绪而贻误战机。接受任命后，王玉普心急如焚，不顾家人和知情同志的阻拦，毅然把医生不允许满负荷工作的嘱咐抛至脑后，会同党组书记黄明携手联动，开始了不分昼夜的组建工作。

万事开头难，没有先例可循的开局更难，把件件大事按照党中央规定时限落实到位更是难上加难。党组书记黄明，江苏建湖人，比王玉普年轻一岁，是一位工作经验丰富的老公安、正部级干部、第十九届中央委员，非常担忧王玉普的身体承受不住繁忙的工作压力，建议他半天上班半天休息，主动承担了绝大部分组建初期急需处置的日常事务，尽可能让他多动嘴少动腿，像对待自己的亲哥哥一样关心、爱护王玉普。除非遇到重大决策与他沟通商量，一般事务绝不打扰王玉普的治疗和休息。

党性极强的王玉普性格使然，黄明书记越是主动承担，他越是感到心里不安，以顽强的毅力忍受病痛的折磨坚持办公，每当黄明书记劝阻，他总是笑吟吟地说："等忙完了组建工作，应急管理部挂牌了，我再休息养病，争取陪你多干几年。"密切的配合，让王玉普和黄明书记相互加深了了解，彼此更加敬重。

王玉普去医院复查的日期被他拖延了一次又一次。3月22日，中央组织部有关负责人到应急管理部宣布领导班子成员职务任命，随即召开第一次机关干部大会，做了各部门职责分工的安排之后，王玉普才在黄明书记的再三督促下，去了北京协和医院。

复查的结果不容乐观，医生将他收留住院，强制休息治疗。国务院原副总理刘延东闻讯，专程到病房探视王玉普，转达了国务院同志们的关心和慰问，叮嘱他放下千头万绪的组建工作，安心休养一段时间。王玉普满口答应，但是心里还在惦记井喷式涌现的海量组建工作，担心黄明书记一人挑两副担子太累，病情稍一稳定，就又回到工作岗位，与时间赛跑，务必在党中央规定的日期之前完成应急管理部的组建。惜时不惜命的王玉普，只要四肢能活动、头脑还清醒，就一定要坚持工作。

2018年4月上旬，应急管理部的组建筹备基本就绪。办公地点设在北京市西城区广安门南街70号的一座大厦，依河傍水，大气庄严。

4月16日上午，天空湛蓝，微风拂面，和煦的阳光照耀着改制换装后的消防战士，雄赳赳气昂昂列队与身着正装的机关人员汇成一个整齐的方阵，应急管理部领导班子成员在正门前依次就位，隆重迎接中共中央政治局常委、国务院副总理韩正和国务委员王勇莅临中华人民共和国应急管理部出席挂牌仪式。

9时30分，仪式如期举行，王玉普怀着无比激动的心情，用洪亮的嗓音高声宣布："中华人民共和国应急管理部正式成立！"随后鼓号齐鸣，彩练升空，在升国旗、奏国歌的庄严隆重氛围中，揭开了覆盖在大门一侧牌匾上的红绸。各大媒体的新闻记者竞相拍摄，当晚中央电视台在黄金时段的新闻联播节目中率先报道了应急管理部成立的盛况，党组书记黄明、部长王玉普以及其他领导成员集体亮相的风采夺人眼目。

挂牌盛典结束后，王玉普又回到了医院。医生不允许他再去工作，要求他必须脱离工作岗位，安心静养、配合治疗。医院还给开具了6周的假条。

妻子袁明深知王玉普的性格，无论在医院还是在家中，他都不会心无旁骛地治病养病，只要有人探视，一定会询问工作上的事情。为了隔绝事务的烦扰，决定陪护王玉普暂别北京，回到阔别已久的大庆油田闭门谢客，精心调理。

王玉普离开大庆油田十来年，始终惦记着当初构想的百年油田进展到了什么程度。刻入骨髓的归属感使他对大庆这片热土涌动着魂牵梦绕的乡愁，早已把哺育他成长的大庆油田视为自己的故乡。夫妻俩悄悄启程，于2018年"五一"国际劳动节前夕，回到大庆油田。

此时的大庆油田今非昔比，绿色油化之都、天然百湖之城、地热温泉之乡的景致相映生辉，其中既有王玉普当年参与规划的旧貌，又有远超预想的新颜。重回故地休养的王玉普两眼放光，神清气爽，愉悦的心情胜过灵丹妙药，顿觉病情有了明显好转。妻子袁明分外高兴，为了让王玉普呼吸新鲜空气，适度活动筋骨，经常陪他到油田公司办公大楼附近的绿化带散步。走一走当年亲

2018年6月3日，回到大庆休养的王玉普在油田公司东南侧绿地留影

手规划的水上栈桥，看一看不停叩拜大地的抽油机，嗅一嗅田野里淡淡的油气味，赏一赏含苞待放的株株荷花，摸一摸长到碗口粗的白杨树，听一听此起彼伏的啁啾鸟鸣……久违的惬意旋开了王玉普回顾既往的阀门。当年倾注的心血没有白流，如今已经规划成赏心悦目的国家级矿山公园，每当漫步其中，满眼都是说不完道不尽的欣慰和自豪。

尽管王玉普回大庆很低调，但只要在公众场合一露面，马上就有人认出他，主动聚拢过来打招呼，依然亲切地称呼他一声王总。尤其是那些离退休老职工，在放风筝、赏荷花、跳广场舞、垂钓、散步的悠闲中突然遇见久违的老领导，都会发自肺腑与他唠上几句心里话，由衷感谢王玉普在任时关心职工切身利益，办的一件件好事，解决的一个个难题。生活环境逐年得到改善，从老旧小区楼房的"平改坡"到生态绿地的相继建成完善，再到创建百年油田实现4000万吨接续稳产10余年的持续有效发展，政声人去后的好评犹如提气补血的良药，使重病缠身的王玉普倍感宽心。

2018年6月初，王玉普（左2）在果午湖生态示范区与相遇的老职工合影

王玉普在大庆养病期间，每次与熟人不经意的邂逅，都让他感受到了大庆油田给予的精神疗效，好心情促进了药物吸收，几周的工夫大部分生理指标出现了向好的趋势，他又闲不住了，向妻子请示约见一起工作过的老部下，聊一聊他始终关心的大庆油田可持续发展问题。

知夫莫过妻，形影不离的袁明深知王玉普是个工作狂，不让他找点事干，肯定会憋出心病。见他情绪高涨，饭量见长，便放宽了监护的约束，准许王玉普约见几位老朋友、老部下到家里陪他海阔天空神聊一通。

没承想聊起来就刹不住车，说是不谈工作，但是三句话不离本行。王玉普兴致盎然，又捡起了中国工程院关注的重点科研难题，不是探讨老油区如何把采收率提升到60%的技术措施，就是琢磨有效益开发页岩油气的大破大立。他把到美国、加拿大考察的所见所闻，以及在中国石化任职期间总结的涪陵页岩大气田勘探开发经验，一股脑地讲给大家听，并把他收集到的相关资料提供给大庆油田的同志们作参考，再三勉励大庆油田科研项目组成员一定要坚定信心不动摇，按照创建百年油田的长远规划，走好油气并举的可持续发展道路，为保障国家能源安全持续努力，再创勘探开发新业绩。

在大庆油田休假养病期间，王玉普的大脑始终没有安闲，回顾了在中国石油和中国石化两大能源企业的工作经历，深感石油石化部门的安全工作还有许多短板需要补齐，他以中国工程院院士的远见卓识，通过互联网与相关技术专家进行远程交流，策划了两个重大国家级咨询研究课题："化工园区系统安全问题及对策"和"油气长输管道国家治理体系战略问题研究"。

王玉普自告奋勇担任项目负责人，申请列入中国工程院2019年度重点科研计划。这两个科研项目从解决国家能源安全、公共安全，以及过去长期多头管理、职责不清、无法可依的弊端着眼，组织多名院士与相关技术人员联手展开调研，为提交全国人大立法提供科学依据。

短暂的六周离职养病，是王玉普参加工作后最长的休息时间。自从26岁入职大庆油田，40来年的艰辛奋斗，一步一个脚印，踏实稳健，勤勉务实。静思一路足迹，他没有愧对大庆精神哺育的内疚，唯有构建百年油田宏愿尚未全部实现的遗憾。始终怀着一颗感恩的心，尽最大可能做一些有助于大庆油田可持续发展的实事。

转眼到了6月中旬，王玉普在妻子的精心护理下感觉病情略有好转，便信心满满返回北京到应急管理部履职。在他休假的这段时间，党组书记黄明把各项工作安排得井井有条。

王玉普深感对不住黄明书记，又像生病前那样全身心投入工作，痴迷专注的性格使他低估了病情复发的潜在危险。

进入盛夏以来，我国局部地区连降大雨，9月份多地发生了洪涝灾害。新组建的应急管理部第一次经受抗洪抢险救灾的实际检验。王玉普闻风而动，指挥调度整合后的救援队伍火速赶往灾情最严重的地区疏浚排险，转移群众，把损失降到了最低，充分体现了救援行动号令统一、兵贵神速、集中发力、权责明晰的体制优势，受到了党中央、国务院的表扬。

2018年10月末，全国各地的数万现役消防救援队伍完成了新体制整编，迎来了各级官兵统一举行换装的隆重仪式。11月8日，应急管理部党组书记黄明和部长王玉普，被党中央、国务院授予总监消防救援衔，成为新中国成立69年来首次获此殊荣的最高层救援指挥员。王玉普因病没有参加授衔仪式，等身体允许了，他回到办公室，穿上"火焰蓝"颜色的新制服，戴上白顶镶嵌国徽的大檐帽，真切感受了这份庄严与神圣。

披肝沥胆淡然笑对病魔

2019年元旦过后，王玉普又一次住进医院，病情恶化，不得不再次做手术。手术后，经过一个多月的卧床调养，病情趋于稳定，他可以在病房里做一些力所能及的活动。王玉普不顾劝阻，安排秘书把需要批阅的文件送到病房，一边治疗一边办公，先后签发了《安全评价检测机构管理办法》《应急管理部关于修改〈生产安全事故应急预案管理办法〉的决定》《应急管理部关于废止〈安全生产行业标准管理规定〉等四部规章的决定》《煤矿重大事故隐患判定标准》等中华人民共和国应急管理部令。虽在病中，但王玉普渴望多承担点工作，党组书记黄明理解他急切工作的心情，时常嘱咐他安心治疗。

王玉普多次到中国工程院参加院士研究课题立项答辩，在他的努力争取下，"化工园区系统安全问题及对策"和"油气长输管道国家治理体系战略问题研究"两大项目列入了工程管理学部2019年重点科研计划。

2019年9月26日，是大庆油田发现60周年纪念日，习近平总书记发来贺信。习近平总书记代表党中央，向大庆油田广大干部职工、离退休老同志及家属致以热烈的祝贺和诚挚的慰问，信中饱含深情地写到：

> 60年前，党中央作出了石油勘探战略东移的重大决策，广大石油、地质工作者历尽艰辛发现大庆油田，翻开了中国石油开发史上具有历史转折意义的一页。60年来，

几代大庆人艰苦创业、接力奋斗，在亘古荒原上建成我国最大的石油生产基地。大庆油田的卓越贡献已经镌刻在伟大祖国的历史丰碑上，大庆精神、铁人精神已经成为中华民族伟大精神的重要组成部分。

看到习近平总书记对大庆油田的殷切嘱托，王玉普倍感自豪。

2020年5月中旬，王玉普和黄明书记一起听取中央第八巡视组的意见。会后，他歉意地表示，等身体好些，一起接受党中央巡视监督，检验"两个维护"和对党忠诚的践行情况。黄明书记劝他安心治病，等身体养好了，咱们携手将应急管理部各项工作从严从实抓牢，让党和人民信得过、靠得住、能放心。

2020年8月中旬，王玉普在病房里为母校东北石油大学建校60周年庆典，题写了"六十载奋进春华秋实，新时代启航再创辉煌，愿母校为祖国培养更多德、智、体、美、劳全面发展的新时代石油人才！"的寄语。

2020年的秋天，王玉普迎来了64岁生日。病房里布置了鲜花，朋友定制了一份精致的生日蛋糕，妻子烹制了几样他最爱吃的菜，加上一碗长寿面，很有仪式感。王玉普戴上生日帽，吹灭蜡烛，喜笑颜开，快乐得像

王玉普在医院度过64周岁生日

个受宠的孩子。坦然淡定的情绪感染了大家，朋友抓拍了一张王玉普和妻子相拥的照片，最后一次定格了他们老两口恩爱的场景。

11月下旬，王玉普的病情加重，做了第三次手术。术后，时而清醒，时而昏迷。12月初，病情进一步加剧，王玉普清楚自己的身

体状况。他吩咐身边的秘书要求会见应急管理部党委书记黄明，做一些工作上的交代。然后又把妻子、女儿和至亲的家人们叫到床边，做了嘱咐：

> 感谢党，没有党的培养就没有我的成长。感谢习总书记的信任和关怀，辜负了总书记的重托，不能再为党工作了。也感谢部党委和黄书记一直以来对我的照顾。我热爱石油工业，大半辈子在给国家找油采油，盼望我们国家的能源安全能够保障好。我走后，后事从简，不要给组织添麻烦。孩子和身边工作人员要牢记，老老实实做人，认认真真做事。

应急管理部党委书记黄明接到王玉普病危的消息，火速赶往天津，然而遗憾的是未能见上最后一面。

2020年12月8日10时45分，为革命事业拼搏了一生的王玉普，生命的轨迹定格在了64岁。

王玉普病逝后，按照党中央指示，成立了治丧工作小组，新闻媒体于2020年12月9日向全国播报刊发了沉痛讣告。定于2020年12月14日上午9时，在北京八宝山革命公墓举行王玉普遗体告别仪式。

那天的八宝山革命公墓肃穆沉沉，哀乐低徊，告别厅里摆满了党和国家前任领导人胡锦涛、吴邦国、温家宝、张德江、俞正声、贺国强、刘云山、张高丽等，党和国家领导人习近平、李克强、栗战书、汪洋、王沪宁、赵乐际、韩正、王岐山等敬献的花圈和挽联。中共中央政治局常委、全国人大常委会委员长栗战书，中共中央政治局委员、国务院副总理孙春兰，国务委员王勇，国务院原副总理刘延东，第十二届全国政协副主席李海峰，以及中央和国家机关有关部委负责同志前来吊唁。参加告别仪式的还有中华全国总工会、中国工程院、各省市和央企负责人、中国人民解放军总医院（301医院）和天津市第一中心医院的院长和医护人员，以及王玉普生前好友、家乡代表和曾经工作单位的代表，共计300余人。

王玉普同志的遗体安放在鲜花翠柏丛中，覆盖着鲜红的中国共产党党旗，在哀乐声中，人们依次缓步来到王玉普遗体前肃立默哀，眼含热泪，向王玉普遗体三鞠躬，并向亲属表示深切慰问。告别厅大屏幕滚动播放着王玉普的生平：

> 中国共产党的优秀党员、忠诚的共产主义战士，应急管理部部长、党委副书记王玉普同志因病医治无效，于2020年12月8日10时45分在天津逝世，享年64岁。
>
> ……
>
> 王玉普同志始终忠于党、忠于人民，对共产主义远大理想和中国特色社会主义共同理想坚贞不渝。他政治立场坚定，坚决拥护和贯彻执行党的基本理论、基本路线、基本方略，在思想上政治上行动上同党中央保持高度一致；他事业心责任感强，工作有魄力，勤奋敬业、敢于担当，创新能力突出，在油田开发技术、企业管理创新上屡获殊荣，被业内人士评为"有魄力、视野宽阔"的技术型管理者；他作风顽强，敢啃硬骨头，生命不息，奋斗不止，始终保持一名共产党员的政治本色和崇高境界；他作风正派，廉洁自律，对干部职工既从严管理又关心爱护。他的革命精神、高尚品德和优良作风，永远值得我们深深怀念和学习。
>
> 王玉普同志的一生，是革命的一生、奋斗的一生、全心全意为人民服务的一生。他的逝世，使我们党失去了一位好党员、好干部、好同志。

应急管理部党委书记黄明带领党委班子全体同志集体送别。中国地震局、国家矿山安监局、国家消防救援局、森林消防局班子成员，应急管理系统老领导、老同志代表，部机关和部直属事业单位干部职工代表，地方应急管理厅、局代表等前来送别。

忠贞赤子英魂回归故里

遵照王玉普的遗愿,把遗体火化后的骨灰送回他毕生挚爱的大庆油田安葬,叶落归根的赤子丹心得到了党中央批准。应急管理部、中国石化的领导同志陪同王玉普亲属护送骨灰。

2020年12月15日上午10时50分,护送王玉普骨灰的灵车缓缓驶进大庆市殡仪馆。应急管理部、中国石化、黑龙江省应急管理厅、中国石油驻黑龙江地区石油石化企业、中共大庆市委、大庆市政府、大庆油田有限责任公司、大庆石油管理局、大庆钻探工程公司、大庆炼化公司、东北石油大学、大庆预备役高炮师、克山县等部门和企业单位的代表共同在2号厅举行王玉普追悼会。各界领导人、同事、同学、学生、校友、好友、亲属等,共计200余人。在催人泪下的哀乐中人们胸戴白花,默默肃立致哀,灵堂里摆满了各单位团体敬献的花圈,一幅黑底白字的挽联"英明流芳千秋范,魂归油田万古情",充分表达了大庆市各界对王玉普由衷的敬仰和深切的哀思。

大庆市各界人民群众,以真挚的情感迎回了魂归故里的忠贞赤子,这片盛产石油的热土悲声四起,处处回荡着天妒英才的哀婉叹息。

时任大庆油田有限责任公司总经理、大庆石油管理局有限公司总经理朱国文主持追悼会。时任中国石油天然气股份有限公司副总裁、大庆油田有限责任公司党委书记、执行董事、大庆石油管理局局长、中国工程院院士孙龙德代表大庆油田有限责任公司党委,追忆了王玉普在大庆油田的非凡业绩:

王玉普同志的一生,是革命的一生、奋斗的一生、奉献的一生。在38年的事业征程中,有27年奋斗在大庆油田,他的足迹踏遍松辽大地,用人生事业的大半精力,为开发建设大庆油田作出了卓著贡献。他作为一名从大庆油田成长起来的领导干部,从基层一步一步走上党和国家部门重要领导岗位,功勋卓著、高瞻远瞩、率先垂范,是大庆油田的骄傲与自豪,是全体大庆人的骄傲与自豪。他的不幸逝世,使我们失去了一位好领导、好老师、好楷模、好战友,我们将永远缅怀。

我们缅怀王玉普同志,他是一位好领导,引领大庆油田可持续发展。工作中,他被业内人士评价为"有魄力、视野宽阔"的技术型管理者。作为国有大企业的掌舵人,在负责主持大庆油田工作之初,正是油田原油产量调整至5000万吨以下,企业面临着发展和谐稳定的巨大压力。面对严峻的困难挑战,他以战略的思维、发展的视角,深入研究思考大庆油田的发展问题,创造性提出"持续有效发展、创建百年油田"战略,确立了原油4000万吨十年稳产的奋斗目标,构筑起"油气并重、内外并举"的发展格局。在这一战略引领下,当时大庆油田油气勘探储量目标实现"四个亿",创出大庆长垣发现以来历史最好水平,持续保持了全国最大石油生产基地的地位。今天,大庆油田建设百年油田振兴发展战略,得益于王玉普同志当年提出的战略思想,是经过实践成功检验的,共同奠定了大庆油田振兴发展的实践基础。

我们缅怀王玉普同志,他是一位好老师,指导广大干部员工改革创新实践。当年,大庆油田分开分立之后,已是一个开发建设近半个世纪的老油田,如何继续走在工业企业前列,王玉普同志积极探索,付出了大量精力。特别是作为中国工程院院士,积极指导广大干部员工认真践行科学发展观，通过深入开展"解放思想、谋划发展"主题活动，把思想统一到"资源有限、科技无限"和"以技术谋发展、以技术闯市场、以技术换资源"理念上，大力推进科技自主创新、持续创新，全面打响新时期高科技新会战，积极推进"十大现场试验"，推动油气当量保持5000万吨水平。在这一过程中他始终关心未上市企业发展，把"整体协调发展"作为油田"三大战略任务"之一，进一步统一队伍思想、坚定了信心，推动企业实现跨越式发展，那几年，大庆油田经济效益连续六年位居中国纳税工业企业榜首。2007年，大庆油田荣膺"中国工业大奖"，成为我国工业企业走新型工业化道路的排头兵。

我们缅怀王玉普同志，他是一位好楷模，忠诚践行党的服务宗旨。作为一名党的领导干部，他始终牢记大庆是党的大庆、共和国的大庆，大庆油田的发展成果要惠及员工群众、支持地方经济社会发展。他时刻不忘发展"为了谁、依靠谁"，模范践行全心全意为人民服务的宗旨。坚持奉献能源、创造和谐，推动油田投入大量资金，维修改造生产一线工作场所，配套完善职工住宅小区，新建改建油田文化广场等场所设施，实行一线职工带薪休假等福利制度，建立送温暖基金和特困救助资金，每逢节假日期间走访慰问帮扶各类人员群体，努力实现有偿解除劳动合同人员再就业，有力推动了和谐矿区建设。认真履行国企"三大责任"、落实"四共"方针，积极参与城市基础设施建设，支持社会主义新农村建设，打造以"哈大齐工业走廊带"为轴心，辐射黑龙江东部、北部地区的油气经济圈，为东北老工业基地的振兴注入了新的活力。今天的大庆，设施配套、环境优美、和谐宜居，无不凝结着王玉普同志曾经付出的心血。

我们缅怀王玉普同志，他是一位好战友，时刻不忘

"我为祖国献石油"的使命担当。在他身上时刻闪耀着石油精神和大庆精神铁人精神的时代光芒，彰显着苦干实干、"三老四严"，雷厉风行、事不过夜的高尚品格，"我为祖国献石油"已经成为他的人生信条。

……

我们缅怀王玉普同志，从他为党、为国家、为石油事业所作出的卓越贡献中，切身感受到他的崇高风范和人格力量。虽然他已经离开了我们，但他的精神长存，英魂永驻。

……

这段力透纸背的哀思，全面而又精准地概括了王玉普不负韶华，成长为中国工程院院士和高层领导干部的生命之旅。

王玉普病逝后，各界深切怀念这位才高德厚、功勋卓著的院士部长，多种形式的纪念活动持续举行。

王玉普在中国工程院任职期间承担了十余个事关国家能源安全的重大咨询项目，均由王玉普提出并担任课题组组长，组织领导相关的院士、专家、教授、工程技术人员联合展开跨学科、跨领域、跨部门、跨行业的综合性论证研究，已结题的项目为国务院制订国民经济和社会发展规划计划、调整外交策略应对国际风云变幻、全国人大常委会制定修改相关法律，提供了充分翔实的科学依据。

时任中国石油化工集团有限公司党组副书记、总经理、中国工程院院士马永生，见证了王玉普领导中国石化开创新业绩的才学与品行，由衷地夸赞：

玉普同志一生忠诚于党、顾全大局，战斗在党和人民需要的地方，鞠躬尽瘁、呕心沥血，在病榻上他还坚持向中央领导同志汇报情况，表达待病愈后继续为党工作的心愿。玉普同志一心为民、清正廉洁，把群众是否满意作为自身的工作标准，全力为员工群众办好事、办实事，谋的都是群众的长远利益、根本利益，时时处处以身作则。"三老四严""三严三实"等精神在他身上体现得尤为淋漓尽致。玉普同志善于发现使用人才，出以公心选拔任用干部，树立了选人用人的正确导向，深受中石化干部员工的敬重与热爱。他的革命意志、崇高风范，值得我们永远铭记，更值得我们学习传承。

主持《王玉普传》编撰工作启动会的中国工程院院士胡文瑞，深情回忆了王玉普在中国工程院担任副院长期间主持领导科研工作的突出贡献：

> 王玉普是中国工程院唯一有油田企业工作经历的副院长，他担任副院长后主要负责国家急需的战略咨询研究。王玉普不但是院领导，还是承担咨询研究项目最多的一线院士，每年都有新的课题，相继参与了能源、交通、国防、管网、地质、"一带一路"能源项目合作，以及工程管理、工程哲学等重大课题理论研究。他把主要精力放在狠抓页岩油气的勘探开发研究上，是主持致密性油气立项研究的第一人，为保障国家的能源安全作出了了不起的贡献。王玉普院士还是工程哲学体系研究的牵头人，参加了工程演化论、工程方法论、工程价值论的学术总结，建立起我国的工程哲学学科，形成了在国际上有影响力的中国工程哲学学派。王玉普这位担任重要领导职务的院士，能够在繁忙的工作中取得这么多的科研成果很了不起。总而言之，王玉普是一位对科研事业有强烈追求的杰出院士，是组织给予多么艰巨的任务都不会拒绝，并能够想方设法坚决完成的院士带头人。

多位院士的追思追忆，从不同侧面聚焦到一点，王玉普既是忠诚共产主义理想信念不动摇的党员领导干部，又是社会主义市场经济陶冶出的优秀企业家，还是中国工程院研究成果丰硕的杰出院士，三重光彩集于一身的伟岸，堪称"七尺微躯尽忠贞、一腔热血献国家"的光辉典范。

王玉普的母校东北石油大学，以培养出优秀的院士学子为骄傲，收集整理了大量的档案资料和图片扩充校史馆，陈列了王玉普自2013年7月被聘为博士研究生导师以来重教育人、帮助指导母校建立产学研一体化体系的众多实例。盛赞王玉普以中国工程院院士的学识，运用最前沿的科学理念，带出了10余名博士研究生，累计指导了30余名硕士研究生，桃李芬芳的授业成就，为东北石油大学的校史馆增添了亮色。

凡是和王玉普有过交集的人，不论时间长短、职务高低，都对王玉普的不幸辞世深感惋惜。当年在中共中央党校第23期中青年干部培训班学习时的党支部书记获悉噩耗十分悲痛，亲笔写到：

> 追思和学习王玉普部长坚持党和人民的利益高于一切的坚定信仰，善于在艰难困苦中开创新局面的责任担当，不懈奋斗的崇高风范，廉洁奉公的政治本色，实事求是的工作作风，始终不渝的革命情怀。我们一辈子要像王玉普那样做人做事，继承他的遗志，以实际行动把他未竟的事业推向前进。

王玉普犹如一滴石油，一生许国为民，释放了全部热能，放射出共产主义信仰的光芒，为"爱国、创业、求实、奉献"的石油精神、大庆精神，增辉添彩，光焰照人。

王玉普魂归故里，骨灰安葬在大庆市净园公墓。

2022年7月18日上午，一起工作过的领导、同志、生前好友千里迢迢赶到大庆，专程护送王玉普的灵柩走完最后一程。

自发出席葬礼的人群中有多位中国工程院院士，中国石油天然气集团有限公司、中国石油化工集团有限公司、应急管理部的代表，中国石油大学（北京）、东北石油大学领导及教师代表，王玉普在职期间的几任秘书，克山县老家的故旧乡亲，以及众多的部下、同志、同学、朋友、学生，共计200余人。

苍松翠柏间肃立着敬仰王玉普的人们，共同把缅怀的真情融入了祭文：

悼念兮，王公玉普，赞叹兮，斑斓尔生；出身寒门子弟，演绎华彩乐章。为国加油三十载，劲唱能源之大风；为官从政十余年，堪书公仆之鹏赋；为人贵享六旬半，天妒英才之悲恸！

缅怀兮，兴油为国功勋卓著，与油结缘东油院，创业启航采油七，大庆红旗高擎起，百年油田千秋计，稳油增气生态绿，内引俄油外并举，页岩肇端来奠基，弈活石化大棋局，能源保障国安矣！

纪念兮，从政为民对党忠诚，进阶龙江副省长，全总铸强产业军，科技报国工程院，安全总局保安全，组建应急为不急，中央委员参大议，踔厉笃行为人民，鞠躬尽瘁而后已，一颗丹心映党旗！

追思兮，敬事为人树立德风，恪守祖训走端正，呵护挚爱是妻女，爱比云天尽孝心，接力兄嫂护子侄，俯首为梯举德贤，与人为善重情义，一颗初心无改移，两袖清风伴君徐，悠悠忠魂归故里！

怀念兮，玉普一生忠诚为人，待双亲父母、师长、乡亲邻里、故旧、同学、同事、亲朋好友、员工下属，满怀真诚，不虚不假，愿交人乐帮人抬举人，居德善俗，世人共仰！

功勋永镌，壁立千仞，继承玉普遗志，谋百年发展、求人民福祉，捷报频频慰英灵！

德誉不锈，泽被万世，传承玉普遗风，修为官之道、立伟岸品行，福运绵绵念故人！

入土为安慰藉凤愿，长眠于斯福驻油城！

玉润有情不老，普照无涯永生！

在中国人的传统中，雁过留声，人过留名，贵在身后的人心向背，正所谓金杯、银杯都抵不过老百姓的口碑。

王玉普始终坚定理想信念，不忘初心，以党和国家的事业、人民的利益为己任，以严字当头、实干兴邦的雄才大略直面担当，为国家能源安全战略及油气田开发殚精竭虑，谋篇布局。他弘扬科学精神，守正创新，锐意改革，曾在大庆油田、黑龙江省政府、中华全国总工会、中国工程院、中国石油化工集团公司、国家安全生产监督管理总局、中华人民共和国应急管理部历任核心领导，他是高层领导干部当中的技术型专家，又是专家当中融汇贯通党务、政务、专业技术的复合型精英人才，取得的管理成就和技术成果造福后人。他是一名共产主义先锋战士、国有大型企业杰出领导者、中国工程院院士。他把为祖国献石油作为自己矢志不渝的崇高伟业，在国之所需、吾之所向的拼搏奋进中传承大庆精神铁人精神，用竭尽忠诚与无私奉献谱写了熠熠生辉的壮阔人生。

附 录

王玉普大事年表

1956年10月6日，出生于辽宁省新民县公主屯区荆家房申村。

1960年5月，随家迁至黑龙江省克山县西河公社仁里村定居。

1964年7月，在仁里村三队上小学。

1968年8月，转到仁里村学校就读五年级。

1970年8月，在仁里村学校就读初中。

1972年8月，在克山县西河公社中学就读高中。

1974年8月，高中毕业回家务农，在仁里村三队当社员。

1975年7月，在仁里村生产大队担任会计。

1976年7月，调西河公社制砖厂，任统计员兼财务室的现金出纳员。

1977年10月，在西河公社良种场村委会担任民兵连长。

1977年12月初，参加恢复高校招生的第一次考试。

1978年1月底，收到了大庆石油学院的录取通知书。

1978年3月15日，在大庆石油学院机械系石油矿场机械专业（本科）77-1班就读，学制四年。

1982年1月，大学毕业获工学学士学位，分配到大庆石油管理局第七采油厂。

1982年6月，提前结束在工程大队管焊队的实习锻炼，到地质大队担任技术员。

1984年12月，担任第七采油厂工程技术大队工艺室主任。

1985年春节，与袁明回克山老家举行婚礼。

1985年3月，光荣加入中国共产党。

1985年5月，担任工程技术大队副大队长（副科级）。

1988年3月，成立地质工艺研究所，担任第一副所长（正科级）。

1990年7月，担任工程技术大队大队长。

1994年6月，晋升第七采油厂副厂长（副处级）。

1994年9月，考取石油大学（北京）石油工程系油气田开发工程专业在职进修研究生。

1996年3月28日，调往杏树岗油田北部开发区，任大庆石油管理局第四采油厂副厂长，分管采油生产。

1997年1月7日，任大庆石油管理局第一油气开发事业部副主任兼总工程师（正处级）。

1997年10月，取得石油大学（北京）授予的油气田开发工程专业硕士学位。

1997年11月15日，任大庆石油管理局油田开发处处长。

1998年10月23日，任大庆石油管理局副总工程师。

1999年10月，获聘大庆石油学院石油工程专业兼职教授（聘书编号：9904）。

2000年1月5日，任大庆油田有限责任公司董事。

2000年6月16日，开始享受国务院特殊津贴。

2000年9月，考取石油大学（北京）石油工程系油气田开发工程专业博士研究生。

2000年10月12日，任大庆油田有限责任公司党委委员、副总经理兼第一采油厂党委书记。

2000年10月14日，兼任大庆油田有限责任公司第一采油厂厂长。

2000年12月14日，获聘石油大学（北京）兼职教授，聘期五年（聘字第00230号）。

2001年3月23日，任大庆油田有限责任公司常务副总经理。

2001年6月，获聘《石油知识》杂志理事会理事；选为黑龙江省石油学会第四届理事会副理事长。

2002年2月，获聘《西部探矿工程》编委会副主任委员。

2003年7月11日，进修的石油大学（北京）石油天然气工程学院油气田开发工程专业研究生毕业，获工学博士学位。

2003年9月10日，获聘中共大庆市委党校客座教授。

2003年9月，获聘中国唯一一本英文版石油科技、学术期刊"PETROLEUM SCIENCE"编委会委员。

2003年12月15日，任大庆油田有限责任公司董事长，同时兼任大庆油田有限责任公司总经理、党委副书记。

2004年2月20日，出席在北京召开的国家科学技术奖励大会。

2004年，获聘世界石油大会中国国家委员会，受聘《世界石油工业》《Petroleum Forum》理事会副理事长。

2004年6月17日，获聘石油大学（北京）博士研究生校外指导教师，聘期三年（聘字第02228号）；同时，获聘石油大学（北京）兼职教授，聘期三年（聘字第04025号）。

2004年6月，获聘中国石油勘探开发研究院《石油勘探与开发》杂志第六届编辑委员会委员。

2004年12月，获聘中国石油学会《石油学报》第六届编委会副主任。

2005年4月30日，当选全国劳动模范。

2006年1月16日，获中国企业联合会、中国企业家协会授予的"2005年度最受关注企业家"荣誉称号。

2006年6月23日，获聘西南石油大学石油与天然气工程专业兼职教授，聘期三年。

2006年7月11日，获聘大庆石油学院油气田开发工程专业兼职教授（聘书编号：2006015）。

2006年10月，获聘加拿大滑铁卢大学理学院客座教授。

2007年6月，获聘《石油钻采工艺》杂志第十届编委会委员。

2007年7月7日，中国企业联合会、中国企业家协会、中国企业管理科学基金会联合评选，授予王玉普"第六届全国优秀创业企业家"荣誉称号。

2007年10月15日，王玉普出席在北京人民大会堂隆重开幕的中国共产党第十七次全国代表大会。

2007年10月21日，当选中共第十七届中央委员会候补委员。

2007年12月29日，当选中国工程院院士。

2008年2月26日，任大庆油田有限责任公司董事长、总经理，大庆石油管理局局长，大庆油田有限责任公司（大庆石油管理局）党委副书记。

2008年6月30日，获中国企业联合会、中国企业家协会联合颁发的"高级职业经理资格证书"。

2009年1月8日，获聘大庆石油学院石油天然气工程学科特聘教授，聘期五年（证书编号：2009001）。

2009年6月15日，获聘中欧国际工商学院校友会黑龙江分会首届名誉会长。

2009年6月27日，获聘管理科学与工程学会顾问。

2009年8月20日，任黑龙江省人民政府副省长。

2010年7月26日，当选中华全国总工会副主席、书记处第一书记。

2010年7月，任中华全国总工会党组书记。

2010年12月，兼任中央精神文明建设指导委员会委员。

2011年3月，兼任中央社会管理综合治理委员会委员。

2011年7月，兼任国务院振兴东北地区老工业基地领导小组成员。

2012年11月8日，出席中国共产党第十八次全国代表大会。

2012年11月14日，当选中共第十八届中央委员会委员。

2013年2月23日，任中国工程院党组副书记（正部级），并提名为副院长候选人。

2013年6月，获聘中国安全生产协会第一届专家委员会名誉主任委员，聘期五年。

2013年7月，获聘东北石油大学博士研究生指导教师。

2013年8月18日，获聘中国科学院渗流流体力学研究所博士研究生指导教师。

2013年8月26日，获聘中国科学院发展咨询委员会委员。

2013年9月9日，获聘中国石油勘探开发研究院高级顾问，聘期五年（编号：201301）。

2013年10月25日，获聘中国石油勘探开发研究院博士学位研究生指导教师。

2014年6月23日，任中国工程院副院长。

2014年11月，兼任中国工程院第五届咨询工作委员会主任委员。

2015年1月，获聘国家能源致密油气研发中心学术委员会主任。

2015年5月14日，任中国石油化工集团公司董事长、党组书记。

2017年9月19日，任国家安全生产监督管理总局局长、党组书记。

2017年10月18日，出席中国共产党第十九次全国代表大会。

2017年10月24日，当选中共第十九届中央委员会委员。

2018年3月19日，任应急管理部部长、党组副书记。

2020年12月8日10时45分，因病医治无效，享年64岁。

王玉普主要论著及获奖科技成果

工程科技论著

[1] 刘合，王玉普，等.国外井间地震技术［M］.北京：石油工业出版社，1998.

[2] 王玉普.大庆油田高含水期注采工艺技术［M］.北京：石油工业出版社，2001.

[3] 克朗曼，等.国际油气风险投资商务要素分析［M］.王玉普，冯志强，孙国昕，译.北京：石油工业出版社，2005.

[4] 王玉普.大型砂岩油田高效开采技术［M］.北京：石油工业出版社，2006.

[5] 翟光明，王玉普，何文渊.中国油气勘探综合工作法［M］.北京：石油工业出版社，2007.

[6] 朱维耀，王玉普，邓庆军.多孔介质细观流动理论及模拟方法［M］.北京：科学出版社，2021.

[7] 王玉普，陈国刚，杨东成.抽油机组合皮带轮的研制及应用［J］.油田地面工程，1993（3）：57.

[8] 王玉普，陈国刚，杨东成，等.抽油机上的组合式皮带轮［J］.石油矿场机械，1993（5）：39-40，42.

[9] 王玉普，刘合.有杆抽油系统的经济运行［J］.大庆石油地质与开发，2003（1）：38-39，49.

[10] 王玉普，罗健辉，卜若颖，等.三次采油用抗温抗盐聚合物分析［J］.化工进展，2003，22（3）：271-274.

[11] 王玉普，程杰成.三元复合驱过程中的结垢特点和机采方式适应性［J］.大庆石油学院学报，2003（2）：20-22.

[12] 王玉普，孙丽，张士诚，等.裂缝性地层压降曲线分析方法及其应用［J］.石油大学学报（自然科学版），2004，28（1）：55-57.

[13] 王玉普，刘合，卓胜广，等.海拉尔油田沉凝灰岩储层岩石稳定乳化压裂液的研制及应用［J］.石油学报，2005（5）：67-70.

[14] 王玉普，计秉玉，郭万奎.大庆外围特低渗透特低丰度油田开发技术研究［J］.石油学报，2006（6）：70-74.

[15] 王玉普，刘义坤，邓庆军.中国陆相砂岩油田特高含水期开发现状及对策［J］.东北石油大学学报，2014，38（1）：1-9.

[16] 王玉普，左罗，胡志明，等.页岩高温高压吸附实验及吸附模型［J］.中南大学学报（自然科学版），2015（11）：4129-4135.

管理科学论文

[1] 王玉普.持续有效发展　创建百年油田［J］.大庆社会科学，2004（2）：8-10.

[2] 王玉普.夯实发展基础　提升核心能力　全力推进百年油田伟大实践［J］.大庆社会科学，2005（2）：5-7.

[3] 王玉普.抓住历史机遇　创建百年油田——兼谈大庆油田有限责任公司可持续发展战略［J］.大庆石油地质与开发，2004（5）：1-3.

[4] 王玉普.科技支撑百年油田［J］.中国石油企业，2005（11）：24-27.

[5] 王玉普.大庆的自主创新之路［J］.求是，2006（1）：50-51.

[6] 王玉普.科学谋划油田开发战略——大庆油田"十五"期间"11599"系统工程的实践与认识［J］.中国石油企业，2006（8）：40-42.

[7] 王玉普.应用系统决策和集成创新理论推进大庆油田三次采油技术发展［J］.管理世界，2007（1）：2.

［8］王玉普，王建新，梁哨辉．大庆油田科技自主创新管理［J］．中国石油企业，2007（3）：109-114．

［9］王玉普．依托自主创新　创造百年辉煌——大庆油田实施创建百年油田战略的实践与思考［J］．求是，2007（15）：56-58．

［10］王玉普．始终把为国家多产油多做贡献放在第一位［J］．中国石油石化，2008（2）：53．

［11］王玉普．新时期大庆油田勘探工程的哲学思考［J］．中国工程科学，2008（3）：21-24，92．

［12］王玉普．科学发展是与时俱进的硬道理——学习实践科学发展观的体会［J］．大庆社会科学，2009（3）：5-23．

［13］王玉普．依法推进"两个普遍"更好地发挥企业工会作用［J］．人民论坛，2010（19）：8-10．

［14］王玉普．工人阶级是共产党最坚实最可靠的阶级基础［J］．现代企业文化（上旬），2011（7）：34-36．

［15］王玉普．从源头上维护职工权益　构建和谐劳动关系［J］．中国工运，2012（8）：4-6．

［16］王玉普．提高站位　担当作为　全力融入"一带一路"建设［J］．紫光阁，2017（6）：52-53．

［17］王玉普．抓基层　强堡垒　推动全面从严治党向基层延伸［J］．国资报告，2017（7）：67-70．

［18］王玉普．着力打造安全发展型城市［N］．人民日报，2018-02-05（10）．

［19］黄明，王玉普．广泛深入开展全国防灾减灾日活动　全面提升全社会抵御自然灾害的综合能力［J］．中国安全生产，2018（5）：4-5．

获奖科技成果

［1］1991年5月，"抽油机井提高系统效率"获中国石油天然气总公司科技发

展局颁发的"1989年石油新技术推广应用金牌奖"。

［2］1995年10月,"磁处理技术在油田的应用研究"获中国科学院颁发的科技进步奖一等奖（证书号：95J-1-016）。

［3］1997年12月,"磁处理技术在油田的应用"获中国科学院和大庆石油管理局联合颁发的1996年度国家科技进步奖三等奖。

［4］1999年11月3日,"新型分层控制注水配套技术"获中国石油天然气集团公司科技进步奖一等奖（证书号：1999-21-1-012-001）。

［5］2000年12月27日,"大庆油田高含水后期套损防护及修复技术研究"获中国石油天然气集团公司技术创新奖二等奖（证书号：2000-21-2-018-01）。

［6］2001年12月18日,"聚合物驱2—3层分注技术研究"获中国石油天然气集团公司技术创新奖二等奖（证书号：2001-21-2-14-01）。

［7］2001年12月18日,"大庆油田高含水后期水驱挖潜技术研究"获中国石油天然气集团公司技术创新奖特等奖（证书号：2001-21—特-02-04）。

［8］2004年1月20日,"桥式偏心分层开采及挖潜配套技术研究"获中华人民共和国国务院颁发的国家技术发明奖二等奖（证书号：2003-F-210-2-01-02）。

［9］2005年1月8日,"阵列阻抗相关产液剖面测井技术研究与应用"获中华人民共和国国务院颁发的国家科学技术进步奖二等奖（证书号：2004-J-210-2-03-R02）。

［10］2005年10月,获国际石油工程师学会（SPE）亚太地区生产运营奖。

［11］2005年11月20日,"螺杆泵采油配套技术"获中华人民共和国国务院颁发的国家科学技术进步奖二等奖（证书号：2005-J-210-2-09-R01）。

［12］2007年2月11日,"大庆外围油田年产500万吨原油有效开发技术研究与应用"项目获中华人民共和国国务院颁发的国家科学技术进步奖二等奖（证书号：2006-J-210-2-02-R01）。

参考文献

[1] 关晓红. 世纪大庆[M]. 北京：石油工业出版社，2005.

[2] 陈广玉. 大庆油田志[M]. 哈尔滨：黑龙江人民出版社，2009.

[3] 《中国油气田开发志》总编纂委员会. 中国油气田开发志：大庆油气区油气田卷[M]. 北京：石油工业出版社，2011.

[4] 张海韵. 大聚变：'98 中国石油石化大重组纪实[M]. 北京：经济日报出版社，1998.

[5] 邱宝林. 中国石油挑战 WTO[M]. 北京：石油工业出版社，2000.

[6] 刘宝和. 中国石油勘探开发百科全书：综合卷[M]. 北京：石油工业出版社，2008.

[7] 胡文瑞. 加油争气[M]. 北京：石油工业出版社，2021.

[8] 中国石油天然气集团有限公司. 石油华章：中国石油改革开放 40 年[M]. 北京：石油工业出版社，2018.

[9] 中国石油天然气集团有限公司. 石油巨变：中国石油改革开放 40 年[M]. 北京：石油工业出版社，2018.

[10] 殷瑞钰，汪应洛，李伯聪，等. 工程哲学[M]. 2 版. 北京：高等教育出版社，2013.

[11] 傅诚德. 石油科学技术发展对策与思考[M]. 北京：石油工业出版社，2010.

[12] 克山县老区建设促进会. 克山县革命老区发展史[M]. 哈尔滨：黑龙江教育出版社，2021.

[13] 大庆油田有限责任公司. 大庆油田企业文化辞典（50 年）[M]. 北京：石油工业出版社，2009.

后 记

后 记

王玉普院士逝世不久，大庆油田有限责任公司承担《王玉普传》的撰写任务，2021年7月，成立撰写小组，随即制订计划、明确责任和阶段目标。

2021年7月29日，中国工程院召开《王玉普传》编撰工作启动会，与会的12个单位、家乡代表及王玉普院士亲属，共同研讨确立了撰稿的指导思想、主题内容和行文规范。

会后，撰写组按照王玉普院士的成长轨迹，深入到王玉普院士的故乡黑龙江省克山县、东北石油大学，以及王玉普院士在大庆油田工作过的相关单位、生活旧地，查阅资料，采访故友，与他曾经的同事座谈。深入到大庆油田历史陈列馆、大庆石油科技馆、大庆市图书馆、大庆市档案馆、大庆油田报社等地查阅资料。

2022年7月18日，大庆油田组织召开《王玉普传》编撰工作研讨会，认真听取与会的相关单位领导、院士、专家对文稿提出的修改意见和建议。

两年间，撰写组共搜集文字资料1900余万字，视频资料350余份（累计时长约21000分钟），各类图片10000余张，采访对象200余人次，召开大型研讨会1次，小型研讨会8次，征询相关知情人员意见280余人次，八易其稿。

撰稿期间，撰写组多次到北京采访。中国工程院精心安排，提供资料，审阅文稿，提出详细的修改意见；应急管理部极为关注，细心审核，为丰富文稿内容提供有力素材；中国石油化工集团有限公司积极组织采访、座谈，挖掘素材，参与撰写，为撰写组在北京顺利开展工作，提供有力保障；中国石油大学（北京）为撰写组查阅学籍档案提供便利条件；中国石油天然气集团有限公司高度重视，指导撰写，提供资料，认真把关；王玉普院士夫人袁明女士不仅提供了大量素材，还多次参与研讨、审校、完善工作。在这部传记付梓之际，向所有提供帮助的各单位、各部门以及接受采访、提供资料信息的单位和同志一并表示衷心的感谢！

撰写组无论是在采访、收集整理资料，还是在撰写过程中，都被王玉普院士矢志不渝的理想信念和求真务实的科学精神深深折服。因写作水平所限，对王玉普院士的传奇人生、坚强党性、卓越品格、严谨的科学态度、瞩目的科研成就，未能做到应表尽表，挂一漏万，深感惭愧，不当之处恳请读者批评指正，给予谅解为盼。

《王玉普传》撰写组

2023 年 12 月